KB147312

뚝배기를 닦아
뿌링클을 사다

뚝배기를 닦아 부링글을 사다

Z저진 세대의
두 번째 페르소나

이용규 쓰다

DeGeneration-Z
REPORTAGE

〈프롤로그〉

조져진 Z세대에 대한 오마주

계란찜, 좋았는데요, 싫었습니다

나도 계란찜을 좋아했다. 전역 후 쿠팡 물류센터와 스타벅스 파트너 대신 설거지 일당 알바를 선택하기 전까지는. 밤낮이 뒤바뀌고 허리가 쑤시는 일은 지겨웠다. 연극을 하면서 일하려면 주 5일 근무 스케줄도 곤란했다. 뒷주방 이모들과 잡담하며 일하는 게 마음이나마 편할 것 같았다. 사실 주방에서 일하기 전에는 순박한 기대도 있었다. 생생한 삶의 현장에서 일하는 게 작가 지망생에게는 좋은 경험이 되지 않을까? 언젠가 시나리오를 쓴다면 치열한 주방 신(Scene)을 넣을 수 있지 않을까?

사무실에서 처음 소개한 곳은 종로구청 앞 한식당이었다. 아닌 게 아니라 그날은 실로 〈모던 타임스〉였다. 컨베이어벨트처럼 밀려오는 뚝배기 156개를 닦았는데, 그중 79개에 먹다 남은 계란찜이 그득 눌어붙어 있었다(이 자체 통계는 진짜다. 작가 지망생의 미덕은 취재니까). 식어빠진 계란찜은 지독하게 끈덕졌다. 철 수세미로 뚝배기를 벅벅 긁어댄 열두 시간 동안 잡담은커녕 혼잣말할 틈도 없었다. 그러고 보니 모던 타임스는 무성영화다.

그때부터였다. 계란찜이 꼴도 보기 싫어진 게. 오피스 주변과 대학가에는 계란찜을 내놓는 식당이 많다. 하지만 그걸 바닥까지 긁어먹는 이는 드물다. 이해하기 어려운 일이다, 그게 다 단백질인데. 아무튼 그렇게 계란찜은 내 손목 인대를 조져놓은 원흉이 됐다. 누군가 SNS에 달고나 커피로 손목이 아작 났다는 피드를 올릴 때 나는 손목 인대 방향으로 근육 테이프를 붙이고 잠들었다. 이번 주말 출근은 뚝배기 없는 집이길 빌면서. 하지만 그렇게 도망친 곳에도 낙원은 없었다. 때로는 유기그릇이, 때로는 전골냄비가 내 손목을 조져놓곤 했다.

물론 이건 내 삶의 한 단면일 뿐이다. 다른 날 나는 대학에서 전공 수업을 듣거나, '이달의소녀'의 세계관을 설명하는 유튜브 채널을 구독하거나, 설거지보다 시급이 훨씬 높은 과외나 학원 강의를 하면서 하루를 보내기도 한다. 그런데 사람들은 이런 일들이 아닌 뒷주방 설거지 얘기를 하면 낯설다는 표정을 짓는다. 마치 그런 일을 하는 것은 20대, 서울 4년제 대학생, 혹은 Z세대의 모습이 아니라는 듯이.

Z세대는 1996년생, 또는 1997년생부터 2010년생까지를 이른다. 1996년생인 나는 그 범주에 들어가지만 그렇지 않기도 하다. 하지만 얼마 전 〈에스콰이어〉에서 나를 Z세대 대표 필자로 불러주었다(586부터 Z세대까지 한 편씩 에세이가 실렸다. 586 대표는 경제학 교수, X세대 대표는 언론사 편집장, 밀레니얼 대표는 독립 잡지의 발행인이었는데, 나는 고작 대학생이었다. 대체 뭘 보고 부른 것인지 알 수 없다). 마침 12월생이니 사전적 의미의 Z세대라고 자임할 수는 있다. 그런데 '나는 Z세대다'라는 말, 참 어색하다. 자격지심인지 모르지만 트렌드에 맞지 않는 느낌이다. '아침부터 저녁까지 주방에서 손목을 조지고 있는 Z세대'라고 쓰면 오히려 더 신랄하고 명징하게 느껴진다. 저임금

육체노동과 Z세대라는 단어는 섞여본 적이 없는 것 같기 때문이다. 비단 '저임금 육체노동'만 그런 것도 아닐 것이다.

우리 세대를 향한 분석은 어두운 면을 포괄하고 있지 못하다. 기이할 정도로 유쾌하고 긍정적인 이미지에만 주목하고 있기 때문이다. 누군가 나에게 이렇게 되물을 수 있다. Z세대 분석은 대체로 문화 중심으로 이뤄지고 있고, 내가 말하는 손목 타령은 경제적 현실에 대한 게 아니냐고. 그러나 다른 세대가 투사하는 Z세대의 모습은 분명 계층적 함의를 담고 있다. 굳이 어려운 용어를 끌어 오지 않더라도, 문화란 경제적 요인을 빼놓고는 설명할 수 없다. 세대 단위에서도 그렇다.

하긴 담론이란 어찌 보면 세상에서 일어나는 일을 해석하는 사람들이 벌이는 주도권 다툼이다. 누군가는 세대론을 요즘 애들을 알고 싶은 어른들의 담론이라고도 했다. Z세대가 가진 이미지는 스스로 만든 것이 아니다. 인스타그램에 넋두리보다는 즐거운 모습만 골라 올리고 싶은 게 우리들의 본성이지만, 그게 우리 삶의 전부가 아니라는 것쯤은 누구나 안다. 하지만 누군가 우리를 바라볼 때 의도적으로 밝은 단면만 투영한다면, 그리고 그 단면만 Z세대의 것인 양 인식되고 있다면 분명 문제가 있다. 거기에 스스로를 포함시키기 어려운 이들은 어떻게 해야 할까. 그 스포트라이트에서 벗어난 이들은 그냥 지워지는 것일까?

Z세대라는 말이(또는 MZ세대라는 표현이, 신조어 이것저것이, 아니 세대론 그 자체가) 마케팅 목적에서 만들어진 용어에 지나지 않는다고 말해야 할까? 세대에 대한 자의식을 지니고 사는 사람은 과연 얼마나 될까? 그럴 수도 있겠다. 그러나 유력 대통령 후보부터 주류

언론의 기자들, 숱한 마케터와 직장인들, 광고 공모전에 새벽을 불사르는 대학생들까지 세대론을 쉽게 입에 올린다. 특히 오늘 우리 세대를 이르는 기호는, 그게 MZ든 Z세대든, 지나치게 남용된다. **우리가 어떻게 생각하든 우리를 바라보는 시선은 우리에게 영향을 미친다.** 나는 최소한 우리 세대가 '민지'라는 이름으로 불리는 것보다는 나은 통찰을 제공하고 싶다.[01]

한 세대를 이해하기 위해서는 그 세대를 표상하는 한 인물의 일생이 필요하다

세대를 논하는 사람들이 쓴 책을 여러 권 읽었다. 그러나 내가 하려는 이야기는 이들과는 또 다르다. 이 책은 한 세대의 반대편에 대한 르포르타주다. 나는 이들을 '조져진 Z세대, De Generation-Z'라고 정의할 것이다. 우리의 객관적 조건에 대해서도 말하겠지만 실상 이것은 우리의 감정과 심리, 사고와 생각, 세계관에 관한 이야기다. 우리, 그리고 우리가 보는 세대, 젠더, 가족, 계급, 소비습관, 사랑, 연애, 꿈, 자존감, 열등감, 불안을 달래는 기제, 합리화하려는 심리, 쉬운 자기연민, 간신히 붙잡는 자기성찰 같은 것들. 애당초 나는 이성적인 사람이 못 되기에 옳다, 그르다를 잘 판단할 수 없다. 다만 어떤 일이 슬프다는 사실에 민감할 따름이다.

이 책의 1부는 칼럼이다. 우리가 직면한 환경과 구조를 오로지 내 시선을 통해 바라본다. 세대론이 비추지 않는, 별로 밝지 못한 세대의 또 다른 단면, 조져진 Z세대를 들춰본다. 연극과 정치학을 함께 전공한 젊은 지성인 척하면서 말이다. 다만 계급 간 갈등이나 정치적 구조를 따지는 것은 진짜 지성인들의 몫이다. 나는 주로 우리가 어떻게 생각하고, 어떤 감정을 갖고 있고, 어떻게 느끼는가에 대해서 말할 것이다. 말하자면 미시적 접근이라고 하면 될까. 이는 2부 곳곳에 녹아들어가 있기도 하다. '우리 세대'라고 지칭할 때는, 내가 1996년생인 만큼 Z세대와 후기 밀레니얼 세대를 포괄할 때도 있을 것이다. 내 설명이 'Z'보다 'M'에 대한 설명에 더 잘 맞을 수도 있다. 그러나 인식이 바뀌지 않는다면 Z세대 역시 겪게 될 문제다.

이 책의 2부는 본격적인 르포르타주다. 한 세대를 이해하기 위해서는 그 세대를 표상하는 한 인물의 일생이 필요하다. 언더독의 자의식을 가지고 있고, 어린 날에 곡절이 있고, 게으르게 살지도 않았는데 이렇다 할 성취도 거두지 못하고, 어디에 섞여 들기 어려워하고, 중요한 순간마다 지갑은 텅 비고, 평소에 넉넉한 편도 아니고, 휴대폰 요금보다 술값을 먼저 내고, 속으로는 누군가를 건방진 중산층이라며 빈정대는 걸 좋아하는 한 **20대 중반 하층계급 남성이 바라본 우리 세대, 그리고 이 시대의 모습이다.** 거대한 콤플렉스 덩어리인 이 친구의 서사를 따라가다 보면 세대 밑바닥의, 조금은 뒤틀린 시각을 이해할 수 있을 것이다. 퍽 긍정적인 내용을 찾기 어려울지도 모른다. 하지만 분명 예리할 것이다. 더러는 웃기는 구석도 있을 것이다. 코미디란 원래 좀 인상을 쓰며 사는 사람들의 창(槍)이다. 해학이란 그런 이들의 심리적 방패 아니겠는가. 인생은 시트콤이 아니건만 그렇게 생각하는 건 내 마음이다. 인생에서 마음대로 할 수 있는 것은 생각뿐이며, 생각처럼 웃고 살 수만 있다면 평생 동안 간지럼을 타도 좋다.

1부에서 우리에게 일어나고 있는 일에 대해 썼다면, 2부는 내가 그런 일을 어떻게 대했는지 볼 수 있을 것이다. 올더스 헉슬리는 **'경험이란 당신에게 일어난 일을 일컫는 게 아니라 어떤 일이 일어났을 때 당신이 대처한 행동을 말한다'**라고 했다. 나는 이 세대의 일원으로서 내 지난날과 비뚤어진 시각을 일종의 카데바(cadaver)로 내놓는다. 인간의 사고는 꼭 합리적이지 않다. 인간의 발화는 복잡한 감정에서 비롯된다. 내 스스로 이성적으로 생각한다고 떠드는 건 쉽다. 하지만 내 안의 콤플렉스와 열등감과 편견 같은 것이 어떤 식으로 그걸 뒤틀어놓았는지 확신할 수 없다. 질문지와 통계로는 수학적 법칙 이상을 발견할 수 없다. 면접과 FGI로는 부끄러운 얘기를 듣기 어렵다. 그래서 나는 내 인생을 내놓는 것이다.

이 책은 DZ라는 존재를 인식하며 내 세대를 이해해주기를 바라는 시도다. 걱정도 있다. 갈등으로 피로한 2020년대의 한국에 전선 하나를 더하는 행동이 아닌가 싶어서다. 한계도 있을 것이다. 이를테면 나는 내 세대 여성의 시각을 충분히 담아내지 못할 것이다. (그 몫은 나보다 훨씬 더 훌륭한 이들이 써 내려갈 것이고, 이미 그런 책들이 있기도 하다.) 내 시선을 '우리'의 시선으로 그대로 치환하는 것도 대단한 오만일지 모른다.

그렇지만 나는 여전히 가끔 손목이 저리고, 그럴 때마다 서점 매대 어디에서도 이 통증을 찾을 길이 없다는 것이 유감이었다. 때로는 인터넷의 커뮤니티에서, 종종 내 여러 준거집단의 친구들에게서, 가끔 나 자신에게서 이해할 수도 이해받기도 어려운 소외감을 강하게 느껴왔다. 이것도 보통 'Z세대'와 묶여 생각되지 않는 것이다. 그러나 분명 이 세대 사이를 떠도는 알 수 없는 감정이 있다. 이 세대의 하위 계층이 '계층화에 대한 인식과 분노'에 차 있고, '금수저나 인싸들의 삶을 보며 스스로를 비관한다'고 하는 분석은 이미 있다.[02] 그러나 그 구체적인 내용이 무엇인지는 다들 모르는 것 같다. 그 근원과 정체를 밝히는 데 이 작업이 도움이 되었으면 한다.

나는 이 세대가 가진 유쾌함을 거부하지 않는다. 그러나 행복한 이유는 비슷하지만 불행한 이유는 저마다 제각각이라던가.[03] 웃음 다음에 페이소스가 비치는 DZ의 눈동자를 직시하라. 입꼬리 한쪽으로 해학하는 담담한 표정과 직면하라. 지난 세대의 젊은 시절, 다음 세대의 미래, 그리고 우리의 오늘이 그렇게 읽힐지어다. 이 책의 아주 세세한 부분이야 나에게만 있던 일일 것이다. 그게 보편적이든 아니든 스스로 어딘가 '조져졌다'고 생각하는 우리 세대의 동료라면 누구나 공감할 수 있길 바란다.

이 책에 별로 동의하지 않거나, 공감할 구석이 없거나, 아니면 그저 보기에 불편할 수도 있을 것이다. 어쩌겠는가? 사실, 내 얘기에 따를 무수히 많은 반박이 두려운 것은 아니다. 그런 것이야 겸허히 받을 일이다(내가 진정 두려운 것은 지적인 척하는 인간이 되는 것이다. 터틀넥을 입고 테 두꺼운 안경을 쓴 채 양손을 턱 앞에 모은 흑백사진을 책날개에 얹는 사람이 되는 것 말이다). 다만 내가 마음에 들지 않는다고 하더라도 계란찜이나 박박 긁어먹어 달라고는 부탁하고 싶다. 단백질이 풍부하니 본인 영양에도 좋고, 주방 노동자의 관절을 지켜주니 공공선에도 기여할 것이다.

서론을 줄일 때가 되었다. 다시 손목이 아파온다.

반드시 크게 들을 것

이 책은 힙한 시니컬함도 부드러운 위로도 담지 못한다. 이 책은 그저 내 유년, 내 친구들, 내가 지켜봐온 동료들, MZ의 얼굴도

Z세대의 얼굴도 될 수 없는 DeGeneration-Z에 대한 촌스러운 오마주일 따름이다. 우리 삶에는 별로 멋지지 못한 구석도 많다. 하지만 그것 또한 진실이다. 외면하고 싶고 말해지지 않을 뿐. 이놈의 젊음을 말하는 데 보정필터가 꼭 필요한 것은 아니다. 억지로 박제해놓은 추억도 진실과는 거리가 멀다. 나와 내 동료들은 거칠게 말하고 속되게 생각하며, 노동현장에서는 신체나 정신 어딘가를 혹사당하고 있다. 인터넷의 저수지로 달음질치거나 피해의식과 자기연민으로 뭉쳐 있다. 우리를 흘겨보는 시선이 있다면 정말 일리가 있을 지도 모른다. 나는 뭔가를 요구하거나 내 세대에게 무슨 권리를 달라는 게 아니다. 우리의 삶은 이 책이 나온 뒤로도 별로 달라지지 않을 것이다. 우리는 애초에 아무것도 아니었고, 아무것도 아니며, 앞으로도 아무것도 아닐 것이다.[04] 그러니 듣기만 해도 좋다. 그래, 이거 그냥 스탠드업 코미디 같은 거다.

그렇지만 나는 살면서 마이크를 쥐기보다는 그냥 큰 목소리로 말했다. 스피커를 쓸 힘을 갖는 대신 호흡하는 법을 익혔기 때문이다. 이제 처음으로 청중이 아닌 독자에게 말한다. 목소리가 닿을지는 모르겠다. 책이 나온 뒤엔 공이 넘어가는 것이니까. 그러니 깊은 노파심에 얕은 자신을 섞어 한 가지 일러두려 한다. '반드시 크게 들을 것.'[05] *

* 프롤로그와 1부의 몇몇 부분은 본인이 2021년 9월 〈에스콰이어〉에 기고한 "뚝배기를 닦다 아작 난 내 손목은 Z세대의 이야기가 되지 못할 거야"를 수정 및 보완한 것이다.

차례

1

또 다른 세대, 또 다른 시선

1. 조져진 Z세대, DEGENERATION-Z: 세대론이란 무딘 칼

"그래서 결국 <절룩거리네>, 이 노래를 발표하기 위해 만들어진 음반이 1집 앨범이다. (…) 물론 이 노래마저 희화화하는 사람들도 있었다. 친구 결혼식 피로연이 생각난다. 모두 한두 잔씩 기분 좋게 걸치고 갔던 노래방. 10년 만에 만난 친구들이 내가 음악을 하고 있다는 게 신기했는지, 네 노래 한번 불러보라고 난리를 쳤다. 억지로 부르고 있는데 내 등 뒤에서 낄낄거리며 절룩거리는 춤을 추고 있는 게 아닌가."

– 달빛요정역전만루홈런, 『행운아』(북하우스, 2010)

"뭐 어때." 제이가 대답하며 소주잔을 털었다. 그런 제이를 보자, 역시 돌아갈 곳이 있는 사람은 다르군, 왠지 배신감이 들었다. 새삼스럽게 그 모든 태도가 하나의 포즈처럼 여겨지면서 기분이 나빠졌다. 나와 너는 질적으로 다르지. 그러니까 그렇게 쿨할 수 있는 거야. 그렇게 생각하니 취기가 올랐다.

– 백수린, 『폴링 인 폴』(문학동네, 2014)

서울, 대학생, 중산층, 인싸: Z세대의 첫 번째 페르소나

Z세대란 누구인가? 대체로 1996년, 또는 1997년부터 2010년 사이에 태어난 이들을 통칭하는 말이다. 이 시기에 태어난 이들은 대체로 특정한 경험을 함께 겪었고, 그에 따라 특정한 시각을 공유한다. 그리고 이 사람들이 젊기 때문에 특별한 게 아니라, 하필이면 이 시대에 같이 젊었기에 특별한 생각과 행동을 한다. 이것

이 세대론의 전제다. 그들이 누구인지야 사전적(인구학적) 정의에 가까운 것이다. 그러니 질문을 달리 해야 한다. Z세대란 무엇인가?

김난도 교수나 대학내일20대연구소가 정의하는 바는 있다. 개인주의, 마이싸이더, 멀티 페르소나, 정치적 올바름과 ESG에 민감함 따위로. 마케팅업계에 있는 이들이야 이 세대를 소비주체로 바라볼 수밖에 없겠지만, 이런 분석들도 모두 설득력이 있다. 그러나 이런 말들로는 충분하지 않다. 감각과 인상을 바로 반영하지 못하기 때문이다.

Z세대란 말로 누군가의 뇌리에 스치는 무언가를 잡아내려면 그 단어가 품은 구체적 이미지가 필요하다. 그리고 그 이미지들이 조합되어 그려지는 페르소나가 필요하다. 그것은 X세대의 서태지나 586하면 떠오르는 여러 얼굴들처럼 특정한 인물일 수도 있다. 하지만 페르소나의 이미지를 전부 가진 인물이 주변에 정말 존재하는지는 상관없다. 어차피 수백만의 인구가 한 단어로 추상되고 있는 것이니까.

그럼 Z세대의 페르소나는 무엇인가? 드라마 한 편에서 힌트를 얻을 수 있다. 드라마에서 특정한 집단을 그려내는 방식에 주목하는 건 의미가 있다. 드라마는 대중 일반을 겨눈 창작물이고, 그럴수록 집단에 대한 대중적 인식의 표면을 반영하니까. 〈알고있지만,〉(2021)은 그런 면에서 유효한 작품이다. 이 드라마는 20대 대학생들의 고민을 진솔하게 담았다’[06]고 평가받는다. 사랑보다 진정 중요한 고민은 없단 말인가? 인정한다. 드라마는 훌륭했고, 연신 떠오르는 내 옛일에 착잡하고 괴로웠으니까. 다만 내가 주목하는 건 바로 이것이다. 이 드라마에 등장하는 미대생들이 하나같이 다 멋진 인싸들이라는 거.

이들의 모습은 상징하는 바가 있다. 그것은 **'서울에 거주하거나 서울 시내의 4년제 대학에 다니는 중산층 이상 18~24세'**의 모습이다. 이것이 미디어가 투영하는 밝고 유쾌한, Z세대의 페르소나다. 어쩌면 당연한 일이다. 서울의 대학생들이란 원래부터 대표적인 표본이 아닌가. 미디어가 이른바 20대나 청년을 묘사할 때 가장 먼저 찾는 표본 집단.

그런데 여기 통계 하나가 있다. 서울 소재 4년제 대학 재학생 가운데 22.37%만이 국가장학금을 받는다(전국 평균은 53.56%)는 것.[07] 국가장학금은 가계 재산과 소득을 따져 소득분위를 산정하고, 거기에 따라 등록금이나 장학금을 지급하는 제도다. 0분위, 1분위, 2분위가 가장 많은 액수를 받는다. 9분위와 10분위는 지급받지 못하지만 8분위까지는 소액이나마 지급받을 수 있다. 2021년 기준으로 소득분위 8분위의 소득인정액은 월 9,752,580원이다.[08] 웬만큼 살더라도 어느 정도는 수혜받을 수 있다. 그런데 서울의 대학생들 가운데 77.63%가 소득 피라미드의 최상위에 있거나 장학금을 신청하지 않는다.

간단하게 말하면, 오늘날 서울의 대학생들은 정말로 여유롭다. 이를 두고 우리 세대의 어두운 면이 매체에서 사라진 이유라 한다면 지나친 비약일까. 과거 〈논스톱4〉(2003)에는 청년 실업 30만을 운운하는 고학생 앤디가 있었고, 〈미생〉(2014)에도 천대받는 고졸 인턴 장그래가 있었다. 세대의 어두운 자화상을 어떤 식으로든 반영한 얼굴들이었다. 그러나 오늘날 주류 미디어에는 Z세대의 다른 면을 대변하는 캐릭터가 거의 없다. 미디어가 찾을 수 없기 때문이다(미디어에서 주류와 비주류의 경계가 무너졌다고 해도 어느 쪽에서든 마찬가지다). 결국 밝음의 이면을 반영할 '세대의 또 다른 페르소나'가 부재한 것이다.

세대론이 무딘 칼이 될 때

당대의 젊은이들이 사회의 가장 밝은 단면을 대변하는 건 자연스러운 일이다. 원래 마이크로트렌드란 특정 계층이 주도하고 '그 외'는 그 문화로의 삼투압을 겪는 것이다. 그러나 앞서 얘기했듯 다른 무엇을 상상하기가 어려울 지경이다. 이렇게 Z세대의 행동양식이 인싸들의 무엇으로 규정되어 버리면, 여기서 이탈하는 사람들이 생긴다. **'인싸 페르소나'**에서는 대학생이 아닌 이들이 배제되어 있고, 서울에 살지 않는 이들이 배제되어 있고, 중산층 미만의 계급이 배제되어 있다.

몇 년간 우리 세대의 것으로 여겨진 신조어들이 몇 개 있었다. YOLO나 소확행, 자본주의 키즈 따위다. 이런 조어를 창조하던 사람들도 이런 현상의 원인이 미래에 대한 불안함과 사회적 좌절에 있다는 것을 정확히 지적했다. 이 세대가 비정규직과 상시해고가 일상의 그림이 된 시대에 태어났다는 것도.* 그러나 어찌된 일인지 미디어는 그런 기저의 불안요소를 걸러내고 밝은 면만을 보여준다.

---

* "성장 과정에서 IMF 외환위기와 미국발 금융위기를 통해 불안을 학습했고 현재는 취업난 속에서 불안을 경험하고 있으며, 갈수록 고용 안정이 어려워지는 사회 속에서 앞으로도 더 큰 불안을 안고 살아야 한다." 김난도 외, 『트렌드 코리아 2021』, 2020, 시대의 창.

"불확실한 미래의 성공보다 소소하고 확실한 성취를 중요하게 생각한다는 점" 대학내일20대연구소, 『밀레니얼-Z세대 트렌드 2022』, 2021, 위즈덤하우스.

그 이미지가 고정되는 사이 세대가 지닌 진짜 문제는 지워진다. 결국 오늘 Z세대를 설명하는 것은 오직 여유로운 이들에게 쏟아지는 화려한 주목, 또는 트렌드를 주도하는 소비주체로서의 주목뿐이다. **젊은 세대의 실존적 문제를 논할 때 세대론이 자취를 감추는 것은 그 때문이다.** 이 세대를 생년으로 분명히 구분하고 숱한 신조어로 날카롭게 분석하던 그 세대론이 여기서는 무딘 칼이 되는 것이다.

Z세대의 두 번째 페르소나, DeGeneration-Z

생각해보면 취업, 결혼, 출산이 어렵다는 말을 듣는 것은 '청년'이지 'Z세대'가 아니다. Z세대는 스케이트보드를 타고 나타난 신인류고 청년은 연민을 자아내는 대상인 것일까. 실상 '청년'이라고 일관되게 불리는 것도 아니다. 때로는 2030, 때로는 90년대생, 때로는 20대, 아니면 이대남 같은 식이다. 이들은 이름만큼이나 막연한 거대담론에 매몰되어 시혜적 정책을 받아먹으며 가끔 '청년과의 대화'에나 불려 나오는 객체쯤으로 생각되기도 한다.

이들에 대한 시선이 (동정이나마)따뜻하기만 한 것도 아니다. 최근 몇 년간 청년들은 비난의 대상이 되기도 했다. 가장 먼저는 이른바 '공정' 이슈 때문이었다. 일자리나 기회에 관한 정부 정책에 반발할 때, '경쟁심리를 내면화했다', '역사적 경험치가 부족하고 지금의 시점에만 주목한다', '반공교육 때문에 보수적이다' 같은 말들이 떠오른다. 젠더와 관련된 갈등에서도 그랬다. 이를테면 남성들은 '권력을 가졌음에도 상실감을 운운하며 징징대고 있는'[09] 존재들이다. 여성들로 가면 '집단이기주의 감성의 진보집단'[10]이라는 묘사도 있다. 이쯤 나열하니 좀 섭섭할 지경이지만 이런 지적들에도 나름대로 일리가 있을 것이다. 다만 여기서 그걸 따지자는 건 아니다.

중요한 건, 우리가 알고 있는 Z세대의 페르소나는 이 갈등의 전선에서 비켜난 것처럼 보인다는 사실이다. 계층의 특성상 이런 이슈에 '서울의 중산층 1824'가 특별히 둔감한지는 알 수 없다. 그러나 여기에 민감한 이들은 중산층 이상보다는 미만에서 더 많을 것이다. 문제에 실제로 영향을 받는 이들은 그보다도 좀 더 많을 것이다.

어떤 사람들은 이를 두고 오히려 중산층과 대학생의 목소리가 과잉 대표된 것이라고 말한다. '그들만의 공정론'이라는 것이다. 근거가 있지만 쉽게 고개를 끄덕이기 어렵다. 계층의 공고화와 소득 양극화가 이 세대의 성장배경이라는 데는 모두 동의하기 때문이다. 불과 몇 년 전 거기서 소외된 이들로 '흙수저'와 '헬조선'을 설명했는데 공정 이슈만 예외라고 하는 것은 설득력이 떨어진다. 20대가 보수화되었다는 주장도 마찬가지다. 청년이 민감하게 반응한다면 정치성향 때문이 아니라 그게 피부에 와닿는 문제이기 때문이라고 보는 것이 더 타당하다. 2018년 여자 아이스하키 팀 남북 단일팀 구성에는 계층과 소득에 무관하게 10~30대 전반이 반대했다. 박근혜 대통령 탄핵정국에서 집회를 주도한 것도 청년 전반이었다. 이들도 보수적인가? 논리적으로 맞지 않는다.

Z세대라는 단어는 분명 계층을 은유하고 있다. 그러나 미디어나 다른 세대, 아니면 '요즘 애들이 궁금한 어른들'은 이 세대를 문화(ESG, 개인주의, 감수성, 메타버스…)로만 설명하려는 경향이 있다. 그리고 다시 강조하건대 그런 문화는 서울의 중산층 이상 계층이 주도하는 문화다. 물론 문화의 소득별, 계층별 경계는 젊은 세대일수록 흐리다. 그러나 누구도 틱톡의 챌린지에 능한 친구와 뒷주방에서

일하는 친구를 동일한 인물로 설정하기는 어려울 것이다.

이 세대 개개인으로부터 나오는 저마다의 고통과 구체적인 반발은 실존에 관련한 문제일 수밖에 없다. 이를 듣는 데 관심이 없거나 달갑지 않아 하는 것이 문제다. 마침 이들의 목소리는 종종 여러 억하심정과 피해의식, 자기연민이 뒤섞인 것이다. 합리적이기보다는 거칠다. 이때 '징징거림'이란 더없이 편리한 표현이리라. 그렇게 응석받이 같은 세대라는 이미지가 씌워지는 이들은 세대 안에서도 정해져 있는 것이다.

나는 약간의 과장과 반발심을 섞어 이렇게 말한다. Z세대 안에는 달갑지 않은 집단이 있다고. 다른 세대가 정의하는 Z세대의 특징들, 그 가운데 밝은 단면이 '인싸'들에게 비춰지는 사이 발언권을 상실한 채 비난에 직면한 이들이 있다고. 세대의 보편적 특징은 이들에게 부정적으로 씌워진다고. 더불어 성별로든 계층으로든 만연한 세대 내 갈등의 최전선에 선 집단이 바로 이들이라고. 동시대의 동년배로 살면서 Z세대란 이름이 어색한 이들이 있다고. 이들을 무엇이라 이름해야 하나.

나는 이들을 조져진 Z세대, DeGeneration-Z(DZ)라고 부르겠다. 그들이 이 세대의 두 번째 페르소나다.

마음의 문제[11]

그렇다면 이들은 Z세대의 첫 페르소나와 완전히 다른 사람들인가. 그건 아니다. 사실 내가 학교나 일터나 술자리에서 만날 수 있는 친구들은, 그리고 그들의 배경과 특징은 공통점이 더 많다.

대개 IMF 이후에 태어났다. 부모님 두 분이 모두 일하는 경우가 많다. 투니버스 채널에서 애니메이션을 봤다. 스마트폰을 가지고 성장기를 보냈다. 모두 싸이월드-페이스북-인스타그램으로 이어지는 SNS 유행의 흐름을 탔다. 2000년생쯤부터는 싸이월드를 이름 정도만 알고 있을 테지만 적어도 나우누리나 세이클럽처럼 전설 속의 무언가로 느끼지는 않을 것이다. 학교에서 체벌을 받지 않았거나 적어도 받지 않은 시기가 있으며, '민지'나 '동현'이란 이름의 친구가 하나쯤은 있을 것이다. 편의점 아르바이트 경험이 한 번은 있고 70%가 대학에 진학하며 남성의 80%는 현역으로 입대한다. 자신의 MBTI를 모르는 사람은 없다. 취향에 따라 '로니앤스티브'만 볼 수도 있고 '한사랑산악회'만 볼 수도 있지만 피식대학 채널을 접해보았다. 지난날 엑소의 초능력을 비웃었을 수도 있다. 하지만 오늘 '에스파'가 8명이라는 걸 일단 이해할 수는 있을 것이다(그래도 지구는 돈다. 에스파는 4명이다).

다만 이런 조건들을 살펴볼 필요도 있다.

IMF 없이 가족사를 설명하기 어렵다. 늦게 퇴근하는 부모님과 시간을 보내는 일이 적었다. TV를 혼자 보는 시간이 많았다. 디시인사이드나 트위터 같은 인터넷 문화의 저수지에 조금이라도 발을 담그고 있다. 그런 데가 아니면 살면서 통쾌함을 좀처럼 느끼기 어렵다. 대학생이라면 '국가장학금이 안 나와서 힘들다'는 말에 심기가 불편한 적이 있다. 저임금 서비스업에 종사했거나 지금도 종사하고 있다. 생계를 위해 육체노동을 한다. 편의점 아르바이트가 평생의 업이 되는 건 아닐까 생각해본 적이 있다. 일터 특유의 냄새가 몸에 밴 적이 있다. 그 냄새가 어떤 좋지 않은 기억을 동반한다. 자기계발을 위한 시간이 부족하다. 시간을 팔아서 돈을 산다. 가볍거나 상당한 카페인 의존증을 앓고 있다. 하필 잔고가 바닥일 때 문자로 각종 요금 고지서가 날아온다. 잠자리에 누우면 괴로운 기억 탓에 잠들기 어렵다. 언젠가부터 음악을 틀어놓지 않으면 샤워할 수 없다. 기분이 좋은 일은 주로 술을 마실 때만 있다. 취미에 열중하는 것이 인생의 진짜 문제를 회피할 수 있기 때문이라고 스스로 의심해본 적이 있다….

이것들은 앞선 '공통점'들보다 한 인간의 세계관에 훨씬 더 큰 영향을 미친다. 어떤 것은 사회적 배경이 드러나는 객관적 요소들이고, 어떤 것은 마음 깊이 느껴지는 주관적 정서다. 세대 보편의 '공통점'보다는 가지고 있는 사람이 적겠지만 무엇이건 하나씩만 가지고 있기는 어렵다. 두 개 이상, 어쩌면 한꺼번에 지녔을 확률이 높다. 그리고 어디 가서 말했다가는 분위기를 어색하게 만들 얘기들이다. 누군가에게 설명하고 이해시켜야 진정으로 '아는 것'이거늘, 이런 건 이상하게도 다른 입장의 사람들에게 이해시키기가 어렵다. DZ세대의 존재를, 그리고 그들의 소외감을 만드는 것은 이런 조건들이다. 이것은 결국 마음의 문제다. 하지만 그 문제를 그들 혼자 만들어낸 것은 아니다.

이 '조건'들을 인구학적으로, 통계학적으로 제시할 수 없어서 의미가 없는 것일까? 하지만 그렇다고 이들의 실체가 불분명하다고 하거나 이 분명한 소외감을 외면하는 것은 더욱 무의미하다. 세대론이 포괄하지 못하는 범위는 생각보다 훨씬 넓을 것이다.

2. 체념의 산물: 우리는 정말 개인주의적인가

"안 그러면 우리가 왜 다 독신이겠니?" 카트리나가 말했다. 정말 그런가? 윌은 생각했다. 우리는 다 그렇게 다르지 않은 사람을 찾아 헤매고 있는 건가? 윌도 지금 그런가? (…) 그렇다면 카트리나의 논리에는 흠집이 있다. 자기와 그리 다르지 않은 사람을 찾아 헤맨다는 것…. 그게 잘 되려면, 일단 자기 자신으로 산다는 게 그리 나쁘지 않아야만 한다는 걸, 윌은 깨달았다.

– 닉 혼비, 김선형 옮김, 『어바웃 어 보이』(문학사상사, 2002)

우리는 정말 개인주의적인가

개인주의는 우리 세대를 논할 때 빠지지 않는 말이다. 개인주의란 무엇인가. 스스로 자신만이 가지고 있는 가치를 추구하는 것이다. 자신을 표현하고 소개하는 근거가 신분이나 소속에 연루되기보다는 개인에 있어야 한다. 경제적으로는 자기 이익을 추구하고 자기를 실현한다고도 할 수 있을 것이다. 외부적으로는 상대방과 자신이 서로 다름을 인정하고, 부당하게 다른 개인의 영역을 침범해서는 안 된다. 개인주의가 만연한 사회라면 그런 분위기가 만들어져 있을 것이다. 이것이 개인주의에 대한 설명이나 조건으로 틀리지 않는다면, 정말 그럴까? 우리는 정말 개인주의를 추구할까? 그리고 개인주의에 맞는 말과 행동을 일관되게 보여주고 있을까?

따지고 보면 우리 세대의 행동양식은 개인주의와 거리가 멀

때도 많다. **가장 흔하게 볼 수 있는 사례는 타인에게 간섭하는 태도를 보이는 것이다.** '디지털 멍석말이'가 그 예다. 예를 들면 유명 인물이 도덕적 잘못을 저질렀거나, 기업이 부적절한 광고나 마케팅을 했거나, TV 드라마나 유튜브 채널 콘텐츠가 보기에 불편할 때다. 이럴 때 SNS와 인터넷 댓글 창에서 사과 요구, 하차 요구, 방영 중단 요구, 광고 철회 요구가 일어나는 것은 익숙한 풍경이다. 이런 현상이 몇 년간 지나칠 정도로 맹목적으로 일어나다 보니 '피카츄 배 만지기'라는 말이 생겼을 정도다. 사실이 정확히 드러나기 전까지는 중립을 취한다는 말이다. 한편에서는 이를 두고 콘텐츠를 풍성하게 만드는 피드백, 혹은 윤리적 소비와 사회 참여를 추구하는 이 세대의 모습이라고 해석한다. 다른 편에서는 공격성의 지나친 표출이나 창작에 대한 검열, 반지성적 행태라고 비판한다. 어느 쪽이 타당한지는 개별 사건에 따라 따져볼 일이다. 어쨌든 이런 활동은 집단행동을 통해 영향력을 행사하는 간섭이라고 보아야 한다. 이것을 개인이 추구하는 가치를 사회에서 관철하기 위한 활동이라고 해석할 수도 있겠다. 그런 경우에도 엄밀한 논리보다는 여론을 자처하는 집단에 의존하는 경우가 많은 것 같다.

집단으로의 몰입도 우리 세대의 엄밀한 특성이다. 예컨대 10대, 20대가 근간이 되는 아이돌 팬덤 문화가 그렇다. 이 문화의 핵심은 팬 개인이 대상(아이돌)과 대상을 소비하는 팬 집단에 깊이 몰입하는 것이다. BTS의 팬들이 자부심을 느끼는 것 가운데 하나는 그들의 서사다. 소형 기획사 소속으로 데뷔해 한때 방송사 연말 시상식 무대에서 밀려나던 그룹이 오늘날 웸블리와 UN 연설 포디움에 선다는 짜릿한 언더독 스토리. BTS의 팬덤은 이런 과정을 지켜본 것이 아니라 함께한 것이다. 아이돌 팬덤은 그룹을 위해 '총공'이라 불리는 집단적 행동을 벌인다. 음반을 공동구매하고, 음원 차트 성적을 올리기 위해 스트리밍을 하고, 트위터 실시간 트렌드 순위에 그룹 이름이 들어간 해시태그를 올린다. 이는 일반화된 행동양식이며, 팬덤이 '공격 시간'을 정해놓고 조직적으로 하는 활동이다. 팬덤 간의 경쟁 양상도 있다. 이들은 도처의 인터넷 커뮤니티에서 그룹의 성적을 공공연히 비교하며 그것을 팬덤과 그들 그룹의 체면을 세우는 일로 생각한다. 이를 근거로 라이벌 그룹을 깎아내리는 일도 잦다. 이런 특성이 전혀 새로운 것은 아니며 팬덤 문화가 아이돌에만 국한된 것도 아니다. 요는 이것을 이 세대의 집단적 행동, 집단적 소비라고 설명할 수 있다는 것이다.

온라인 공간에서 일어나는 갈등도 개인주의의 반례다. 인터넷 커뮤니티를 보자. 인터넷 커뮤니티는 이 세대 개개인의 정체성에 큰 영향을 미치고 있다. 특정한 커뮤니티에 소속감을 느끼는 경향도 커지고 있으며, 그만큼 내적 편향도 커졌다. 이를테면 정치적 이슈에서 여당 지지자가 많은 커뮤니티와 야당 지지자가 많은 커뮤니티는 정해져 있다. 젠더 갈등에서 남초 커뮤니티와 여초 커뮤니티는 타협할 수 없을 만큼 반목하고 있다. 디시인사이드에서 글을 쓰는 사람과 트위터에서 활동하는 유저는 정말 많은 것이 다르다. 인터넷 커뮤니티는 비슷한 생각을 가진 이들의 집합이고, 객관적 판단을 구하기보다는 그들의 신념을 재확인하는 것에 더 유용하다. 함께 사실을 취사선택하고, 함께 분노를 표하고, 함께 의견을 공유한다.* 사고의 근거가 '개인'에서 출발할지는 몰라도, 그것을 확대하고 재생산하는 장은 집단이 된 것이다. 이 세대는 전 세대 못지않게 존재의 근거를 집단에서 찾고 거기에 몰입한다. 준거집단의 근거가 가족이나 지역이 아니라 취향이나 의견, 정치적 견해로 달라졌을 뿐이다.

SNS에 업로드하기 위해 잘 나온 사진을 고르는 사소한 일조차도 개인주의와는 거리가 있다. SNS는 인정을 얻기 위한 무대다. 타인의 시선을 의식하지 않고서는 성립할 수 없는 플랫폼이다. 일상의 단면을 편집해서 보여줄 수밖에 없고, 그 사실을 누구나 알고 있다. 사람마다 차이야 있겠지만 SNS 피드란 너무 누추해서는 안 되고 지나치게 생색을 내서도 곤란한 곳이다. 유행에도 대단히 민감한 것이 SNS다. 인스타그램을 보라, 철마다 '가야 할 것 같은' 곳이 달라지기 마련이다. 언젠가는 별마당도서관이었고 언젠가는 여의도의 더현대였다. 이곳들은 물론 사람들이 좋아할만 한 매력적인 장소다. 별마당도서관 꼭대기의 책을 어떻게 꺼내는지는 모르겠지만 한눈에 담기 어려울 정도로 압도적인 곳임에는 분명하다. 더현대도 그저 백화점이라고만 설명할 수 없는 세련된 장소다. 나무가 엄청 많다! SNS가 젊은 세대의 우울증에 큰 영향을 준다는 사실이야 이미 알려진 것이니, 그런 식의 논평을 하려는 것은 아니다. 다만 모두가 오롯이 자신의 기준과 가치 판단만으로 이런 곳을 찾고 SNS에 공유

* 그래서 이런 갈등이 두드러지는 곳은 오히려 집합 근거가 미약한 커뮤니티다. 대학별 커뮤니티인 '에브리타임'에서는 정치나 젠더와 관련한 이슈로 논쟁이 일어나는 것을 심심치 않게 볼 수 있다. 비교적 특정 성향으로 덜 쏠려 있는 상태이기 때문이다.

하는 건 아니라는 것을 말하고 싶다.

거듭 강조하지만 개인주의의 뜻과 일치하지 않는 우리의 모습이 잘못된 건 아니다. 우리의 모습 안에서 개인주의를 찾을 수 있는 근거도 많고, 다른 연령대에 비해 개인주의 경향이 더한 것도 사실이다. 그러나 '개인주의'가 이 세대를 일관되게 설명할 수 있는 키워드는 아니라고 말하고 싶다. 나는 우리 세대가 특별히 개인주의를 추구하는 것도, 개인주의에 입각한 행동만을 하는 것도 아니라고 본다.

개인주의는 체념의 산물

그럼에도 우리가 개인주의를 추구한다는 의견은 당연하게 받아들여진다. 우리가 좀 유별난 행동을 하면 대개 개인주의로 해석된다. 회식보다 혼술을 좋아하고, 일보다 본인의 삶을 중시하며 조직에 대한 충성보다 자신에 대한 충실을 좇는다. 퇴사와 이직을 망설이지 않으며, 자유롭고 수평적인 관계 속에서 개성과 다양성을 존중한다. 경제적 효율보다는 가치를 추구하는 소비를 하는 것도 그 때문이며, 자기 브랜딩과 콘텐츠 만들기에 능하고, 1인 미디어에 이미 익숙하기에 틱톡에 챌린지가 넘쳐나는 것도 설명이 된다. 이 세대는 소속으로 묶이기보다는 관심사와 취향으로 정체성을 형성한다. 그렇게 만든 정체성을 통해 일시적으로 집합하고 느슨하게 연대한다. 정말 이런 것들은 '개인주의적 현상'임에 분명하다. 요즘 친구들은 회식을 싫어해, 같은 생각은 마침 개인주의라는 단어와 아주 잘 달라붙는다. '개인주의적인 Z세대(또는 MZ세대, 또는 2030, 아니면 그냥 요즘 애들)'라는 관념은 대단히 강력하다.

어찌 됐든 이것을 이른바 '개인주의적 현상'말고 달리 부를 것이 없다면, 그 배경은 경제구조로 인한 불안에 있지 않을까 싶다. 이 세대는 IMF 이후에 태어나 미국발 금융위기를 겪었다. 한국 사회의 성장세가 이미 지지부진할 때 유년기를 겪었다. 이들이 태어날 때를 즈음해 기업 내외에 하청과 자회사 구조가 확립되었다. 직접고용 비율이 줄어들고 파견직과 비정규직 형태의 고용이 일반화되었다. 얻을 수 있는 기회는 적고 학창시절부터 극심한 경쟁에 노출되었다. 체제 안에서 각자 살아남아야 하고 미래에 대한 보장은 없다. 따라서 믿을 수 있는 것은 자신과 자신이 가진 능력뿐이다. 이것이 오늘날 우리 세대에서 나타나는 개인주의의 원인이다. 더 나아가, 흐릿한 내일을 위해 오늘 불만족하게 사느니 당장의 확실한 행복을 추구한다. 욜로(YOLO)는 오늘의 행복을 좀 용감하게 추구한 것이고, 그 정도 여유까지 부릴 수 없다면 소확행을 추구한다. 이 같은 분석은 갈등론이 아니라 자본주의의 첨병인 마케팅 전문가들의 분석이다.

그 분석이 맞는다면 오히려 이렇게 읽는 것이 옳다. **개인주의는 선택이기보다 학습이었고, 적극적 추구가 아니라 불가피한 체념의 산물이었다고.** 어찌할 수 없는 경제구조에 체념했고, 그로부터 개인주의가 내면화되었으며, 회식부터 퇴사 문제에 이르는 이런저런 현상은 그것이 구체적으로 발현된 결과라고 보아야 한다. 다시 말해 현상이 '개인주의적'으로 보일지 모르지만 이는 개인주의라는 이념을 추구한 결과가 아니라 개인들이 구조 속에서 떠밀린 결과물에 가깝다는 것이다.

3. 개인주의가 이기주의가 될 때: 경제구조의 하부

"이는 우리의 시민적 상호책임 근거를 동정이나 연대성이 아니라 '대체 그들은 어쩌다 저 꼴이 되었대?'하고 먼저 따지는 것에 둔다."
- 마이클 샌델, 함규진 옮김, 『공정하다는 착각』(와이즈베리, 2020)

"우리는 한편으로는 우리 자신에 대해 온전히 책임을 져야 하면서도 또 한편으로는 우리가 '장악할 수 없는 여건들에 의존하는' 상황에 놓이게 된다. 이러한 여건 하에서는 삶이라는 체계적인 모순을 개인적으로 해결해야 한다."
- 지그문트 바우만, 홍지수 옮김, 『방황하는 개인들의 사회』(봄아필, 2013)

좋은 개인주의, 나쁜 개인주의?

우리 세대가 개인주의적이라고 단언하거나, 개인주의가 우리 선택의 결과물이라고 생각할수록 이 사회의 구조적인 문제를 개인에게 돌리기 쉬워진다.

사실 오랫동안 한국에서 개인주의라는 말은 부정적 의미를 함축하고 있었다. 몇 년 전만 해도 그랬다. '몰지각하고 부정적인 사회생활을 통틀어'[12] 가리키거나 사회와 정치에는 무관심한 태도로 해석되는 것이 일반적이었다. 말만 다르지 이기주의라는 얘기였다.

『개인주의자 선언』(2015)이란 책이 반향을 일으킨 것도 어찌 보면 그런 선언을 공개적으로 하는 게 용감한 일이었기 때문이다. 비교적 최근의 유튜브 컨텐츠 〈가짜사나이〉(2020)의 대사로 회자되던 "4번은 개인주의야!"는 그런 관념의 흔적이다.

그런데 오늘날, 앞서 서술한 개인주의적 현상들은 실로 덤덤하게, 심지어 긍정적으로 받아들여지고 있다. 요즘 친구들이 그렇다는 데 어쩌겠는가? 시대가 변했으니까. 그래, 사실 수직적·집단적 문화는 다들 군말 없이 하던 것일 뿐 옳은 건 아니었어. 이제는 그걸 거부하는 세대가 오고 있으니 받아들이자. 우리가 바뀌어야 해. 이 세대를 다룬 기사나 칼럼은 Z세대, 또는 MZ세대의 개인주의적 경향을 그렇게 바라본다. 이러한 시각은 이 세대의 개인주의적 현상 가운데 소비주체로서 Z세대를 분석하기 좋은 것, 다른 세대가 보기에 받아들일 만한 것들에 한정되어 있다. 이런 것은 용인될 만 한(또는 꼰대로 비칠까 대놓고 반발하지 못하는), 대체로 '문화'로 볼 수 있는 요소들이다(그러나 대부분의 경우 중산층 이상 계층의 아비투스를 말하는 경향이 있다).

반대로 어떤 개인주의는 요즘 청년들의 '이기주의'로 손쉽게 비화된다. 젠더, 출산, 정치적 호오가 갈리는 이슈에서 나오는 불만, '공정' 이슈에서 나오는 반발은 나쁜 개인주의라는 식이다. 개인주의라는 말에 잠들어 있던 부정적 이미지가 여기에 다시 투영되는 것이다. '개인주의'는 오늘날 우리 세대를 재단하는 양날의 검으로 쓰이고 있다.

더불어 나는 전자의 개인주의를 지니고 있는 집단, 후자의 '이기주의'를 뒤집어쓰는 집단이 다르다고 본다. 전자는 다양성을 존중하고 다원주의적이며 틱톡을 좋아하는 Z세대의 이미지와 조응한다. **후자는 주방에서 손목이, 탑차에서 허리가, 카페에서 정신과 감정이 조져지는 DZ다.** 우리 세대는 이 지점에서 나뉘며, 이것은 한국 사회 특유의 경제구조를 암시하고 있다.

이중경제구조의 하부, DZ

개인주의의 원인으로 꼽는 경제구조의 불안은, 더 자세히 들여다보면 우리나라 특유의 이중경제구조를 가리킨다. 그 원인과 배경을 자세히 살필 수도 있지만, 이 구조로 인해 우리 세대가 어떤 영향을 받는지만 짚어도 될 것이다. 이 세대가 태어나서부터 속해 있으며, 특히 지금 취업시장에서 직면해 있고, 큰 체제적 변화가 아니라면 앞으로도 달라지기 어려운 구조라는 것이 중요하다. **무엇보다 이 세대 개개인이 앞으로 어디에 속해 살지를 결정할 개연성이 큰 구조다.**

한편에는 대기업-정규직이 있다. 구체적으로 보면 고부가가치를 창출하고 고임금을 받으며 관리직과 사무직에 종사하는 이들이다. 주로 대기업이 직접 고용하는 영역이다. 여기에 속할 수 있는 사람은 별로 많지 않다. 이들은 역사적으로 고학력자들의 집단이었다. 한국 사회가 선진국으로 진입하면서 계층 이동 가능성이 줄어들자, '서울 사는 중산층 고학력자'의 집단으로 집합이 좁아졌다. 여기 속한 18~24세가 아직 취업 시장에 진입하지 않았더라도 앞으로 속하게 될 가능성이 높은 집단이다. 그 나머지가 속하는 다른 편에 저부가가치, 저임금, 저숙련 육체노동·서비스업 노동시장이 있다. 우리 세대의 대부분이 한번은 아르바이트로라도 거쳐 가는 부문이다.

그리고 여기에 **정착하게 되는** 이 또한 이 세대의 다수를 차지한다. 이 시장은 전자보다 고용이 훨씬 유연하다. 일반적인 노동자가 보장받는 권리의 사각지대에 놓여 있는 경우가 많다. 표준근로시간보다 더 오래 일하는 경우가 많다. 여기에 속하는 이들이 DZ세대다.

이 이중구조를 통해 살펴보면, 우리 세대에 대한 분석이나 통념이 얼마나 많은 인구를 포함하지 못하고, 얼마나 많은 어두운 사실을 가리며, 공론장에서 정말로 논의되어야 할 중요한 문제를 뒷전으로 밀려나게 하는지 알 수 있다.

예를 들어 '퇴사나 이직에 자유롭다'라는 특성은 우리 세대의 성질 일반으로 받아들여진다. 구체적으로 '마음에 안 들면 과감히 퇴사하고', '임플로이언서(employencer)*와 익명 플랫폼을 통해 회사의 진짜 정보를 찾는'[13]다는 것이다. 이를 의심하는 사람도 없고, 이런 특성을 힐난하는 사람도 없다. 주체적으로 자신의 가치를 추구하는, 개인주의를 지향하는 Z세대의 일반적인 특징이라고 보이기 때문이다. 그러나 이것은 그 자체로 이중경제구조 상부에 한정되는 이들의 특성임을 암시한다. 기회는 적고 경쟁에 극심하게 노출되어 있는 것이 우리가 처한 환경이며, 그래서 나에게만 집중하게 되는 개인주의가 발현되었다고 했다. 이것은 마치 우리 세대가 회사를 골라서 갈 수 있다는 말 같지 않은가. 체념-개인주의라는 논법이 잘 들어맞지 않는다는 뜻이다. 고용률은 해를 거듭할수록 줄어들

* employee(직원)과 influencer(영향력이 있는 자)의 합성어. 본인의 기업 근무 경험이나 후기를 유튜브나 SNS 콘텐츠로 활용하는 이들이다. 직장인 브이로그 유튜버 같은 이들이 그 예다. 이들은 현직자이기도, 전직자이기도 하다.

고 (대단히 보수적으로 집계되는) 실업률은 날로 상승하는 통계와도 맞지 않는다.* 알고 보면 그 '임플로이언서'란 대기업, 외국계 회사 취업 경력이 없으면 될 수 없는 신분이다. 중소기업 생산직 브이로그 같은 것, 본 일 있는가?

이건 이중경제구조 하부와는 다른 세상의 이야기다. 중소기업 이하의 노동자들, 저부가가치-저임금-저숙련 노동에 종사하는 이들이 공감할 수 있는 이야기가 아니라는 말이다. 사실 이 나라의 근속연수가 OECD 최하위였던 것은 이미 MZ세대론 이전의 일이다.[14] 또한 정말로 '자유롭게' 퇴직하고 입직할 수 있다는 플랫폼 노동자들의 입장과도 몇 광년 멀다. 배달 라이더, 쿠팡맨, 학습지 교사, 골프 캐디, 택배 기사, 대리운전 기사들은 '특수고용직'이란 이름으로 고용보험의 혜택 바깥에 있다. 이를테면 배달 라이더들은 배달업체와 계약한 개인사업자 신분으로 근로기준법 대부분을 적용받지 못한다. 이들이 저임금 노동, 불안정 노동, 육체노동, 서비스직 노동, 고위험군 노동에 종사하고 있다는 것은 말할 필요도 없다.

퇴사와 이직에 자유로움이 새로운 세대의 가치추구라고 하는 동안, 하부에 있는 이들의 환경은 소외되고 있다. 거기서 나오는 실존적인 고통이 가려지는 것은 더더욱 당연한 일이다. **개인주의를**

* 물론, 정말로 오늘날 잡코리아나 사람인의 기업 평판을 찾아보지 않는 이는 없을 것이다. 블라인드 어플리케이션을 통해 정보를 공유하는 사람이 많은 것도 사실이다. 취직과 동시에 퇴직 계획을 세우는 이들도 많고, 평생직장이란 개념이 없으니 자신의 성장과 좋은 대우라는 조건에 부합하면 망설임 없이 이직하는 것도 맞을 것이다. 그러나 평생직장이란 개념이 사라진 것은 이미 오래된 일이며 좋은 조건을 좇는다는 것은 젊은 세대만의 특성일 리 없다. 그렇다면 이것은 이 세대 특유의 개인주의라고 읽을 수 없다. 스스로가 취업시장이란 판의 수많은 장기말 가운데 하나에 지나지 않음을 냉철하게 인식했다고 보았음이 더 정확할 것이다.

선택의 문제라고 전제했을 때 이들이 겪는 여러 부조리도 그들의 책임이 되어버리는 것 역시 문제다. 이것은 트렌드 분석으로 소비되고 그칠 말랑말랑한 이슈가 아니라, 경제적 문제와 계급, 계층 문제를 포괄하는 대단히 예민한 문제이다. '안녕히 계세요 여러분!' 이른바 '퇴사짤'에 그래도 웃을 수 있는 친구들이 있는 반면, 입꼬리조차 움직이기 힘든 사람도 있을 수 있다.

마음의 문제

'공정 이슈'를 짚고 넘어가지 않을 수 없다. 이것이 수년간 청년과 관련한 문제 가운데서는 거의 유일한 정치적 의제였기 때문이다. 그간 'N포 세대' 따위의 말로 동정과 연민을 자아낼 뿐이던 이 세대의 문제가 그나마 구체적으로 조명되기 시작했다. 하지만 이를 두고 청년 세대의 이기심을 지적하는 이들도 대단히 많았다. 여기에는 정치적인 이유도 작용했을 것이다. 이 이슈의 중심으로 여겨지는 '이대남'이 특정 정치세력이나 정치인을 지지하는 성향을 보였기 때문이다.* 어쨌거나 분명한 것은, 공정 이슈에서 터져 나오는 반발을 기성세대가 '이기주의'라고 판단해버리는 경향이 있다는 것이다. 그리고 그것이 이중경제구조 하부에서 주로 나오는 것일 수 있다는 것에 주목할 필요가 있다.

* 이들을 보수화되었다고 하는 주장도 상당 부분 여기서 기인한다. 그러나 이 세대가 중요하게 생각하는 것은 이념이 아니다. 젊은 세대 남성의 의견을 경청하는, 적어도 그런 이미지를 만드는 데 능란한 정치인이 진보정당에서 나온다면 이대남은 진보정당으로도 갈 것이다. 애당초 한국의 정당정치가 이념을 중심으로 돌아간 적도 많지 않았다는 점을 생각하면 상술한 주장은 지나치게 정치공학적이다.

어떻게 문턱을 넘는가. 근 몇 년을 톺아보면 결국 공정 이슈의 핵심은 이것이다. 입시나 입직 과정, 즉 명문대학이나 좋은 회사의 문턱을 넘는 데 부정이 개입되어서는 안 된다는 것이 반발의 핵심이다. 이 세대가 특별히 공정이라는 '가치'에 민감한 것은 아니다. 혜택을 누리고 있거나 '반칙'을 쓸 기회가 있다면 얼마든지 그것을 이용하는 사람도 많을 것이다. 다만 이것은 그런 기회가 없어 스스로에게 의존할 수밖에 없는 사람들의 이야기다. 불확실성만이 확실한 시대. 그들은 정확히 말하면 예측 가능성을 원하는 것이다. 적어도 개인주의를 분석하는 설명대로라면, 급변하는 세상과 불안한 경제적 구조에서 나 자신(그리고 자신의 노력과 능력) 말고는 믿을 수 있는 것이 없기 때문이다. 그런데 여기에 다른 변수가 개입되는 것에 반발하는 것이다. 심지어 대개 특별한 공론화 과정을 거치지 않은 '탑다운' 방식으로 결정된 것이니 반발은 더했을 것이다.

Z세대 내에서, 이중경제구조의 하부에서 저임금 노동을 하는 이들의 입장에서 이런 반발은 정확히는 '공포'다. 생각해보라. 배달부터 카페 아르바이트까지, 젊은 날 이런 일을 잠깐 하는 것이야 참을 만하다. 그러나 이런 일을 평생의 업으로 삼고 싶은 사람은 없다. **공정 이슈에 관한 반발은 그들이 당장 처해 있는 현실을 벗어날 수 있는 방법이 하나하나 닫혀간다는 공포감에 가깝다.** 탑차, 주방, 카페에서 정신과 육체 어딘가가 조져지고 있는 이들이 이 문제를 대할 때 공포를 갖지 않기란 어렵다. 더구나 몇 년간 유독 문턱을 부정하게 넘은 것, 즉 절차의 부정의함이 논란을 빚은 일이 많았다. 인천공항공사 정규직 전환 문제는 그 자체만 보면 납득할 수 있다. 그러나 숙명여고 시험지 유출 사건, 조국 일가 부정입학 사건, 공공의대 설립 논

란 따위를 연달아 지켜본 다음이라면 어떨까? '비정규직의 즉각 정규직 전환'을 이성적으로 바라볼 수 있을까? 이 사건이 유독 논란을 유발한 것은, 삶을 안정적인 궤도에 올려놓을 수 있(다고 생각되)는 시스템에 대한 신뢰가 무너진 다음에 일어났기 때문이었다. 고개를 젓는 청년들에게 연대의식을 가져야 한다거나, '국가가 비정규직 문제를 해결하기 위해 할 수 있는 것부터 한 것'이란 말은 그래서 효과가 없었다. 어떤 대학, 또는 어떤 회사에 들어가는지는 이 나라에서 아직 인생행로의 대부분을 결정한다. 앞으로는 명문대나 대기업 타이틀이 필요 없는 사회가 될 것이란 말도 의미가 없다. 보통 그런 소리를 하는 사람들이 부정을 곧잘 저질러왔기 때문이다. '가붕개'* 라는 말이 공연히 회자되는 것이 아니다.

이런 태도를 두고, 결국 능력주의나 성적지상주의, 시험만능주의라고 비판하는 의견도 있다. 과거시험으로 돌아가자는 것이냐, 라는 주장이다. 하지만 우리 세대가 진지하게 능력주의나 성적만능주의를 믿는 것은 아니다. 마찬가지로 중요한 것은 문턱을 넘는 과정의 예측 가능성이다. 임용고사 성적, 공무원 시험 점수, 수능 점수가 입사나 입시 이후를 보장하는 척도가 아니란 걸 모르는 게 아니다. 이런 '시험' 시스템의 원류인 과거시험은 세습귀족의 천거와 음서를 막기 위해 존재하던 것이 아니던가. 그래서 현대 사회에서는 필요없는 것이 정상인데 그게 아니었던 것이다. 마침 숙명여고 사건이나 조국 사건은 '시험'의 사각지대인 수시 전형에서 발생한 비리였

* 일찍이 조국 전 법무부 장관이 SNS에 '우리 사회의 지향은 개천에서 붕어, 개구리, 가재로 살아도 행복한 세상'이라고 한 것에서 딴 말이다.

다. **과거시험이 조선시대로의 퇴행이라면, 상기한 사건들은 그보다 훨씬 전으로의 퇴행이 아닐까.**

이렇게 특정 이슈에 관한 일련의 사건들을 지켜본 감정, 노동 환경을 비롯해 자신이 처한 환경에서의 경험 같은 것들이 복합적으로 작용한 것이 공정 이슈에 대한 반응이다. 이것을 단순히 이기주의라고 폄하할 수 있을까? 그렇게 해석할 수 있다 한들, 그것이 이들만의 잘못일까? 이 세대의 개인주의를 말하고자 한다면 이 모든 것을 고려해야 할 것이다.

'야가다' 에피소드를 인터넷 커뮤니티에서 쉽게 찾을 수 있다. 야가다란 '노가다', 즉 건설현장 노동을 말하는 것이다. 야가다 현장을 묘사할 때는 대체로 거친 선배 인부들과 이주 노동자들, 현장에서 먹은 점심밥의 질 따위가 빠지지 않는다. 시작할 때는 어디가 아팠는데 지금은 좀 낫다는 식의 감상도 있다. 현장의 십장들이 커피 심부름을 시켰을 때 저렴한 레쓰비를 사와야 칭찬을 듣고 칸타타를 사오면 타박을 얻는다거나, 아이스크림도 바 형태의 특정 상표 몇몇을 사오는 것이 '국룰'이라던가 하는 것은 웃음을 자아내는 요소다. 어찌 보면 정말 밑바닥 삶에서 벌어지는 일인데, 이런 에피소드를 써내는 이들은 우리 세대였고, 여기 공감하고 웃은 이들도 우리 세대였다. 건설현장 노동 역시 이중경제의 하부에 있는 이들이 종사하는 육체노동이며 대개 저부가가치 저숙련 노동이다. 모두가 야가다를 하는 건 아니겠지만 우리 세대의 많은 이들이 비슷한 애환을 가진 일을 한다는 하나의 증거가 아닐까(야가다는 대표적인 예일 따름이다. 편의점, 카페 아르바이트는 물론 택배 상하차인 '까대기'나

물류센터 노동을 다룬 이런저런 게시물을 흔하게 볼 수 있다. 그래, 그들도 임플로이언서다).*

공정 이슈에 대한 청년 세대의 불만이 논리적으로 정연하지 않을 수 있다. 누군가의 주장대로 공정 이슈는 중산층 이상이 주도하는 것일 수도 있다. 그렇다고 할지언정, 하부 계층의 상실감은 분명히 존재하는 것이다. 그리고 그 상실감, 절박함, 분노의 농도는 대단히 짙다. 구조의 말단에서 충분한 기회를 보장받지 못하고 극심한 경쟁에 노출되어 있는 이들의 핍진한 반응이기 때문이다. 가치나 이데올로기, 정치공학의 문제로는 이것을 제대로 바라볼 수 없다. 이것은 우리 세대 하부가 느끼는 마음의 문제다.

노력으로 개선할 수 있는 삶도 있다. 그것은 자기 앞의 몫이다. 그러나 어찌할 수 없이 처해진 환경도 있기 마련인데, 그것이 오늘날의 경제구조다. 좋은 마음을 가지고 살려면, 지금이 좋지 않아도 내일은 조금 나아지기를 기대할 수 있어야 한다. 보통 그것을 희망이란 단어로 부르던데, 어떨 때는 그 희망을 어떻게 하면 꺾을 수 있을지 궁리하는 사람들만 우리를 둘러싸고 있다는 느낌을 받을 때가 있다. 이를 이기주의라고 폄하하기만 한다면 기성세대와 우리 세대, 우리 세대 내 계층 간의 갈등은 더욱 깊어만 갈 것이다. 그러니 이 상실감의 정체를 좀 올바로 파악해주기를 바란다. 나는 여유 있

---

* 이대남 현상이 중산층 이상의 계층에 한정되어 있다고 하는 사람들은, 배달 라이더 커뮤니티, '야가다' 하는 이들이 모인 커뮤니티를 들여다보기 바란다. 그들의 정치적 성향이 어떤지, 어떤 분노를 내재하고 사는지 말이다. 주류 미디어는 말단의 커뮤니티를 깊게 들여다보지 않는 경향이 있다. 에브리타임, 블라인드, 페이스북, 인스타그램도 현실이지만 그런 곳 또한 좀 더 구체적인 구겨진 현실, 조져진 Z세대들이 모여 있는 현실이다.

는 계층의 친구들도 적지 않다. 그들은 다 진짜 좋은 친구들이다. 그들과 얼굴을 붉히며 살고 싶지는 않다.

4. 맛집의 설거지: 저임금, 저숙련, 저부가가치 노동

"그런 생각을 하면 피가 끓을 듯하건만, 인간의 곤경 때문에 그러는 경우는 잘 없다. (…) 때문에 등이 벗겨진 당나귀를 보고서 안쓰러워할 수 있지만, 장작더미 밑에 웅크린 노파가 눈에 띄기라도 하는 건 우발적인 사고에 가까운 것이다."

– 조지 오웰, 「마라케시」(이한중 옮김, 『나는 왜 쓰는가』, 한겨레출판, 2010)

사월 초 토요일이었고 추웠다. 당연한 겨울 추위를 말하는 게 아니므로 몸에 스며들던 한기가 어느 만큼이었는지 구분해야 하리라. 나는 아침에 나설 때 입김이 나지 않으면 쌀쌀하다고 하고, 숨이 부옇게 흩어지는 게 보이면 그제야 춥다고 하는 편이다. 한낮 아스팔트에 아지랑이가 이는데 아침에는 새파랗게 쌀쌀한 게 이 나라 봄의 일반이다. 그러나 분명 눈앞에 입김이 났었다. 계절을 생각하면 좀 늦게 머무는 추위였던 것이다. 트레이닝 바지는 발목을 다 덮지 못했다. 장화 밑에 신은 양말이 긴 것을 다행으로 생각했다. 이름만 대면 알 만한, 대학로에 있는 유명 식당에 출근하기로 되어 있었다.

지금도 그렇지만 하루살이 일을 하던 시기였다. 학교 연극에 연출부로 참여하고 있었고, 곧 일주일에 네댓 번은 연습할 것이었다. 그래서 시간이 정해진 아르바이트를 하기 어려웠다. 서울에 올라온 뒤로 곧장 동대문의 파출 사무소에 이름을 걸어놓고 주말마다 일을 받아 나갔다. 주 종목은 설거지였다. 이 동네 파출 일은 답십리 봉제공장 아니면 설거지뿐이다. 나름대로 머리를 쓴 것이었다. 알바 어플리케이션을 뒤지는 것보다 일거리는 확실히 얻을 수 있었기 때문이다.

우습지만 고용 보장이라고 하면 고용 보장이라고 할 만하다. 설거지 일당이란 저숙련, 저임금, 저부가가치 노동 가운데서도 가장 쉽게 얻을 수 있는 일자리다. 예컨대 마켓컬리나 쿠팡 물류센터에서는 원하는 날 일할 확률이 좀 더 적다. 일주일 전쯤 신청하면 출근 여부를 전날 알려주기 때문이다. 인공지능을 통해 실시간으로 쌓이는 데이터를 분석하기 때문이라고 알고 있다. 고객 수요를 하루 단위로 예측해서 노동자를 고용하는 것이다. 전날 밤 시킨 물건이 새벽에 도착하는 것도 마찬가지 이유다. 상품 주문량을 예측해 먼저 물류센터로 발주해놓는다. 노동자는 이 주문량에 따라 공급된다.* 어쨌든 원한다면 당장 내일이라도 얻을 수 있는 일자리가 설거지다.

스무 살 이후로 그런 대로 안 해본 일이 없었고 다른 지역에서 파출 경험도 있었다. 하지만 서울 식당 파출의 노동강도는 생각보다도 셌다. 택배 상하차만큼은 아니지만 물류센터 일보다는 힘에 부쳤다. 뚝배기, 유기그릇, 전골냄비, 가끔은 고기 불판이 돌아가며 내 손목을 조져놓은 것이다. 아니 이게 원래 이런 건가? 나는 놀란 나머지 대책을 고민했다. 젊고 서울에서는 파출 일이 처음이라

---

* 물류센터 노동의 정확한 인과는 다음 서적을 참고했다. 전혜원, 『노동에 대해 말하지 않는 것들』, 서해문집, 2021.

고 해서 힘든 일거리를 나한테만 주는 게 아닌가 싶었다. 착각이었지만 이게 내가 분석한 문제 상황이었다. 사무실을 옮겨 봤자 등록비만 더 들 것이었다. 식당에서는 파출 사무소를 하나만 쓰지 않으니 어차피 물어다 주는 일은 비슷할 것이고 어딜 가나 나만 젊은 남자일 게 분명했다. 그렇다면 소장님이랑 친해져서 어떻게 쇼부를 봐야겠다, 어쩌면 쇼당도 붙여야겠지, 나는 처음 본 사람에게만큼은 ENFP 아닌가. 이게 내 결론이었다. 이렇게까지 할 일이었나? 실은 그저 산책 겸 파출 사무소에 놀러가서 수다 좀 떨고, 가는 길에 맥심 한 박스나 사가면 뭐라도 되겠다는 생각을 했던 거다. 수작이 얕았던 탓에 그닥 효과는 없었던 것 같다. 파출 사무소라는 게 잔뼈 굵은 이모님들의 앞마당이다. 갈 때마다 전기히터 앞을 꿰차고 있던 그들의 입심은 풋내기가 어쩔 틈을 주지 않았다. 그날도 금요일 저녁에 온 문자메시지는 이렇게 시작했다- '빡셈'. 식당으로 가는 길('3번 출구 50m 직진 뒤 약국 앞에서 좌회전'), 일당('10시~3시 6만원, 5시~10시 6만원, 수수료 1만원, 다음 날 입금 바람') 안내가 그 밑으로 이어졌다. 빡셈! 그 사무실에서는 유난히 바쁜 곳 일을 줄 때면 이렇게 각오하라는 표시를 해준다. 소장님의 작은 정이다.

처음부터 아차 싶었던 게 설거지 인력이 나 말고도 한 명 더 있었다. 일당을 두 명씩이나 쓴다는 건 세 사람 몫의 일은 족히 있다는 거다. 내 오전 타임 파트너는 50대 후반의 아저씨였다. 장화를 갈아 신기가 무섭게 자리를 잡고 20분 만에 청양고추 두 박스를 다듬어 헹궈놓았다. 어딜 가나 일당(설거지 일을 월급으로 쓰는 경우도 있다. 다만 주방 구성원 가운데 일용직의 비중이 제일 높은 것은 분명하며, 이 경우 2인칭으로는 '이모'나 '삼촌'으로, 3인칭으로는 그냥 '일당'이라 불린다)은 손님을 받기 전에 이런 일을 한다. 누가 재촉하지 않아도 요리사들이 올려놓고 가는 설거지거리들이 쌓여갔고, 당장 씻어 달라는 건 재깍 씻어야 하므로 손이 빨라질 수밖에 없었다. 개시 전에 나오는 건 대개 스프용 들통이나 밀가루 반죽을 담던 플라스틱 용기 따위라서 안 할 수도 없었다. 이런 건 거의 다 몸통만한 크기고 개수대 두 개가 붙어있어 봤자 가로 120cm, 세로 60cm에 불과했기 때문이다. 그나마 출근할 때 싱크대가 비어 있었다는 것이 다행이었다. 남성들만 있는 주방이었고, 아마 수직적 질서가 어렴풋이 잡혀 있어서 그랬던 것 같다. 전날 마감 직전 나온 설거지거리가 아침에 그대로 남아 있는 경우가 많았다. 주방에 '막내'가 있으니 이를 처리하고 퇴근해야 했을 것이다.

개시 후 설거지 과정은 여느 집과 비슷했다. 일단 홀 서버들이 손님들이 먹고 간 트레이를 가져다준다. 여유가 있는 시간이거나 서버가 인정이 있다면 휴지 정도는 버리고 가져다주는데 거기는 그렇지는 않았다. 트레이를 받으면 휴지는 쓰레기통에 버리고 수저는 바로 빼내야 한다. 수저는 싱크대 아래 칸의 플라스틱 통에 담가놓고 두세 시간에 한 번 세척하기 때문이다. 접시들을 그대로 왼쪽 개수대의 소쿠리에 던져 넣는다. 소쿠리는 원래 주방 중심에 있는 짬통을 대신해 짬(잔반)을 임시로 버리는 곳이다. 짬을 소쿠리에 일일이 털고 나서 그릇을 씻으려면 시간이 부족하다. 틀어놓은 물줄기에 짬이 흘러나가게 하면서 바로 닦아야 한다. 이것이 한 트레이에 그릇이 여덟아홉 종류나 되는 그 가게 특유의 요령이었다. 물론 식기세척기가 있지만 사람들은 그것의 역할을 곧잘 오해한다. 식기세척기는 밥풀이나 고춧가루를 제거해주지 않는다. 그릇을 세척기가 처리했을 때 이물질이 묻어나지 않는 정도까지 닦아야 한다. 반찬 그릇은 잘 되는데 소스 종지라면 몇 배는 문질러야 한다. 밥풀이 말라붙은 밥공기는 아예 불려놓고 나중에 닦아야 한다. 화구에서 끓는 물을 퍼다 플라스틱 통에 채워두고 거기 담가놓는다. 그리고 적당한 시기에 한꺼번에 닦는다. 웬만한 주방에서는 이런 목적을 비롯해 이런저런 일에 쓰려고 항상 큰 웍에 물을 끓이고 있다. 물이 다 졸아들기 전에 수시로 채우는 것도 일당의 몫이다. 이렇게 헹군 그릇들을 개수대에 종류별로 쌓아놓는다. 이것들이 팔레트 한 판을 채울 정도로 쌓이면 식기세척기에 집어넣는다. 음식을 낼 때 그릇이 하나라도 모자라면 안 되기 때문에 일당은 주방 찬장에 그릇을 눈치껏 채워야 하는데, 세척기에 돌린 그릇이라고 해도 바로 내지 않고 타이밍을 재는 게 핵심이다. 찬장으로 가서 그릇을 쌓는 짧은 찰나에도 설거지감이 실시간으로 쌓이니 너무 자주 가서는 안 된다. 물론 지나치게 가끔 가면 그릇이 떨어졌다는 호령이 떨어진다. 손님이 붐비는 시간(이 시간을 이르는 말도 가게마다 다르다. 프랜차이즈로 제법 유명한 가게는 '피크'나 '러시'라고 하고, 수더분한 가게는 그저 '점심장사'나 '저녁장사'다)이 지나도 설거지는 계속된다. 손님 설거지가 마무리될 때는 다시 들통과 플라스틱 용기의 시간이 찾아오는 것이다. 요리사들이 오후 2시 반쯤 쉬러 가면 일당은 4시나 되어야 앞치마를 풀 수 있다.

이는 가능한 간략하게 설명한 것이다. 글로 푸니 복잡해 보이는데, 일머리가 좋다면 금방 익힐 수도 있겠다. 육체노동이란 것이 원래 글로 묘사하는 것보다 몸으로 배우는 게 더 쉬운 것일지도 모른다. 이 일이 다른 육체노동, 또는 다른 형태의 노동보다 유별나게 힘들다고 말하는 것도 아니다. 모두 자기 몫의 고통이 있다. 그렇다고 설거지라는 노동을 식기세척기가 하는 일의 보조쯤으로 생각하지는 않았으면 좋겠다. 아직 인공지능 식기세척기의 시대는 오지 않았으니까. 일론 머스크는 뭐하나? 몇 시간 딥 러닝이면 설거지 자율주행쯤은 아무것도 아닐 텐데. 아마 그런 기술을 개발하는 것보다 사람을 쓰는 게 더 저렴할 것이다. 무엇보다 노동자 자신들도 그런 날이 오기를 원하지 않는다. 러다이트의 시대가 다시 오면 선봉에 누가 있을까? 오늘 당신이 마신 에스프레소를 기계에서 추출한 사람, 당신이 출근할 직장에 첫차를 타고 가서 청소하는 사람, 당신이 받은 택배를 탑차에서 내려 배송 차량에 실은 사람, 당신이 사간 담배의 이름을 편의점에서 외우는 사람, 그리고 아마 파출 사무소의 이모님들일 것이다. 세상은 그런 사람들 없이는 돌아가지 않는다. 일론 머스크가 어쩌기 전까지는 말이다.

뭐, 그게 꼭 잘못됐다는 건 아니다.

그날이 기억에 남는 것은 우리를 닦달하는 역할의 요리사가 주방에 있었던 까닭이다. 눈매부터 매서운 남자였는데 나보다 두 살이 어렸고 직급은 대리였다. 설거지가 조금 밀린다 싶으면 와서 자기 요령을 거듭 알려주다가 나중에는 신경질을 부리고는 했다. 이해 못할 바는 아니었다. 주방에서는 쉽게 날카로워지기 마련이고, 특히 정신없는 집이었고, 일당이 바뀔 때마다 매일 그 역할을 도맡았을 테니까. 성깔이 납득될 만큼 대리의 손이 빠르고 야무지기도 했다. 썩 유쾌하지 않은 말투였음에도 나는 고분고분했다. 그게 편하니까. 파트너 아저씨는 나보다 손이 느려서 싫은 소리를 여러 번 들었지만 낯빛 변하는 일 없이 일하다 퇴근했다. 그러나 저녁 타임에 온 아주머니는 그렇지 못했다.

아주머니는 아마 수없이 많은 뒷주방에서 이모라고 불렸을 것이다. 얼마나 이 일에 이골이 났겠는가? 파출 사무실을 통해 일하는 이들은 나와는 입장이 다르다. 이모님들은 이걸 아르바이트로 생각하지 않는다. 조리든 설거지든 사카바*든 월급으로 일하다가 그만두고 잠깐 쉬는 기간에 생계를 위해 일하는 게 대부분이다. 열 시에 출근하고 열 시에 퇴근하면서 일주일에 하루나 겨우 쉬는 게 뒷주방 일이므로 한 식당에서 몇 년이고 근속하기란 어렵기 때문이다. 말하자면 과로한 노동으로 인한 경력단절이겠다. 어쨌든 그 이모님도 주방 일에는 이미 능숙했다. 이모님과 손발을 맞추면서 식기세척기 다루는 요령이나 세제가 비었을 때 채우는 방법을 익혔다. 말도 좀 텄다. 이모님은 내가 아들뻘이라며 귀여워했고 대학에 다니느냐고도 물었다. 무슨 일에서든 능란한 파트너를 만나는 건 기분 좋은 일이고, 귀여움을 받는 건 더 좋은 일이다.

문제는 하필 우리가 서울에서 손꼽히는 바쁜 식당에 불려왔다는 것, 그래서 원래 그녀가 갖고 있던 요령으로는 설거지가 밀릴 수밖에 없었다는 사실이다. 대리는 오전보다 싱크대 앞에 몇 번은 더 들렀다. 그럴 때마다 이모님의 그릇을 뺏어들고 몸소 시범을 보였다. 말투도 좀 신경질인 게 아니었다. "그렇게 하는 게 아니에요, 이렇게 안 하면 오늘 집에 못 가요?"로 시작해서 "고집 그만 부리고

* 주방과 홀 사이에서 주문을 확인하고 서빙 나갈 음식을 갈무리하는 일. '티카'라고도 한다.

옆에 삼촌(나)처럼 하세요, 예?"라는 식이 되었다. 이모님은 처음 한 두 번 예예- 하다가 나중에는 성질을 냈다. "왜 자꾸 사람을 긁냐, 젊은 사람이 어떻게 이렇게 하느냐?" 아는 사람들은 알 것이다, 아주머니들 특유의, 서러움이 북받칠 때 나오는, 보고 듣기 유난해 차라리 외면하고픈 울화를. 그러거나 말거나 대리는 대리대로 받아쳤다. "이모 필요 없으니까 이런 식으로 할 거면 집에 가세요. 뭐 잘났다고 이딴 일을 하러 와요?" 음… 마지막 말은 내 얘기 같기도 했다.

지옥이 있다면 어떤 모습일까. 모르긴 몰라도 비좁고 덥고 습하고 시끄러운 곳이지 않을까. 거기다 마음까지 괴롭다면 지옥이 따로 있겠는가. 그렇다면 이곳 주방은 완벽한 지옥이었다.

마감이 다 되어서야 실장이 이모님을 위로했으니 그 전에는 옆에 붙은 나뿐이었다. 식기세척기 도는 소리는 요란했다. 세제 섞인 물이 그릇을 때릴 때마다 이모님은 들리지 않게 대리 욕을 했다. 못 배운 놈, 양아치 같은 놈, 어린 놈…. 듣다 보니 이 또한 내 얘기 같기도 했다. 반면 대리는 가끔 와서 내 어깨를 두드리면서 이모에게는 한마디씩 성질을 돋우고 갔다. "이제 화 푸세요잉?" 주방을 마감할 때까지 시간이 아주 더디게 갔다. 정리가 대강 되자 대리는 내게 담배를 피우냐고 물었고, 아니라고 답하자 내일은 뭐 하시냐고 물었다. 다음 날은 일이 없었지만 다른 데 출근한다며 대충 둘러댔다. 속으로는 여기 또 오느니 그냥 저녁을 며칠 굶겠다고 생각했다.

이른바 맛집의 주방이란 이렇게 돌아간다. 내 파출 경험은 기껏해야 수십 번이니 다 이렇다고 일반화할 수는 없다. 하지만 적어도 좁고 덥고 습하고 시끄럽기는 매한가지일 것이다. 누군가는 정신이나 육체 어딘가가 괴로울 것이고, 특히 그날은 그 아주머니가 그랬다. 나도 그날이 조금 더 괴로웠고. 왜 그랬을까. 아마 이런 곳은 잘 보이지 않고 누군가에게 보일 필요도 없기 때문일 것이다.

육체적으로 조금 고된 일을 하는 사람들은 눈에 덜 띄는 경향이 있다. 주방 노동자는 손님과 격리된 공간에서 일하고, 건설 노동자는 건물이 지어지기 전에 일하고, 청소 노동자는 사람들이 출근하기 전에 일하고, 편의점 노동자의 진짜 일은 손님이 없을 때 주로 있는 것처럼 말이다. 알제리 철학자 프란츠 파농은 쓰레기통이 있는 거리에 사는 사람들은 쓰레기가 어떻게 생겼는지 상상하기 어렵다고 했더랬다. 이건 식민 알제리의 분리된 풍경을 과격하게 논평한 것이니 모두가 그 지경까지 생각할 필요는 없다. 하지만 설거지를 두고 '식기세척기가 다 하는 것 아니냐'는 식의 얘기를 듣는다면 나는 파농의 비유를 꺼내들 수밖에 없다. 그건 모르는 사람의 말이거나 적어도 그 일을 하지 않아도 되는 사람의 말일 것이기 때문이다.

"식당 일이란 게 있잖냐. 가스불 때문에 머리 아프지, 앉질 못하니 다리도 저려, 싱크대에 숙여서 일하니 허리까지 쑤시는데 홀에 나간 애들은 못된 히야까시*까지 들어야 해. 그러니까 돈 있으면 뭐 하러 남의 집 구정물에 손 넣고 다니겠냐?" 주방 일 근속연수로 치자면 훈장을 받아도 모자랄 내 엄마가 무시로 하는 말이다. 이 말을 곱씹을수록, 작가 겸 배우를 꿈꾸는 내가 아무리 글줄을 읽은들 엄마보다 더 핍진한 대사를 만들 수는 없겠다는 생각을 한다.

뭐, 그걸 꼭 알아 달라는 건 아니다.

* '희롱'을 이르는 일본어. 주방 이모님들은 술에 거나해진 아저씨들의 불쾌한 농담짓거리를 히야까시라고 한다. 서비스직에서 일하는 이들, 특히 여성들은 대개 비슷한 경험을 해보았으리라.

가게를 조금 늦게 나왔다. 꼭 맸던 앞치마 리본을 잘 못 풀었기 때문이다. 이모님은 문밖에서 나를 기다리고 있었다. 일당 온 낯선 가게에서 젊은이에게 봉변을 당한 셈이었다. 몇 시간이라도 붙어 있던 나에게 그나마 의지했을 것은 짐작하고도 남음이 있었다. 꼭 그래서가 아니더라도, 그 기분을 지니고 홀로 가기는 정말 어려운 퇴근길이었으리라.

주방 훈김을 맞은 덕분인지 밤 열한 시 대학로는 아침 추위가 무색했다. 우리는 3번 출구 편으로 걸어갔다. 나도 그 대리가 맘에 들지는 않았으니 그를 한껏 씹어댔다. 아들이 어느 직장에 다닌다, 나도 할 일이 없어서 나오는 거지 아쉬운 거 없다, 이런 말을 들은 기억도 난다. 이모님은 장위동에 살아서 버스를 탄다고 했고 나는 지하철역으로 내려가게 되었다. 인사를 하고 돌아서는데 이모가 한마디 더 했다. 이미 이어폰을 귀에 꽂은 나를 붙잡고 "좋은 학교 다니니까 이런 거 그만해요"라고 하는 것이었다.

나는 에스컬레이터에 올라서 가능한 그 말에 대해 생각하지 않으려고 노력했다.

뭐, 내가 그걸 꼭 생각해야 하는 건 아니다.

5. 죽고 싶지만 뿌링클은 먹고 싶어: 우리 세대의 상실감 완화제

"하지만 노동 계층이 현저하게 심리적 적응을 하는 것은 그 상황에서 그들이 할 수 있는 최선일 수 있다. 그들은 혁명 투사로 바뀌지도 않았고 자존감을 잃지도 않았다. 단지 노여움을 참고 생선튀김과 감자칩 수준으로 자신들이 처한 상황에서 최선을 다해 안주하려 할 뿐이다."

– 조지 오웰, 『위건 부두로 가는 길』(김설자 옮김, 부북스, 2013)

뉴캐슬을 좋아하는, 눈이 작은 치킨 러버

생일날 받은 선물을 살피다 보면, 내가 남들에게 어떤 사람으로 여겨지는지 대강 짐작할 수 있다. 저 사람(형, 동생, 오빠, 선배, 후배) 생일이니까 이런 거 줘야겠다, 의 '이런 거'가 생각보다 구체적인 것 같다는 말이다.

그런 성찰의 순간이 찾아오는 건 생일 말고도 있기는 하다. 이를테면 친구들은 영국 축구팀 뉴캐슬의 특별한 소식이 있을 때마다 내게 연락한다. "뉴캐슬 어제 6-0으로 졌더라. 생각나서 연락해봤어. 이번엔 진짜 강등당하냐?" 같은 소식은 이미 익숙하다. "구단주 바뀌었던데 떡상하는 거냐!"라고 하다가도 "새로 온 감독 코로나 걸렸다던데 진짜냐?"라는 말을 들은 것은 최근이다. "이 팀은 되는 게 없냐"라는 반응을 돌려주는 것도 벌써 십 년이 넘었다. 그래서 술자리 같은 데서는 내친 김에 이런 에피소드를 들려주기도 한다. "내가 뉴캐슬을 좋아하기 시작하던 무렵에는 감독이 경질되고 부임한 임시 감독이 벤치에 앉지 못했단다. 수년 전에 받았던 출장 정지 징계가 남아 있어서였어. 그래서 수석코치가 감독 대행을 맡아야 했지. 임시 감독의 감독대행이라는 블랙코미디, 이게 원래 뉴캐슬의 아이덴티티다, 짜식들아." 이런 식으로. 아무튼 내가 이런 팀의 팬을 자임한 지 벌써 15년이 되었다. 뉴캐슬은 맨유, 첼시, 바르셀로나 같은 팀보다 지구 반대편의 누군가 좋아하기에 희한한 팀이니 뉴캐슬이란 단어를 듣고 나를 떠올리는 것은 이상한 일이 아니다.

그밖에도 래퍼 소코도모가 나와 닮았다며 연락하는 이들도 좀 있고(정말 비슷하다), 인형 뽑기 기계에서 곰 인형이나 눈 찢어진 엽기토끼 인형을 뽑았을 때 "선배님이랑 똑같이 생겼죠?"라고 하는 친구들도 있다. 어쩌라는 건지 모르겠지만, 아무튼 적잖은 친구들이 나를 뉴캐슬을 좋아하는 눈이 좀 작고 밍숭맹숭하게 생긴 사람쯤으로 여기는 것 같다.

그런 것도 있지만, 내가 뭔가 이상하다고 느낀 건 최근 몇 년의 생일 선물 때문이었다. 깊은 관계가 아니고서야 요즘 생일 선물은 기프티콘 정도이기 마련이다. 조금의 과장도 없이, 나는 지난 3년 동안 생일에 '뿌링클' 기프티콘을 32개 받았다. 이것은 방금 확인한 것이다. '카카오톡 선물하기', 아니 모바일 교환권의 세계에서 가장 많이 팔리는 것은 스타벅스 기프티콘이다. 치킨 가운데에서도 뿌링클은 1위가 아니다.[15] 한데 내게 치킨을 선물한 사람은 빠짐없이 뿌링클을 선물했으며, 훨씬 값싼 커피 쿠폰을 보내는 사람보다 배는 많았다. 정말이지 미안하고 고마운 일이다. 2021년 12월 기준으로 19,000원(콜라가 더해진 가격이다), 치즈볼이 더해지면 24,000원씩이나 되는데도 말이다.

물론 문신 팔토시나 호랑이가 그려진 팬티를 보내는 친구들도 있다. 귤을 보내는 사람도 이따금 있지만 그건 내 생일이 겨울에 있어서 그런 것이리라. 아무튼 이렇게 기형적인 선물을 받는 상황에서 나는 이런 결론을 내렸다. 이는 남들이 나를 '뿌링클을 좋아하는 사람'으로 생각하지 않는다면 불가능한 일이다. 하지만 그것은 부정할 수 없는 사실이다. 뿌링클은 출시되자마자 내 최애 치킨이 되었고, 그동안의 술자리나 모임에서 뿌링클을 찾아댄 기억도 매우 또렷하다. 참으로 민망한 일이다.

분수에 맞는 소비, 그렇지만

이 세계는 인간이 합리적인 동물이기 때문에 돌아가고 있다. 사회도 그렇고, 좀 더 노골적으로 말하면 시장과 경제가 그렇다. 특히나 돈이 드는 일에 있어서는 편익과 손실을 제대로 따지는 것이 당연하다. 명쾌하게 말하면 분수에 맞게 소비해야 한다는 뜻이다. 대개 그렇게 하지만 썩 만족스러운 행동은 아니다. 요컨대 나는 한눈에 맘에 드는 옷을 구입하는 걸 망설인다. 보통 그런 옷의 가격은 부담스러우니까. 지금 당장 오렌지색 니트를 사러 스타일쉐어나 무신사 같은 의류 쇼핑 어플리케이션을 본다고 해보자. 유행에 맞게 톤 다운된 오렌지색으로 물들여져 있고, 기장이 너무 길지 않고, 팔 시보리가 짱짱해 보이고, 후기에 악평이 하나도 없고, 좌르르 떨어지는 무게감이 있어 입었을 때 예쁜 캐시미어 니트는, 비싸다. 그러나 이걸 사면 엄청 만족스러울 것이다. 자, 좀 더 찾아보면 색은 예쁜데 지나가다 눈에 뜨일 법한 주황색에 '덩치 큰 사람은 부해 보인다'는 평이 간간이 보이지만 그래도 나쁜 옷이라곤 할 수 없는 합성섬유 니트가 있다. 이건 틀림없이 거부감이 없는 가격일 것이다. 나는 선택의 순간에 다다르면 후자를 선택하는 편이었다. 받아본 옷은 보통 어딘가 애매했다. 하지만 이것이 내 분수에 맞는 소비다.

'뿌링클'이라면 얘기가 다르다. 뿌링클을 주문할 때 나는 조금도 고민하지 않는다. 21,000원. 이만한 돈은 한 달 동안 순간의 만족감을 포기하면서 소액을 아껴야 모을 수 있다. 백반집에서 8,000원짜리 제육볶음이 아니라 7,000원짜리 고등어구이를 선택하고, 서브웨이에서 1,600원인 에그마요 추가를 단념하는 일을 몇 번 거듭해야 적립되는 돈이란 얘기다. 그만큼 모인 인내심을 치킨 한 마리와 바꿔먹는다.

이런 일이 가끔 있는 거 아니냐고? 나도 그렇게 생각했다. 지금 당장 배달 어플리케이션을 켜서 역대 주문목록을 살펴보라. 생각보다 날짜 간격이 촘촘하다는 것을 확인할 수 있을 것이다(지금 보니 그저께, 그리고 6일 전에 먹었다. 4일 간격으로 치킨을 먹다니!). 이게 실감나지 않는 데는 여러 이유가 있다. 당신의 하루하루가 유독 길고 피로해서 그런 것일 수도 있고, 아니면 당신의 배달 주문이 카드 결제목록에 '네이버페이'나 '카카오페이'로 얼렁뚱땅 표기되어서 그런 것일 수도 있다. 웬만한 소비가 플랫폼을 통해 이루어진다면, 2만 원에서 3만 원 언저리의 재화들, 말하자면 치킨 가격, 족발 가격, 디퓨저나 섬유향수 가격, 또는 세탁세제 묶음 가격을 구분하기 어렵다.

나는 왜 이렇게 소비할까? 물론 내가 비합리적인 경제주체라서 그렇다. 한 달에 치킨을 다섯 마리만 시켜도 10만 원이다. 하지만 합리적으로 사용한다면 10만 원은 많은 것을 할 수 있는 돈이다. 발품을 좀 판다면 식자재 매장에서 고기를 대량으로 구매해놓을 수도 있고, 유통기한이 임박했지만 한두 달은 쟁여놓고 먹을 수 있는 상품들을 싸게 들일 수도 있다. 시간이 있다면 정육점에서 껍질을 벗기지 않은 돼지고기 뒷다리를 사서 손질할 수도 있을 것이다. 다섯 번 치킨을 먹는다면 10만 원으로 겨우 다섯 끼만 해결할 수 있을 뿐이지만, 조금만 수고로울 수 있다면 못해도 일주일에서 열흘 정도는 영양 있는 식사를 할 수 있다.

그럼에도 나는 치킨을 입에 넣는 걸 생각하면 정신이 아득해진다. 처음 몇 입을 생각하면 이성을 놓을 수밖에 없는 것이다. 물론 뿌링클을 건전하게 즐기는 수백만의 사람이 있을 것이니, 내가 치킨에 매달리는 이유를 설명하기 위해 좀 더 보편적인 변명을 해야겠다.

찬양하라! 분노 억제제, 상실감 완화제를

오늘날 우리 세대에서 궁핍은 눈에 잘 띄지 않는다. 우리 세대 가운데 길거리에서 가난해 보이는 사람은 없다. 옷을 기워 입고 양말에 구멍이 난 사람을 본 적이 있는가? 그렇게 나다니는 이는 어디에서도 끼워주지 않을 것이다(요컨대 해진 구두 뒤축을 그대로 신고 다니는 것은 정치인의 퍼포먼스일 뿐이다. 지금 가난하지 않은 사람들이 본인이 겪은 가난을 손쉬운 상징으로 손쉽게 사용하려는 딱한 의도인 것이다). 좀 극단적 예를 들었지만, 가난 그 자체보다 가난하게 보일 경우 치러야 하는 대가가 더 크다는 말이다.

궁핍은 길거리를 내려다보면 금방 알 수 있는 게 아니다. 궁핍은 우리가 볼 수 없는 곳에 있거나 어떤 사람의 하루 전반에 걸쳐 있다. 시간을 쪼개고, 최선 아닌 차악에 만족하고, 성공보다는 실패하지 않으려고 하고, 그럴듯한 외양이라도 갖추려고 하는 데 익숙하다. 아침에 일어나 지하철을 타고 거의 매번 아침을 거르고 때로 점심까지 거르면서 수업을 듣고 아르바이트를 한다. 늦게 귀가해서도 스펙을 준비하고 스터디에 출석한다. **배달을 받지 않는 고객에게 전화하고 다음 고객에게 배달할 시간이 늦어질까 전전긍긍하는 얼굴은 헬멧 속에 있어서 잘 보이지 않거나, 우리가 보더라도 음식 봉투를 받아들고 나면 그만인 것이다.** 원래가 그렇다. 파지 줍는 노인은 이른 새벽에 동네를 돌고, 청소하러 가는 노동자들은 첫차로 움직이지 않던가.

물론 세상에는 이렇게 살지 않는 동년배들도 많다. '이렇게 사는' 친구가 '이렇게 살지 않는' 또 다른 친구의 단면을 SNS로 지켜보는 것은 상실감과 박탈감을 가열히 촉매한다. 물론 인스타그램은 그들 인생의 전부가 아니고 그들도 대단히 노력하며 산다는 걸 잘 안다. 하지만 한번 그런 감정이 들면 되돌리기 어렵다. 젊음이 그들의 궁핍을 젊은 날 잠깐의 해프닝으로 웃어넘기는 것은 어려운 일이다. 젊어 고생은 사서도 한다지만, 그들도 '고생'에서 영원히 벗어나지 못하는 건 아닐까 두려울 때가 있는 것이다. 자취방, 안 빌려도 되는 주말 술값, 정규 아르바이트, 전환형 인턴, 취업! 남들은 다 하는데, 이 모든 게 내 것이 아니라면 어떻게 해야 할까. 손톱을 물어뜯어야만 할까? 그럴수록 나의 노력 부족을 인정하고 자기계발에 매진해야 하는 것일까? 물론 그게 이롭다.

그러나 부정적인 감정은 한꺼번에 손을 잡고 온다. 무엇으로든 가능한 빨리 끊어내는 것이 더 이로울지도 모른다. 최소한 당장은 말이다. 뭔가 다른 게 필요하다. 그러니 짐작하듯 나는 허기를 채우려고 치킨을 시키는 게 아니다. 내가 뿌링클을 좋아하는 것을 단순히 식욕 같은 원초적 욕구로만 설명할 수 없는 것이다. 나는 다른 음식도 가리지 않고 대식하니까.

이를 가심비, 소확행, 시발비용이라고 설명하는 것은 불충분하다. 이것은 분노 억제제이다. 이것은 상실감 완화제이다. 이것은 오늘의 팍팍한 현실을 잊게 해 나의 내적인 품위를 유지하도록 만드는 합리적 사치인 것이다. 분수에 맞는 소비로 돈을 모으는 건 우리를 위로하지 않는다. 사실 우리는 냉동 뒷다리살 10kg과 양상추 열 근, 정부미 한 가마를 쟁여놓고 그것만 까먹으며 살아도 된다.* 탄수화물-단백질-지방의 균형을 그럭저럭 지키며 두세 달 식비를 아낄 수도 있다. 푼돈이나마 모을 수 있겠지만 우리는 그러지 않고 다음과 같은 질문을 던진다. 그 돈으로 뭘 할 것인가? 노동소득으로 집을 살 것인가? 차를 살 것인가? 코인이나 주식에 영혼을 끌어모아 투자하는 이도 있다. 그러나 '영끌'도 그럴만한 종잣돈이 있는 사람의 것이다. 힘 빠지는 오늘은 선명하지만 내일은 누구도 보장하지 않는다.

* 이 뒷다리살에 대해서는 한마디 덧붙이고 싶은 것이 있다. 많이들 모르는 사실이겠지만, 인터넷 일각에서는 얼마 전 백종원 씨가 소비를 촉진한다며 방송에서 국산 후지(돼지고기 뒷다리)를 홍보한 것을 탄식하는 이들이 있었다. 삼겹살, 목살, 앞다리보다 훨씬 저렴한 이 식재료의 가격을 괜히 올려놓았다는 것이다. 소비가 늘어난 것은 좋은 일이다. 그러나 이들의 원망이 영 근거 없는 것은 아니다.

이런 이유로 나는 뿌링클이라는 개인적 사치를 향유한다. 누군가는 나와 같은 이유로 내추럴 와인을 마실 것이고, 누군가는 크롬하츠 목걸이를 살 것이다. 글쎄… 이 또한 계층에 따라 묘한 구분이 있겠다. 어쨌든 그렇게 해서 세상에 대한 원망을 완화할 수 있다면 이 정도야 납득할 만한 사치 아니겠는가.

그게 꼭 나쁜 일일까? 아닐 수도 있다. 하도 뿌링클 노래를 불러대니 생일 선물로도 기프티콘이 들어오는 걸 생각하면. 그놈의 치킨 실컷 먹어라, 라는 식이었다 한들 어떤가. 당장은 짭짤하고, 달달하고, 바삭하고, 고소하고, 배부르다. 거기다 세상에 대한 분노와 상실감, 열패감을 삭여준다면 이만한 아이템이 어디 있단 말인가?

앞선 세대의 많은 이들이 우리를 두고 '행동하지 못한다'고들 한다. 나는 이렇게 변명하겠다. 만일 우리 세대가 세상을 바꾸지 못한다면 그것은 뿌링클 때문일 거라고. 불만 많은 우리에게 뿌링클을 던져준다면, 효과는 굉장할 것이니까.

6. 과외선생은 벨을 두세 번 울린다:[16] 빈부가 만드는 다른 세계관

"그런데 이제 집을 가지게 되었다. 다른 것은 서울이 아니고 부천이라는 점이다. 그렇다면 이 경우에도 집과 희망은 동의어인가."
– 양귀자, 「멀고 아름다운 동네」(『원미동 사람들』, 살림, 2004)

"도시에서 주거 환경은 정치경제적 주요 지표에 해당한다. (…) 그것은 구조적 차원에서 정치경제적 요건을 가늠케 하는 척도일 뿐이다. 따라서 이는 구체적인 장소성보다는 공간적인 표상으로 이해된다."
– 장일구, 「도시의 서사적 공간형상」(『문화지리와 도시공간의 표상』, 동국대학교출판부, 2011)

과외선생은 벨을 두세 번 울린다

주로 고3을 가르치는 과외선생으로 일한 것이 스무 살 때부터였다. 세어보니 2015년부터 대강 일흔 명을 가르쳤다. 군 복무할 때를 빼면 일 년에 15~16명을 가르친 셈이니, 아르바이트치고는 과중했다. 아르바이트보다 좀 절실하게 대하긴 했지만.

요즘 뭐 하세요 쌤? 스물다섯을 넘기 시작하면서, 제자(나는 별로 좋은 선생이 아니었으므로 이 단어를 쓰기 매우 민망하지만, 더 적당한 말을 찾기는 힘든 것 같다)들이 오랜만에 연락하는 경우가 생겼다. 보통 취업 턱을 낼 테니 만나자는 얘기였다. 내가 긴 휴학으로 방황하고 군대에 다녀오는 사이 나보다 한두 살 어린 여학생들은 벌써 자리를 잡아가고 있었다. 이런 날엔 여러 생각이 교차한다. 우선은 짧은 인연이었던 나를 찾아주니 고맙다. 그다음은 신기한 마음이다. 한때 개념강의에 "네"만 연발하던 애들인데 어떻게 취직을 다 했누? 대견한 마음이 들 뻔도 하지만 스승이란 자의식이 조금도 없으니 오래가지 않는다. 나는 돈을 벌려고 일했을 따름이다. 재미있게 생각되는 건 묘하게 역전된 신분이다. 숙제가 부실할 때 혼을 내고, (지금 생각하면 자다가도 이불을 걷어차는) 인생 조언을 늘어놓던, 그러나 아직도 학부생 신분으로 빌빌대는 내가 이제는 비싼 저녁밥을 얻어먹는 것이다. 그럴 때 내 기분이 어떨 것 같은가?

당연히 좋다. 공짜 밥인데. 다른 건 몰라도 여기엔 자격지심이 없다.

나는 가능한 육체노동을 하고 싶지 않았고, 앞으로도 하고 싶지 않다. 노동시간 내내 책상에만 앉아 있는 직업이 생각보다 많지 않기는 하다. 하지만 적어도 여덟 시간에서 열두 시간 동안 내내 서 있는 일은 피하고 싶다. 설명할 것도 없는 이유야 간단하다. 힘드니까. 하여 할 수만 있다면 과외를 많이 하려고 했고 정말로 많이 했다. 내가 지닌 대학 간판이 아니었다면 엄두도 내지 못했을 일이다. 재수생 신분일 때부터 시작하기는 했지만 이것이 일종의 특권이라는 것도 알고 있다. 노동을 시작하는 방식이 프랜차이즈 카페의 센싱*이나 막노동판의 출근부, 파출 사무소의 문자메시지가 아니란 건 대단한 행운이다. 나는 그저 인터폰을 누르고 벨을 울리면 되는

* 노동 시작 시간과 종료 시간을 기록하는 것.

것이다. 1층에서 한 번, 집앞에서 한 번, 안 받으면 한 번 더.

스무 살 이후 상당한 시간을 과외생의 집, 그곳으로 가는 대중교통에서 보냈다. 적당히 좀 할 걸 그랬다. 과외에 쏟아부은 엄청난 시간은 스펙이 되지 못한다. 그렇다고 돈을 모은 것도 아니다. 따지고 보면 남은 게 없다. 좀 굶더라도 영어 공부를 했어야 했다. 아, 이건 대가를 치르는 게 아닐까. 나는 책임감 있는 선생이 아니었으니까. 어린 나이부터 선생 소리에 우쭐거린 대가, 면도도 안 한 채 배낭에 반바지만 입고 집집을 방문하던 대가, 때로는 빈손으로 털레털레 가서 "볼펜 좀 빌려줄래?"라는 말로 수업을 시작하던 대가, 학부모가 내주는 간식을 문제 푸는 학생 옆에서 우적우적 먹어치우던 대가. 변명하자면 그래도 성적들은 잘 나왔다.

그래도 하나 유익했던 건 내가 여러 동네를 경험해볼 수 있었다는 것이다. 원래 사람의 영토는 그리 넓지 못하다. 우리는 집, 직장이나 학교, 나들이할 때 가는 예쁜 곳들 말고는 좀처럼 다른 곳에 갈 기회가 없다. 하지만 과외교사는 각각 다른 환경과 배경을 지닌 주거 밀집 지역 여럿을 방문하는 사람이다. 정주하는 사람들을 이방인으로서 지켜볼 수 있다. 나는 출근하는 지역들을 관찰하고 뜯어보는 습관이 생겼고, 동네마다 있는 차이를 나름대로 분류할 수 있게 되었고, 이 지면에 그 생각을 정리할 기회를 얻었다. 여느 도시가 그렇듯, 동네와 거기 사는 사람들의 모습에는 계층이 반영되어 있다는 것을 안 것이다.

평창동이나 성북동* 같은 지나친 예외를 뺀다면, 내가 다녔던 서울의 주거지역은 크게 셋으로 구분할 수 있었다. 첫 번째, 공공연한 부촌이다. 동부이촌동, 반포동, 잠원동, 도곡동, 서초동 같은 곳이 여기 속한다. 나는 여기서 수업을 가장 많이 했다. 두 번째, 점잖은 부촌은 아니지만 교육열이 있는 곳, 또는 최근 집값이 상승했지만 원래 서민과 중산층이 섞여 살았던 곳, 또는 신도시다. 목동 아파트단지와 오피스텔 단지, 마포 일대, 길음동이나 녹번동 같은 뉴타운, 강동구나 장지동의 신축 아파트들이 여기에 속한다. 세 번째, 분명히 빈곤하거나, 최소한의 생활이나 소득수준이 서울의 중위에 미치지 못한다고 말할 수 있는 지역이다.** *** 동네에 아파트보다 주택이 더 많고 오르막이 남아 있는 곳이다. 퍽 긍정적일 수 없는 말을 늘어놓고 지역 이름을 직접 거론하려니 주민들에게 미안한 마음이 든다. 그런 곳이 어디인지 추론할 수 있는 방법으로 갈음하련다. 먼저 지금 포털 사이트에서 지도를 켠 다음 지형을 표시하도록 설정해보라. 짙은 음영이 져 있는, 지대가 높은 곳에 그런 동네들이 있다. 아니면 부동산 어플리케이션을 켜서 전세금 1억 원 이하인 지역을 찾으라.

* 그러나 서울 성북동은 빈부 격차가 매우 명확하게 드러나는 지역이다.

** 이런 곳들이 절대적으로 빈곤하다고 말하려는 것이 아니다. 나를 고용했다는 것은 월마다 사교육에 고정비용을 지출할 수 있었다는 뜻이다. 그럼에도 상기한 다른 지역들과 느껴지는 차이가 있었다는 이야기를 하고 싶었다. 더불어 내 느낌에 이런 집들은 자신들의 능력 이상으로 교육비를 지출하고 있는 경우가 많았다. 이런 동네에서 나를 고용하는 집은 하나의 예외였을 것이다. 또한 이런저런 사람들의 부탁으로 조금은 '저렴한' 가격에 이런 동네를 찾는 경우도 더러 있었다는 점도 덧붙이고 싶다.

*** 그렇다고 해서 오늘날 서울에 빈민가가 어디 있느냐고 생각하지는 마시라. 영등포, 돈의문, 신당동의 뒷골목으로 가 보라.

어쩌면 그냥 집값을 가지고 이 곳들을 구분하는 게 더 와닿을 지도 모르겠다. 하지만 집값은 내가 받은 인상과 경험을 굳혀주는 증거들 가운데 하나였을 뿐이다. 여기 사는 사람들의 사회적 배경을 미리 설명할 수도 있다. 고관들, 전문직, 중소기업 종사자 따위로. 그러나 여기에 대해 엄밀한 통계를 찾아본 적이 없을 뿐더러, 그게 이 이야기에서 중요한 것도 아니다. 나는 내가 그동안 지하철역에서 내려 동네로 진입하고, 아파트 단지나 빌라 주택가 골목을 찾아들고, 엘리베이터를 타고, 아파트 복도를 지나가고, 집에 들어가서 가르친 아이들을 만나는 동안 보고 들은 것을 설명하려는 것이다. 이를 통해 각각의 동네 아이들이 부지불식간에 어떻게 달리 성장할 것인지 짐작할 수도 있을 것이다.

서울의 저녁 풍경

나는 고등학생들의 일과에 맞춰 출근했다. 평일 저녁 6시가 제일 흔했고 늦게는 9시에 수업을 시작하기도 했다. 이 무렵은 초저녁에서 밤으로 향하는 시간이다. 서울특별시의 주거지역에서는 이때가 하루에서 가장 활기차다. 어른들이 일터에서 돌아오고, 아이들이 노는 소리가 들려오고, 식당에서 밥 짓는 냄새가 나는 시간이다. 사위가 어두워지고 가로등이 켜지는 이 시간이야말로 동네의 진면목을 알 수 있다. 어떤 거리는 LED 가로등이 비추고, 어떤 거리는 아직 호박색 나트륨등이 비춘다. 그 빛 아래로 도심에서 복귀한 노동자들의 복색이 어떤지, 그들의 표정이 어떤지, 그날의 피로가 어떤 방식으로 풀리는지, 도로가 잘 정비되어 있는지(예컨대 인도가 깔리지 않은 골목은 낮에 보행에 문제가 없어도 밤에는 위험해진다), 아이들은 어떻게 놀고 있는지, 인적이 드문 곳을 긴장하지 않고 지나갈 수 있는지를 포함한 여러 가지를 실감할 수 있다.

이 세 가지 초저녁을 하나씩 살펴보겠다.

첫 번째, 부촌의 저녁이다. 이런 곳은 서울에서도 어느 모로 보나 특별한 곳이다. 그럼에도 우리가 생각하는 전통적인 '중산층' 가정의 모습은 여기서만 엿볼 수 있다. 그 지표는 사실 단순하다. 저녁 시간에 어린아이들이 매일 부모와 시간을 보내고 있는 모습이다. 자녀들에게 자전거를 가르쳐주고 배드민턴을 치는 아버지들, 사립학교 셔틀버스를 기다리고 있다가 아이들을 맞아주는 어머니들(소위 학군지가 아닌 부촌에서는 주변 공립학교로 학교를 보내지 않는 가정이 많다. 이런 곳은 대단지 아파트가 없기에 애당초 학군이 형성되기에는 인구가 적다. 후술할 지역들에 비해 학부모들의 소득수준이 높기에 입시 자체에 집착하는 편이 아니기도 하다. 내가 이런 지역들을 오히려 더 많이 방문했다는 것이 아이러니다. 유학 후 귀국했거나 국제학교에 다니는 학생의 검정고시 수업을 맡은 적이 꽤 있기 때문이다), 유모차를 끄는 부모들, 유니폼을 맞춰 입고 야구장에 다녀온 가족. 간혹 저들끼리 노는 아이들이 있더라도 밥때가 되면 집으로 돌아간다. 이게 가족이란 개념의 아름다운 일면만 골라서 내놓은 듯 보이지만, 우리의 관념 어떤 구석에서는 당연한 풍경이기도 하다. 그 관념은 물론 가부장적 가치와 연관된 측면도 있을 테다. 어쨌든 서울 시내에서도 이게 일상이 되어 있는 곳은 생각보다 많지 않다. 생각해보면 여러 조건들이 필요하다는 것을 쉽게 가늠할 수 있다. 아파트 단지 안에 복수의 가족이 어울릴 수 있는 장소가 있어야 하고, 부모 가운데 한 사람만 일해도 되고, 맞벌이를 한다고 해도 여가 시간을 충분히 확보할 수 있는 가정들로 주민들이 구성되어 있어야 할 것이다.

집 근처 공원에 삼삼오오 모여 있는 할머니들, 잘 닦인 길로 강아지와 산책하는 여성들도 이 동네의 저녁을 구성한다. 할머니들은 비슷한 아파트에 살고 강아지들은 짖지 않는다. 스타벅스를 넘어서는 고급 프랜차이즈 카페, 이를테면 폴 바셋이 반드시 있으며, 동네의 연식과 비슷한 가게들도 오랫동안 자리하고 있다. 주민들이 편안한 마음으로 찾는 오래된 외관의 노포들도 의외로 이 동네에 좀 있다. 이런 가게는 시간이 갈수록 퇴락하는 것이 아니라 가치를 더한다. 이 모든 것이 작용해 저녁나절이면 특유의 나른한 분위기가 내려앉는다.

처음 갈 때 신기하게 생각했던 것이 지하철역에 근접했는데도 시끄럽지 않다는 것이었다. 드나듦이 있는 곳일수록 소음이 심하기 마련이고, 서울의 지하철역은 사거리에 출구가 놓이는 것이 태반인데 이곳은 그렇지 않다. 온통 사람에 끼여 있는 퇴근 시간 전동차에서 내린 뒤에 가는 것이었으므로 별안간 적막해지는 느낌이 확 생경했다. 그러나 이런 곳은 이방인에게 배타적인 데가 아니다. 아파트 단지 입구부터 경비원을 호출한다든가 담장이 높다든가 하는 곳이 드물다. 전통적 부촌이므로 구축 아파트가 많고, 어차피 주민 아니고는 드나드는 사람이 별로 없다. 새로 지은 곳은 1층 현관에 경비실이 붙어 있기도 하고.

낯선 이를 경계하지 않는다는 것은 아파트의 엘리베이터 안에서 느낄 수 있다. 엘리베이터란 나 같은 외지인에게는 다른 세계로 진입하는 수단이다. 이 시간쯤 분리수거하는 할머니, 놀다 들어오는 어린아이, 외식 나가는 가족이 먼저 눈을 맞추고 인사를 건네

준다. 여기서는 주민이 아니라는 걸 한눈에 알아볼 수 있는 사람, 그러니까 과외선생, 학습지 교사, 가사 도우미, 배달 라이더, 택배 기사 같은 이들에게 불친절하지 않다. 엘리베이터에서 향기가 난다든지, 항균필름이 붙어 있다든지, 공동현관 문이 열리면 엘리베이터가 1층으로 내려온다든지 하는 것은 두 번째다. 이곳의 아파트 단지나 골목 어디에 외진 곳이 없겠는가. 그러나 그런 곳에서도 안심할 수 있는 건 밝은 분위기 때문이지, LED 가로등 때문만이 아니다.

두 번째는 서울의 중간계급 지역이다. 겉모습만 본다면 앞선 부촌의 모습과 크게 다르지 않을지도 모른다. 근 십 년 사이 생긴 서울의 뉴타운은 하나의 마을처럼 만들어져 있기에 외부인이 들락거리거나 지나칠 일이 없다. 지하철역에서는 조금 떨어져 있다. 목동이나 대치동이야 워낙 아파트 단지가 거대하고, 신도시는 서울의 지하철 노선도가 다 그려지고 나서 들어선 동네인 까닭이다. 하여 이런 곳들은 대체로 역에서 내려 십 분 이상 걸어야 했다.

다만 '가족'이 만드는 분위기가 조금 드물다는 건 확인할 수 있었다. 이유를 섣부르게 추측해선 안 될 것이나, 가정에 방문했을 때 학부모가 보통 한 사람만 있었다는 게 힌트라고 짐작한다. 아파트 복도에 짐들이 조금씩 쌓이기 시작하고, 자전거를 묶어 놓았으며, 퇴근하는 엘리베이터에는 비슷한 처지의 학습지 교사나 과외선생들이 보인다. 이마에 써놓은 것도 아닌데 그들이 무슨 일을 하는지 어떻게 알 수 있을까? 지표는 생각보다 많다. 엘리베이터 문이 열릴 때 입꼬리가 서서히 내려가는 것이 보였다면 학부모와 인사를 하고 돌아선 것이다. 얼굴이 약간 붉어졌다면 신발을 신을 때 피가 몰린 것이다(남의 집에서 배웅을 받을 때는 신발에 뒤꿈치를 넣는 순간의 정적이 대단히 어색하게 느껴진다. 숨을 참으면서 약간 급하게 신발을 신는 느낌을 나는 알고 있다). 엘리베이터에 타자마자 휴대폰을 쳐다보는 것은 다음으로 갈 곳을 확인하거나 학습지 업체에 수업 완료를 보고하는 것이다. 아파트를 빠져나오면 노란 버스에서 쏟아져 나오는 학원생들 혹은 스터디카페에서 귀가하는 학생들을 만날 수도 있다. 기다려주는 사람은 없다. 카페 창가를 곁눈질하면 영업시간이 끝나도록 공부하는 고등학생들을 만날 수도 있다. 옆에 두꺼운 참고서를 쌓아놓고 이어폰을 낀 채 문제에 열중하고 있다. 그걸 다 백팩에 짊어지고 집으로 돌아갈 텐데, 나는 성장도 끝나지 않은 이 친구들의 척추 건강이 진심으로 걱정스럽다.

세 번째, 여기는 두 번째 지역보다 접근하기가 더 어렵다. 우선은 지하철의 은근한 사각지대에 있기 때문이다. 예컨대 강서구라면 9호선과 5호선, 2호선이 그리는 평행선 사이가 있다. 동작구에는 7호선과 2호선 사이가 멀다. 관악구와 구로구에는 1호선과 2호선이 지나가지 않는 고지대가 있다. 내가 방문한 곳들은 대체로 경사진 곳이었는데, 1차선으로 이루어진 골목이 대부분이라 인도를 찾기 힘들었다. 서너 발 너비나마 인도를 놓을 수 있는 지역은 정비가 되어 있다. 그럴 수도 없는 지역에서는 페인트칠로 구분하는데 밤에는 잘 보이지 않는다. 일방통행이 대부분이기 때문에 택시가 혼란을 겪기도 한다. 노이즈 캔슬링 기능이 있는 이어폰을 사용한다면 여기서는 꺼두는 것이 좋다. 의도하지 않더라도 좁은 도로를 지나는 트럭의 주행을 막을 수도 있다. 트럭뿐 아니라 택배 탑차, 오토바이, 자전거, 폐지 줍는 노인들의 리어카 따위가 얽히는 도로임을 금방 알 수 있을 것이다. 주민들의 사랑방으로 기능하는 조그만 미용실 옆에 성인게임장이 붙어 있는 기묘한 광경도 볼 수 있다. 거기서 멀리 떨어지지 않은 곳에는 안을 들여다볼 수 없는 술집들이 문틀에 붙인 조명으로 영업 중임을 알리고 있다. 지방에서는 유사한 외양의 가게들을 '소주방'이라고 하는데, 서울에서는 뭐라고 하는지 모르겠다. 때로 이런 동네들은 재개발이 예정되어 있거나, 한 블록 차이로 재개발 예정지를 피해 간다. 후자의 경우 바로 앞 골목에 철거가 예정된 빈집이 을씨년스럽게 늘어서 있기도 하다.

이 지역에는 공터가 잘 없다. 나는 이 지역에서 노인들이 돌아다니는 것을 많이 보았는데도, 그들의 목적지가 어디인지 전혀 파악하지 못했다. 상류층이나 중산층 거주지에서는 목표가 확실한 걸음걸이를 볼 수 있다. 그러나 여기 어르신들은 그저 배회하는 것처럼 보인다. 초등학생 이하 어린아이들은 골목으로 쏘다니고, 저희들끼리 자전거를 타며 돌아다닌다. 아마 집에는 혼자 돌아갈 것이다. 빌라 주차장으로 쓰이는 1층 필로티 구석에 모여 담배를 피우는 친구들도 있다. 가만 보면 그렇게 숨는 친구들은 중학생쯤 되는 아이들이다. 고등학생이 되면 좀 더 공연해진다. 열 시나 열한 시에 여길 지나다 보면, 한두 블록마다 대여섯 명쯤 어울리는 남녀 학생들을 볼 수 있다. 이들의 랜드마크는 '주차된 SUV 뒤에 전봇대가 있는 골목 어귀'다. 정확히 이런 곳에 오토바이를 세워 놓고 모여 있다. 머리 모양이나 입은 옷이 비슷하다는 것이 빼놓을 수 없는 특징인데, 이 대목이 의미심장하다. 내 어릴 적 경험에 비춰보면, 여기서는 지배적인 문화와 규범의 강제력이 크다. 특히 청소년 또래집단에서는 더 그렇다. 다른 브랜드의 옷을 입는 것, 고상한 말을 쓰는 것은 매우 튀는 일이다. 단순히 놀림감이 되는 게 아니라 주류 그룹에 끼지 못하게 되기 때문이다.

이따금 소주방 앞에서 취한 아주머니와 아저씨들이 날카롭게 싸우거나 울음이 터지는 소리를 들을 수 있다. 동네에서 개 짖는 소리는 이따금 건너편의 고함으로 되돌아온다. 간혹 있는 아파트의 엘리베이터라면 누가 봐도 과외선생 같은 나를 위아래로 훑어보는 시선을 더 많이 느낄 수 있다. 아파트 복도에는 짐들이 복잡하게 늘어서 있다. 자갈 무늬 도기다시 바닥이 이 아파트의 복도와 계단에 남아 있다. 나는 이와 비슷한 문화와 소득수준을 가진 지역에서 성장했으므로, 저녁이 아닐 때의 여러 군상도 짐작할 수 있다. 파지와 재활용품을 줍는 노인들이 새벽에 골목을 돌 것이다. 아침녘 동사무소에서는 민원인들이 성난 소리를 할 것이고, 편의점에서 담배를 한 번에 꺼내주지 못하면 지청구를 듣는 일이 있을 것이다. 돈과 관련된 소소한 일들, 그러니까 배달료 몇천 원을 따로 결제해야 할 때, 착불 배송료를 지불해야 할 때 실랑이가 자주 일어날 것이다. 국밥집에서는 낮부터 욕지기를 씹는 아저씨들이 있을 것이고, 카페에서는 커피를 나눠 달라거나 서넛이 와서 한두 잔만 시키는 중년의 일군이 있을 것이다.

좋다고는 할 수 없는 이런 장면들이 아무 때고 있다는 게 아니다. 이곳에도 평화롭게 사는 사람들이 훨씬 더 많다. 그러나 이것이 일상의 일부라는 것은 분명하며, 앞서 언급한 두 가지 동네에서는 좀처럼 볼 수 없는 풍경이라는 것은 더욱 확실하다.

이 부분을 동네, 그리고 동네에 결부된 계급에 대한 편견이라고 봐도 좋다. 하긴 내가 엄밀한 조사를 벌인 것도 아니다. 그러나 몇 가지 변명을 할 수는 있다.

먼저, 과외선생으로 서울 여기저기를 쏘다닌 것이 스무 살 이후이기는 하지만, 나는 어린 시절부터 중간계급 미만의 동네에서 살았고 그때의 경험과 기억 역시 크게 다르지 않았다. '그래도 없는 사람들끼리 정을 나누며 살 수도 있어' 같은 말들을 들을 수 있었다는 건 차이점이지만. 그다음으로 이것은 어떤 동네를 '오가는' 사람들이 공통적으로 말하는 사실이다. 과외선생과 학원 강사, 배달 라이더, 택배 기사 같은 사람들. 그들은 동네의 차이가 분명 있다고 말한다. 마지막으로 이게 그저 편견에 불과하다면 소위 학군 좋은 곳으로 많은 이들이 향하는 것을 설명할 수 없다. 대학 진학 같은 것은 많은 요소 중 하나일 뿐, 더 중요한 것은 문자 그대로의 분위기다. 좀 더 노골적으로 말하자면, 학군이 좋다는 것은 학교와 동네에 중산층 이상 가정의 아이들이 모여 있다는 것을 의미한다. 그것은 그대로 면학 분위기가 좋고, 학교 폭력의 빈도가 낮고, 술이나 담배 같은 데 노출될 확률이 적다는 것을 함축하고 있다.

얼마 전 젊은 초등학교 교사가 블라인드에 쓴 글이 논란을 일으켰다. 요약하면 '잘사는 동네 아이들이 성격도 좋다'는 말이었다. 그 인식에 일리가 없는 것은 아니라고 본다. 거기서 그치고 아이들을 포기하는 게 교사의 소명은 아니겠지만 말이다.

다른 동네, 다른 반응

이것은 서울의 이야기다. 이런 곳들은 서로 멀리 떨어져 있지 않다. 인문학적 거리가 멀다고 물리적 거리까지 먼 것은 아니니까. 영등포 타임스퀘어에서 오 분만 걸어도 쪽방촌에 도달한다. 여의도 더현대와 대방동의 뒷골목은 눈코 사이다. 이태원 퀴논길에서 한남동 재즈바로 가는 비탈, 서울로 앞 만리동부터 숙명여대 후문까지 가는 언덕, 서울스퀘어에서 해방촌까지 이어지는 소월로에는 지도가 감당하지 못하는 좁은 골목이 있다. 오목교와 조금 떨어진 목동 주택가에 처음 갔을 때는 목동에도 이런 데가 있느냐는 택시 기사의 혼잣말을 들었던 기억이 난다. 나는 하루에 서너 군데 출근하고는 했으니, 한날에도 계층이 다른 동네를 각각 가는 일이 많았다.

다른 곳을 가면서도 거의 비슷한 수업을 했다. 2021년도에 문과생들이 가장 많이 선택한 수능 사회탐구 과목은 〈생활과윤리〉다. 대략 13만 6,000명. 문과생이 전부 21만 5,000여 명이었으니 상당한 비율이다. 나 역시 이 과목으로 매년 돈을 벌었다. 물론 나는 공교육 범위 안에서 윤리를 가르치기에 적당한 사람이 아니다. 자격증 소지 여부를 떠나 함량 미달이란 얘기다. (이것만 한 것도 아닐 뿐더러) 이 과목에 사명감이 있다기보다는 수요가 많아서 부응했을 뿐이다. 모르긴 몰라도 이십칠 년간 살면서 행한 선한 일보다 지난 일 년 동안 길거리에 버린 커피 컵이 더 많을 거다. 그래도 수능 고득점을 위한 사교육의 부역자로서는 쓸모가 좀 있는 것 같기도 하다. 그러나 나는 타성에 젖은 선생이었다. 완전히 똑같은 커리큘럼을 모두에게 적용했다는 걸 생각하면 그런 자만은 그만두게 되는 것이다.

누구에게 수업하든 '도덕'과 '윤리'의 차이를 설명하는 것이 첫 시간이었다. 우리가 생각하는 도덕은 규칙인데, 그게 무엇이든 근거가 필요하고 그 근거를 탐구하는 게 윤리학이다, 이 간단한 개념을 위해 장황한 예를 드는 것이 내 수업 방식이었다.

"자, 거짓말을 하는 건 나쁘다. 이건 도덕이지. 왜 나쁜지 생각해본 적 있니? 근거가 있어야겠지. 더 디테일하게 얘기해볼까? 학교가 끝났어, 학원에 가야 해. 이건 엄마랑 약속한 거지? 그런데 친구가 게임을 하러 가자는 거야. 학교 앞 쓰리팝에서 애들이랑 모여서 4인 큐 돌리자고 하거든. 게임만 하겠니, PC방에 간 다음 네 모습이 그려지지 않냐? 배고프잖아. 간만에 모였으니까 돈 모아서 치킨 먹어. BHC 말고 치킨마루 같은 데 가야 한 마리라도 더 먹지. 근데 치킨 먹을 시간 있어? 그냥 게임하면서 대충 라면 먹잖아(여학생의 예는 또 다르다. 떡볶이, 앞머리 그루프, 보이그룹 '에이티즈', 포토이즘, 인생네컷 따위의 요소들을 배열해야 한다). 그치? 독서실로 흩어졌다가 적당히 시간 맞춰서 집에 돌아가면 안 들키겠지. 절대 자전거 집에 두고 가지 말고. 그래야 안 들킨다잉? 그럼 어떻게 해야 할까? 학원을 빠지면 엄마와의 약속을 어기는 거지. 근데 생각해보면 시험 성적을 위해서 학원에 가는 거 아니겠니. 겨우 두 시간 게임한다고 성적이 떨어질까? 오히려 스트레스가 해소되니까 더 좋지 않을까? 뭐가 됐든 근거가 필요하다는 거야. 그게 윤리학이고. 조금 비약해서 얘기하면 여기서 시험 성적이라는 결과를 중시하면 공리주의고, 그래도 칼같이 거짓말을 하지 않는다는 도덕을 지키면 그건 의무론이야."

이것은 은근한 오리엔테이션이기도 했다. 몇 년간 나는 이렇게 수십 번을 얘기하면서 학생들의 반응이 동네에 따라 조금씩 다르다는 것을 깨달았다(물론 예외도 있으며, 일흔 명 가량의 표본이 쌓인 상태에서 떠오른 대강의 특성을 말하는 것이다). 첫 번째 동네에서는 정말 진지한 표정으로 이 장광설에 고개를 끄덕인다. 이 끄덕임은 '개념을 이해하는 데 도움이 확실히 되었다'는 의미다. 두 번째 친구들과 세 번째 친구들부터는 예시 하나하나에 웃음을 터뜨린다. 이것은 공감이 된다는 뜻이다. 조금 놀라는 친구들도 있는데, 너무 현실 그대로라서 그렇다.

이건 조금 놀랍다. 어린 세대일수록 계층과 문화(아비투스)의 구분이 흐리기 때문이다. 앞선 설명은 내 고등학생 시절의 경험을 바탕으로 구성한 것이다. 나는 대체로 두 번째 동네와 세 번째 동네의 풍경이 섞인 곳에서 성장했다.

그리고 세 번째 동네의 아이들에게서 더 자주 들을 수 있던 말을 짚어야겠다. "고민 안하고 바로 피방(PC방) 가죠."

세 번째 동네의 아이들

내게 이론을 제시할 만큼의 통찰력은 없으니 조심스럽다. 그러나 내가 겪은 바에 의하면 한 사람이 어릴 때 특정 계층으로 살아간다는 것, 특정 계층이 모인 지역에서 살아간다는 것은 그 사람의 경제력이나 정치적 견해, 감정, 심리, 문화, 생활 방식, 건강, 자의식을 지역이 결정할 확률이 높은 것 같다.* **그것이 모여 하나의 세계관을 형성할 것이다.**

이를 뒷받침하는 '세 번째 동네의 아이들'에게서 얻을 수 있던 여러 인상을 조금 더 소개하는 것이 좋겠다. 이건 점수, 그러니까 학업 성취도와는 약간 다른 것이다.**

---

* 이런 불평등이 우리 사회의 구조나 신자유주의 문제 때문이라고 말하려는 게 아니다. 나는 여기에 대해 진지하게 가치판단해본 바가 없으며, 상대적으로 가난한 지역에 사는 사람들에게 책임이 아예 없는 것도 아니다. 다만 이런 차이가 있다는 것을 말하고 싶었다. 불평등을 단편적으로 보는 게 아니라 자세히 뜯어보기 위해서는 이런 단면을 들여다보아야 한다.

** 애당초 국어나 영어, 수학 같은 과목은 점수를 올리는 데 상당한 자원을 필요로 한다. 수능에서 50점이 만점인 사회탐구는 그만큼은 아니다. 나와 만난 학생들은 웬만하면 45~50점을 맞아가는 편이었다. 그러니 내가 가르친 과목만큼은 성적 차이가 별로 없었다.

일단 칭찬을 듣는 게 어색한 친구들이 많았다. 나는 원래 칭찬에 인색한 편이었다. 이미 설명한 개념이니까 문제를 맞추는 건 당연한 거지 칭찬거리가 아니다, 라는 식으로 생각한 적이 많았기 때문이다. 그게 엄청나게 잘못된 자세라는 걸 깨달은 다음에는 일부러라도 학생의 좋은 구석을 찾아내곤 했다. 칭찬을 듣는 아이들은 대강 세 부류로 나뉘는데, "맞아요" 하고 웃어버리는 스웩 있는 친구들, "아휴, 아니에요"라고 학습된 겸손을 표하는 친구들, 그리고 칭찬을 부정하는 바로 이 친구들이다. 이들은 "필기를 깔끔하게 정리했네, 앞으로 이렇게만 하면 되겠다"라고 했을 때 "그럼 뭐해요. 점수가 잘 나와야죠"라고 피한다. "피부가 엄청 좋아졌다?"라는 얘기를 들으면 "아니에요. 쌍수(쌍꺼풀 수술) 할 거에요"라고 묻지도 않은 얘기를 꺼낸다. "어려운 문젠데 잘 풀었다. 시작할 때보다 훨씬 좋아졌어"라고 하면 "3번이랑 5번 중에 찍은 거긴 한데…"라고 말꼬리를 흐린다. 아마 긍정적인 이야기를 듣는 것에 익숙하지 않아서일 것이다. 이럴 때마다 나는 이상하게도 마음 어디가 내려앉아서, 또 어디 가볍게 긍정해줄 만한 것이 없는지 더 찾고 싶어졌다.

생각해보면 중도에 잘리는 일도 없었다. 보통 저조한 성적은 고용된 선생의 책임으로 돌려지기 쉽다(그리고 상당 부분 사실이다). 웬만큼 과외교사를 써본 집은 그렇게 생각하거나, 최소한 아이들의 상태를 정확히 파악하고 나서 '재신임 여부'를 객관적으로 판단한다. 부모들이 나에게 상담을 요구하거나, 심할 때는 해고를 통보하는 것이다. 하지만 이 동네에서는 아이들이 막아선다. 모의고사 다음 수업 때 얘기해보면 본인의 이해력 부족과 불성실을 스스로 탓하고는 했다. 자존감이 낮은 아이들이 부자 동네라고 없을 리 없다. 한국 사회에 산다는 것은 비교의 연속이 아니겠는가. 그것은 상류층이나 중산층에 있는 사람들도 다르지 않다. 심지어 청소년은 또래집단에 절대적으로 의존하는 친구들이며, 시험 점수란 그들의 자존감을 그대로 숫자로 표현하다시피 한 것이니 그럴 수밖에 없으리라. 다만 성적 때문에 낮아진 자존감은 시험을 잘 보면 회복된다. 그러나 세 번째 동네의 아이들이 지닌, '이미 낮은' 자존감은 대체 어디서부터 해결해야 하는지 막막하게 느껴진다.

그다음, 이놈의 가정환경. 사연 없는 집은 없다는 것이 내 오래된 생각이다. 그러나 내가 집집마다 지닌 사연을 구체적으로 들은 것은 적어도 이 동네가 압도적으로 많았다. 이런 건 직접 묻지 않아도 들을 수 있다. 문제 풀이 채점을 거짓으로 하는 게 들켰을 때, 담배를 피우냐고 장난스럽게 물었을 때, 몇 번이고 숙제를 하지 않을 때. 무슨 문제라도 있는지 물었을 때 자연스레 듣게 된다. 알고 보면 가정사로 인해 스트레스와 트라우마를 지니고 있고, 그런 심리가 행동으로 터져 나오는 것이었다. 나는 그저 시간을 채우고 가면 되는 선생인데, 이럴 때마다 할 말을 찾지 못했다. 더구나 청소년들은 대단히 사실적으로 말하는 경향이 있다. 자신의 가정이 어떻게 해체되었다, 그 지경을 어떻게 알았다, 거기 얽힌 일 때문에 가계가 좀 어렵다. 틀은 거의 비슷하지만 매우 구체적이고 핍진한 얘기를 듣는 건 유쾌한 일이 아니다. 그리고 말할 때의 태도는 다를지언정 "부모님이 그렇게 된 게 나 때문인 것 같다"라는 말을 정말 많이 들었다.

이렇게 성장하는 아이들의 세계관은 다른 동네의 그것과 다를 것이다. 나는 그 차이의 마땅한 독립변수로서 다른 게 떠오르지 않았다.

세계관의 상속

결국 이것은 빈부격차에 대한 이야기다. 나는 이렇게 말하는 게 촌스럽게 여겨지지 않을까 걱정했다. 하지만 이것은 담벼락을 파스텔 톤으로 칠한들 가릴 수 없는 곰팡진 사실들이다. **각각의 동네에 사는 부모들이 진정으로 상속하는 것은 재산이 아니다.**

가난한 동네는 부박하고 잘사는 동네는 세련되었다는 클리셰를 말하고 싶은 것도 아니다. 부박하게 생각하는 사람들 가운데 가난한 이도 잘사는 이도 있다는 것이 정확한 인과일 것이다. 못 살더라도 행복하게 살 수 있고, 부유한 집도 불행할 수도 있다. 빈곤한 동네의 동사무소에서도 아침부터 심란한 일들이 있다. 세무서에 가보면 일 년에 억대를 버는 사람들도 책상을 뒤집는 꼴을 볼 수 있다. 다만 몇천 원이나 몇만 원에 더 민감한 것은 부유한 이들보다 팍팍하게 사는 사람들의 몫일 것이다. 누구나 자기 몫의 불행이 있다. 그러나 소득이 낮을수록 사소한 걱정과 고민이 더 많고 스트레스 속에 기진해 살기 마련이다.

내가 타워팰리스와 달동네 판자촌처럼 극단적인 예를 견주는 것도 아니다. 서울특별시라는 행정구역 안에서만 이만큼의 격차를 엿볼 수 있다(오히려 서울로 출퇴근하는 사람들이 다수인 주변 위성도시에서는 차이가 훨씬 적다). 앞으로 빈부의 간극은 더욱 커질 것이다. 그럴수록 서로를 오해할 수밖에 없다. 각각 다른 계층의 사람들은 생각보다 섞일 일이 없으니까. 이 격차를 어떻게든 좁히는 것이 우리가 직면한 과제가 아닐까. 나를 비난하는 건 상관없지만, 같은 하늘

아래 엄연히 존재하는 풍경의 차이를, 계층에서 연유하는 문화의 차이를 없다고 해서는 곤란하다.

그런데 이게 세대론과 무슨 관계란 말인가?

내가 표본으로 삼은, 수업을 통해 만난 친구들은 1997년에서 2003년 사이 태어난 아이들이다.

Z세대 말이다.

2019년의 언젠가, 관악구 어딘가에서 퇴근하던 밤으로 기억한다. 넘어져 이마와 무릎이 까진 예닐곱 살 남자아이가 혼자 울고 있는 것을 보았다. 지역 특유의 경사 때문에 계단이 가파른 곳이었다. 나는 엄마는 어디 가셨니? 라고 묻지 않았다. 그것은 의미 없는 질문일 테니까. 다행히 그 아이는 집 주소를 알고 있었고 내 등에 선선히 업혔다. 낯선 사람인 나를 무서워하지 않은 것이다. 이날 남자아이는 집에 무사히 돌아갔다. 그러나 다음에도 그럴 수 있을지 생각하면, 왜 이런 모습은 볼 수 있는 데가 정해져 있는지 생각하면, 나는 견딜 수 없도록 가슴이 답답해지는 것이었다.

2

언더독 콤플렉스

0. 언더독 콤플렉스

"그럼 앞으로는 뭐 할 거니?"

이 질문에 대답하기가 궁해졌을 무렵, 나는 입대 날짜를 알아보게 되었다.

스물넷의 삶이 알바몬과 인스타그램 사이에서 미적일 때 써먹을 수 있는 최후의 수단이었다. 그렇게 근황을 알리다 보면 열 받는 질문이 몰려오기도 했다. "정말? 아직도 안 갔어?", "너 군대 다녀온 거 아니었냐?" 사고 싶지 않은 동정을 유발한 건 덤이고. "아이구…", "진짜? 헐…." 그렇지만 대단한 장점도 있다. 앞날과 진로에 대한 물음을 잠시 틀어막을 수 있고, 때로는 식사라도 한 끼 얻어먹을 수 있다는 것. 불쌍해 보이는 건 싫지만 공짜 밥은 좋다.

어떻게 살았다는 이야기는 종종 미래에 관한 얘기로 흘러간다. "어떻게 살았고요, 그래서 이렇게 살 겁니다. 그걸 위해서 이런 노력을 하고 있죠." 논리적인 인과관계로 선명한 장래를 설명해야 할 것 같지만 내 구구한 과거에서 도출되는 건 절절한 꿈과 막연한 계획일 뿐 별로 설득력은 없다.

그런 소리를 어쩔 수 없이 지껄여야만 하는 날이 있다. 그럴 때 "너 도대체 앞으로 어떻게 할 생각이냐!" 같은 부모님의 타박은 오히려 익숙하다. 진짜 난감한 건 처음 본 사람을 마주했을 때다. 와, 대단하시네요, 그런데 앞으로는 뭘…? 이렇게 악의 없는 눈동자와 만나게 될 때면 이런 말이 목구멍까지 차오른다. 실은 잘 모르겠습니다. 한 게 없다고 하기에는 바쁘게 살았는데, 뭔가 했다고 하기엔 남아 있는 게 없거든요.

늘 돈을 번다고 뛰어다녔다. 하지만 수중에 쥐는 돈은 언제나 며칠 술값 정도였다. 연극을 전공했으니 글을 쓰겠다고 했다. 밤새 머리를 쥐어뜯어도 내 희곡과 단막극들은 아직 HWP 파일에 머물러 있었다. 그러자 광고를 공부하겠다고 도망갔다. 거기서도 날밤을 까며 회의와 토론을 하고 로직을 뒤집었다. 그러나 내 기획서를 공모전에 입상시켜주는 AE를 만나는 일은 만무했다. 야심 찬 스타트업에서 마케팅 인턴을 한 적도 있다. 그곳에서는 에어컨 없는 방구석에 고양이 네 마리와 숙식하거나 인턴보다 늦게 출근하는 대표를 만나는 별일을 연달아 겪었다. 재직증명서도 월급도 없이 우당탕 뛰쳐나왔다. 재수생 시절부터 붙들던 학원 조교·과외·강사 일자리는 은근한 스트레스만 가득했다. 월급을 반드시 하루 이틀 늦게 주던 원장 선생이나 수수료를 60%씩 떼어가려던 중개업체 아줌마들, 다시 만나면 꼭 한번 멱살을 잡고 싶다.

그럼에도 누군가 미래를 물으면 나는 항상 뭔가 있는 척 둘러댔다. "열심히 사셨네요!" 이런 반응을 이끌어내자는 본능이었다. 껍데기에 비해 구리기 짝이 없는 알맹이를 애써 외면하면서. 그러고 있노라면 어딘가 찔려왔다. 내 범박한 미래가 멀리서 팔짱을 끼고 혀를 차는 듯했다. 나는 아무것도 아니었다.

분명히 정말로 하고 싶은 일이 있다. 가고 싶은 길도 있다. 앞으로 대체 뭘 할 생각이냐면, 바로 로빈 윌리엄스다. 그는 나의 우상이다. 최후만 빼고는 모든 면에서 닮고 싶은 사람이며 내가 연극을

전공하게 된 하나뿐인 이유다. 그의 장기이던 스탠드업 코미디는 내 오랜 꿈이다. 나는 독백 대사를 기가 막히게 처리하는 배우가 되고 싶다. 〈인섬니아〉의 싸이코도, 〈죽은 시인의 사회〉의 빠삐용 참스승 키팅 선생님까지도 해내고 싶다. 〈알라딘〉의 지니 목소리를 절륜하게 울려내고 연극을 연출하며 단편영화를 감독하고 기깔 나는 시나리오도 쓰고 싶다.

그러나 누구에게든 실제로 이 말을 한다고 생각해보라.

"로빈 윌리엄스 아시죠? 〈죽은 시인의 사회〉 보셨어요? 키팅 선생님이요. 저는 그 양반처럼 연기도 하고 연출도 하고 시나리오도 쓸 겁니다."

20대 중반 남자애가 이런 막연한 소리나 주워섬기고 있다는 것은 일곱 살짜리 아이가 우주비행사가 되고 싶다는 말을 하는 것과 같다. 오, 정말 대단하구나. 열심히 공부하렴. 그러고 보니 '열심히 공부'는 잊고 '대단하구나'에만 도취해 자란 건 아닐까.

아, 아무래도 좆됐다. 스물넷의 여름, 〈마션〉의 주인공이 느꼈을 자기성찰이 귀납적으로 입증되고 있었다. 나는 결국 군대에 갔다. 금수저로 태어나지 못해 도피성 유학은 못 갔지만, 일단 겨레의 늠름한 아들로 태어나 도피성 입대는 해냈다! 아무 생각 없이 각개전투로 몸뚱이를 굴릴 수 있기를. 그러나 모두가 이등병으로 평등한 논산훈련소에서조차 달갑지 않은 형 대접을 받아야 했다. 두세 살 어린 친구들에게서 '전역하면 뭐 하실 거냐'는 질문들이 똑같이 날아들었다.

나는 다시 생각에 잠겨야 했다.

실패는 아무리 해도 익숙해지지 않았다. 선명하던 꿈은 흐려져만 갔다. 힘겨운 날이면 어딘가를 올려다보며 자신을 다잡았지만, 어느 순간부터 발끝으로 발끝만 만지는 겁보가 되어 있었다. 그 대신 굳어진 건 어느 날 배겨 있던 언더독이라는 자의식이었다. 그것은 콤플렉스였다. 내가 사는 세상은 나에게는 허락되지 않는 어느 세계의 건너편에 지나지 않는다는 열패감, 서민 신분은 넘어서는 아이들만의 세련된 여유와 배부른 푸념에 대한 질투, 적어도 나는 허영이 아닌 진짜를 찾아왔다는 비틀린 자부심, 그리고 그 자부심조차 장담할 수 없어 해져버린 자존감…. 스무 살 이후 무럭무럭 자라온 이런 류(流)의 자각들 때문에 생겨난, 어디서나 고개를 굽히되 눈만은 치켜뜬 오기로 포장된 자기연민을 악무는 콤플렉스.

강박증처럼 들러붙은 이 콤플렉스를 객관적으로 바라볼 필요가 있었다. 거름 냄새가 밤에도 진동하는 논산에서, 모포를 뒤집어쓰고 침착해지기로 했다. 지금까지의 삶이 어디서부터 꼬였는지, 어디서부터 마음대로 흘러가지 않기 시작한 것인지 짚어보기로 했다.

이것은 틀림없이 너저분한 실패의 기록이다. 그럼에도 이 부끄러운 이야기를 써내는 것은, 이 세대의 실패 서사는 세상에 분명 존재하지만 서점에는 없기 때문이다. 아마 이 이야기에는 자기연민, 피해의식, 억하심정, 비아냥 따위가 그득할 것이다. 그러나 내가 즐겁게만 살았다면 무엇도 새롭게 바라보지 못했을 것이다. 살면서 웃는 일이 많지는 않았으나 그런 만큼 웃는 순간이 소중하다는 것을 안다. 좀 건방지게 얘기하자면, 올려다보는 삶의 묘미를 당신도 알면 좋겠다.

하나 더. 나와 같은 인간형이 분명 도처에 있을 거라는 짐작 때문이다. 고맙다는 말보다 미안하다는 말이 입에 붙은 사람, "힘들다"를 무감하게 내뱉는 것이 부끄러운 사람, 간선도로를 달리는 불 꺼진 버스에서 문득 콧등이 시큰해지는 사람, 취미가 뭐냐는 말에 한참을 고민해야 하는 사람, 함께 있어도 혼자 생각하는 사람, 걷고 나서 생각하고 뒤를 돌아보는 사람. 그러나 다시 입을 다문 채 짐짓 담담한 척 걸어갈 줄도 아는 사람. 나는 그들의 어깨를 살며시 두드려 말을 걸어보는 것이다.

1. 뉴캐슬, 동거인, 가짜 두발자전거

"한국에서 유럽 축구란 마초 문화와 힙스터 문화의 경계에 있어서, 종종 여름날 길거리에서 바르셀로나 같은 유럽 챔피언의 저지를 입은 이를 발견할 수 있다. 그럴 때마다 이런 생각에 빠져들 수밖에 없다. 저 사람들과 나의 인생은 얼마나 다를지를."

나도 맨체스터 유나이티드를 좋아한 적이 있다.

한때는 그랬다. 2005년이었다. 12월생인 내가 다른 애들보다 몇 달은 족히 모자란 열 살이었을 때다. 나는 또래의 다른 아이들처럼 자전거나 인라인스케이트를 자유롭게 타지 못했다. 박복하게 타고난 운동신경 때문이다. 공들여 자전거를 배우는 것보다는 보조 바퀴에 의지하는 게 훨씬 편했다. 스케이트 연습도 싫었다. 헬멧과 팔꿈치·무릎보호대를 다 차고도 정작 엉덩방아를 찧어 다쳐오는 건 유쾌한 놀이가 아니었다.

그래도 나는 거의 대부분이 좋아하던 동방신기와 슈퍼주니어를 좋아하지 않았다(남자애들은 그들을 좋아한다는 걸 부정했지만, 지금 와서는 사실 동경했음을 고백하기도 한다). 그 '거의'에 속하지 않는 아이들이라도 SG워너비쯤은 좋아했는데, 나는 소몰이 창법이 싫었다. 방과 후 PC방에 몰려가 스타크래프트나 카트라이더를 하지도 않았으며, 유희왕 카드놀이도 내겐 관심 밖의 일이었다. 대신 일찍 귀가해 냉장고에서 주전부리를 찾아내 해치웠다. 그다음 방구석에

엎드려 책을 읽거나, TV 앞에 앉아 〈X맨〉의 박명수를 보며 웃을 뿐이었다. 유재석과 강호동을 물론 좋아했지만 내 '최애'는 박명수였다.

열 살이란 취향이 형성되기 시작하는 나이다. 내가 이런 아들의 부모였다면 향후 인간관계를 진지하게 우려했을 것이다. 애정이 결핍되어 있고, 취향을 부정당하면 쉽게 흥분하며, 여자애들과 변변하게 사귀지 못하는 게 아닐까…. 지극히 당연한 근심이다. 학교에 들어선 아들내미는 친구들이 낯선 아파트 단지로 자전거 탐험을 떠날 때 함께하지 못했다. 그러나 나는 남자애들 앞에서 당당할 수 있었다. 따돌림을 당하거나 대화에 끼어들지 못하는 일은 일어나지 않았다. 맨유의 주전 멤버 명단을 모조리 외우고 있었기 때문이다.

축구를 사랑하던 그 또래의 아이들에게 주어진 환경은 같았다. 방송사는 이 명문 팀에 대한 특집 방송을 연일 '때렸고', 인터넷 스포츠뉴스는 이 명문 팀 선수들의 신변잡기 소식으로 도배되었다. 맨유라는 클럽의 모든 것이 우리에게 쏟아졌었다. 이런 정보들이었다. 1950년대(1950년대!)에 성공을 이끌었던 맷 버스비 감독은 누구인가, 영국 최장수 감독 알렉스 퍼거슨이 라커룸에서 시전한다는 '헤어드라이어'* 리더십의 비결, '캄프 누의 기적'이라고 불리는 1999년 트레블,** 박지성의 옛 동료이자 도우미인 골잡이 '반 니스텔루이', 개인플레이만 일삼아 얄미운 호날두가 타는 벤틀리…. 우리는 네이버 스포츠뉴스와 지상파 3사의 특집방송이 일러주는 대로 학습했다.

그랬다. 정말이지 모두가 동네 팀이었던 수원의 선수 이름은 하나도 몰랐다. 아니, 담임선생님 이름도 헛갈리는 애들이 더러 있을 때였다. 그러면서도 지구 반대편 클럽 맨유에 대한 거라면 무엇이든 알았고, 좋아했다. 우리는 짝퉁 유니폼을 맞춰 축구팀을 결성했고, 막 서비스를 시작하던 '피파 온라인' 게임에서 누구나 맨유를 골랐다. 가끔 호나우지뉴의 바르셀로나나 베컴의 레알 마드리드를 고르는 아이들도 있었지만.

그건 모두 맨유가 잉글랜드 최강팀이라는 사실 때문이었다. 박지성의 존재만으로 형용할 수 없는 인기는 거기에서 나오는 것이었다. 맨유는 2006-07시즌부터 2008-09시즌까지 리그 3연패를 달성했고, 유럽 챔피언스리그도 두 차례나 우승했다. 그 시절 우리는 온몸으로 느꼈다. 맨유의 팬이 된다는 건 이런 뜻이었다. 주말 밤 경기가 끝나면 웃으며 잠들 수 있고, 매년 오월마다 우승하는 기분

* 전반전에 부진한 선수 얼굴 앞에 대고 고래고래 호통을 친다고 해서 이름이 이렇다.

** 보통 자국 정규리그 우승, 축구협회컵 우승, 유럽 챔피언스리그 우승을 한 시즌에 모두 달성하는 것을 의미한다. 1999년 맨유는 유럽 챔피언스리그 결승에서 0-1로 뒤지던 후반 2골을 내리 득점해 기적적인 우승을 거둬 트레블을 달성했다.

을 만끽하게 된다는 것! 팀이 승승가도를 달리는 동안 나 역시 맨유라는 팀을 좋아했다.

여전히 친구들과 자전거를 함께 탈 수는 없었다. 그렇지만 경기를 본 다음 날 학교에서 박지성의 다이빙 헤딩 골에 관한 얘기를 나눌 수는 있었다. 어떻게 이런 팀에 빠지지 않을 수 있었겠는가.

그로부터 삼 년 전, 나는 일곱 살이었고, 주민등록등본이란 물건을 처음 보았다. 익숙한 엄마 이름 옆에는 낯설게도 '동거인'이라고 적혀 있었다. 아버지 이름엔 '본인', 나는 '자녀.' 동거인이란 세 글자는 부자(父子)로 이루어진 가구에 부대끼는 어떤 작은 티끌처럼 느껴졌다. 세발자전거에서 보조 바퀴 달린 자전거로 마지못해 갈아탄 지 얼마 안 되었을 무렵의 이야기다.

어릴 적에도 의심은 많았다. 나는 어른스럽다는 말을 칭찬으로 여겼고, 항상 순진하기를 거부하는 아이였으니까. 그것은 내 당연한 인식에 어긋나는 명확한 증거였다. 하지만 나는 어쨌거나 일곱 살이었다. 단란하고 보편적이고 정상적인 가족, 그 개념 바깥의 무엇을 어떻게 상상했겠는가. 그리고 보조 바퀴가 달린 가짜 두발자전거를 타느라 그 재미없는 종이짝은 금방 잊어버렸다. 바큇살에 구슬이 꿰어져 있어 페달을 밟을 때마다 따다다다 하는 소리가 났다. 넘어질 이유도, 배울 필요도 없는 기특한 물건이었다.

얼마 안 되어 명절이 되었다. 시골집은 경상북도 끝자락 영주였다. 할아버지가 삼십 년째 사과밭을 일궈온 곳이었다. 그 무렵 할아버지와 할머니는 내 아버지를 "○○ 애비"로, 친정에 온 고모들은 "○○ 아빠"로 부르고는 했다. 내 이름은 '○○'이 아니었기 때문에 나는 그걸 이상하게 여겼었다.

'동거인'과 그 사실을 관련지어 생각할 만큼 성숙하진 않았다. 엄마는 명절에 우리 부자와 같이 영주로 내려간 적이 없었는데, 나는 그 사실과도 관련을 짓지 못했었다. 어쩐지 그해 추석에는 '○○'의 정체가 궁금했을 뿐이다.

대개 할머니는 안방에, 할아버지는 거실 벽난로 앞에 앉아 계셨다. 사랑방 문지방을 넘는 것은 망설여지는 일이었다. 대신 마루의 흔들의자에 다가가는 게 훨씬 쉬웠다. 할머니보다는 할아버지가 좀 더 따뜻하셨다. 할머니도 좋은 분이었지만, 당신의 타고난 기질이 칭찬보다는 타박에 좀 더 능하셨던 것 같다. 할머니에게 잔소리를 듣고 나면 할아버지는 내게 뭔가를 쥐어주며 웃으셨다. 사탕이든 젤리든 아니면 연 날릴 때 쓰는 실패든. 그러면 나도 따라 웃었다. 할아버지는 늦둥이 장손인 나를 귀여워했고, 할머니는 그러다 손주 버릇이 나빠지는 걸 염려하시는 것처럼 굴었다.

훨씬 나중에 알게 된 사실이지만, 할머니는 늦게라도 아버지가 아들을 얻는 걸 반대하셨었다.

그랬다. 아무튼 그날도 훨씬 편안한 존재였던 할아버지에게 여쭸음이 옳았다. 그런데 나는 그러지 않았다. 글쎄, 할머니는 대체 왜 명절날 나와 안방에 단둘이 있게 된 걸까. 전을 부치고 문어국을 끓이는 일에서 은퇴하실 무렵이었기 때문일까? 숙모들의 부엌일을 도울 만큼 내 눈치가 영민했다면 얘기는 또 달라졌을 것이다.

안방의 불룩한 정방형 테레비 옆에는 아주 오래된 재봉틀이 놓였었다. 내게도 텔레비전 앞을 차지해서는 안 된다는 눈치는 있었다. 나는 페달도 없는 미싱 앞에 앉아 있다가 불쑥 물었다. '○○'이 '뭐예요?' 나는 '○○'이, 어쩌면 이름이 아니라 무슨 올케, 시숙, 도련님…처럼 인명을 달리 부를 수 있는 호칭일 수도 있겠다고 여겼나 보다(스물세 살 무렵 심리테스트 사이트에서 측정한 나의 객관성 지수는 94.3점, 사고력 지수는 75.8점이었다).

너한테는 사실 누나가 있는데, 그건 네 누나 이름이란다. 할머니는 너무 쉽게 대답하셨다. 훗날 아버지는 할머니가 참 주책이셨다… 라고 혀를 차셨다. 하지만 내 반응은 무색했다.

"아, 진짜요?"

그게 얼마나 엄청난 사실인지 생각할 수 없었던 것이다. 그렇구나, 어쩐지 뭐가 이상하드라. "누나는 몇 살인데요?" 누나는 나와 열여덟 살 차이가 난다고 했다. 많네, 라고는 생각할 수 있었다. 다음으로 별 질문을 잇지 않고 천진하게 안방을 나온 것 같다. 그게 다였다. 내게 누나가 있다면, 누나의 엄마도 있을 것이었다. 그분이 당연히 먼저 아버지를 만났다가 헤어졌을 것이고, 아버지가 다른

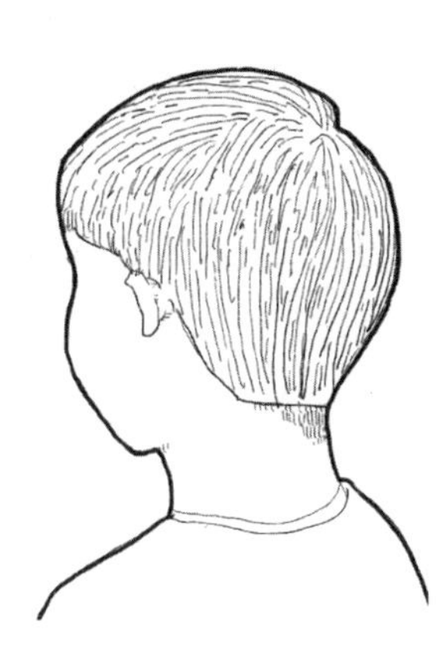

살림을 차리고 늦둥이를 얻을 때까지 숨겨진 곡절도 지난할 것이었다(그건 할아버지가 장손 욕심에 강권한 전근대적 무리수였다). 무엇보다, 누나 모녀와 '내 엄마('우리'라는 표현이 여기서 성립할 수 없다는 걸 이해할 수 있을 것이다)'의 입장도 묵묵히 존재했을 것이다. 하지만 그런 생각을 일곱 살이 해내기란 쉽지 않다. 자전거도 못 탔는데 말이다.

대신 이런 것이 시간이 지날수록 피부에 와닿았다. 영주에서는 되도록 가만히 있는 편이 좋다는 것. 과수원에 딸린 외딴집에서 나는 티 나게 자리를 꿰찬 티끌이었다. 누군가는 그 존재를 원했겠지만 달갑지 않은 사람이 좀 더 많았다. 돌아앉기는 뭐하고 반갑다기도 뭐한, 사마귀나 점처럼 있는 그런 존재. 나대지 않는 편이 모두에게 좋았다. 내가 먹을 꾸지람이란 아버지 욕도 되었을 거고, 항상 그 자리에 없던 엄마 탓은 더 컸을 테니까. 물론 주체 없이 수다스럽고 쉬이 언성을 높이는 게 내 성깔이었다. 명절마다 설화(舌禍)를 만들어 곤욕을 치른 일이 많았다. 혼나고 타박을 얻는 일도 허다했다. 그러자니 앞사람들 눈치에 대단히 민감해질 수는 있었다. 습관이 드는 만큼 눈치가 빨라지지는 않았으니 불행한 일이었지만.

나는 손을 공손히 앞으로 모으고, 잠자코 말을 아끼려고 노력했다. 그래야 중간은 간다는 것을 터득했다. 그리고 영주가 아닌 서울에서도, 사람들과 만나는 어느 집단에서건 그리하는 게 적어도 '안전'하다는 것 역시, 시나브로 깨달아갔다.

지금 나는 맨유가 아니라 뉴캐슬 유나이티드*라는 전혀 엉뚱한 팀의 지지자가 되어 있다. 맨유는 전성기가 지나 그럭저럭하는 상위권 팀에 머무르고 있다. 하지만 승리감을 쫓았던 것은 응원팀을 바꾼 이유가 아니다.

얘네들은 더하다. 뉴캐슬은 매년 2부 리그 강등을 걱정하는 구질구질한 팀이다. 이 클럽에 빠져들기 시작했을 때쯤 우리 집은 갑자기 이사를 가서 다른 동네에 정착해야 했었다. 그 탓에 보조 바퀴가 달린 자전거를 잃어버렸고, 두발자전거를 배우는 건 엄두를 내지 못했었다. 그럴 적에도 잘해봐야 20개 팀 가운데 8등쯤 했던 팀이다. 그 뒤로 두 번씩 강등당한 끝에 간신히 프리미어리그에서 살아남고 있다. 가끔 강팀과 경기할 때 TV 중계를 해주지만 그렇지 않을 때가 더 많다. 이기는 날보다 지는 날이 더 많은 건 물론이다.

나는 이 클럽을 열렬히 지지한다. 몇 년째 BBC 스포츠 어플

* 한때 기성용 선수가 있던 팀으로 알려져 있다. 잉글랜드 북동부에 위치한 뉴캐슬어폰타인을 연고로 한다. 〈빌리 엘리어트〉의 탄광 파업이 이 동네를 배경으로 한다. 2021년 사우디 왕가가 결부된 컨소시엄에 인수되었다.

리케이션에 업데이트된 뉴캐슬의 소식을 확인하는 걸로 하루를 시작해왔다. 그러니까 신임 감독이 6개월 안에 잘릴 것을 예측하는 도박사들의 배당, 최하위권에 함께 있어서 생존을 경쟁하는 다른 팀들의 경기 결과, 몇 경기 잘 하나 싶더니 아니나 다를까 올라온 에이스의 부상 소식 같은 것들 말이다. 경기를 보기 위해 해외 불법 도박 사이트에서 제공하는 스트리밍 링크를 찾거나, 감탄사나 겨우 알아듣는 라디오 중계로 밤을 새운 적도 있다. 해외에서 구해 사들인 유니폼도 몇 장 있다. 강박증처럼 어떤 팀을 사랑하다 보면, 코듀로이 셔츠나 세미 와이드 슬랙스 같은 정상적인 옷이 아니라 쓸모없는 유니폼 레플리카를 사느라 돈을 들이게 된다.

왜 이런 팀을 응원하게 되었는지 나도 이유를 모른다. 톺아보면 피상적인 계기는 있다. 엠앤캐스트*에서 본 로랑 로베르와 오바페미 마르틴스의 멋진 골 모음 영상 같은 것들. 하지만 그런 장면들은 크리스티아누 호날두나 웨인 루니가 더 '센세이셔널'하게 만들어냈었다. 나는 분명 맨유의 팬이었다. MBC ESPN만 틀면 나오던 맨유 경기를 보다가 승리에 취해 늦게 잠들곤 했었다. 동네 팀 수원 삼성의 팬일 수도 있었다. 시즌 티켓을 끊어 홈경기에 개근한 해도 있었고, 그해 챔피언결정전에서 우승하는 것을 직접 관전하며 환호했었다. 그 모든 걸 버리고 엉뚱한 팀에 이토록 빠져든 근거 없는 애정이야말로, 어쩌다 생겨난 점이나 사마귀 같은 것일지도 모르겠다.

이렇게 추측해볼 수는 있다. 그런 팀은 나와 어울리지 않았

* 지금은 사라진 국산 동영상 스트리밍 플랫폼. 유튜브의 전성기 이전 우리나라 인터넷에 올라오는 동영상은 대부분 여기를 거쳐 업로드되었다.

다고. 잘나가는 응원팀을 등에 업고 위세를 부리는 건 내 운명이 아니었다고. 내가 시즌 끝까지 우승을 다투는 팀의 팬이었다면, 학교에서 친구들에게 챔피언스리그 4강전 승리나 소속팀 공격수의 득점왕 수상 같은 걸 자랑할 수도 있었다. 그러나 나는 왠지 축구 이야기를 할 때 한발 물러서 조용히 입을 다물고 있는 것이 별로 객쩍지 않게 느껴졌다. 그건 두발자전거를 타는 인싸들 앞에서 네발자전거를 타는 소심한 아이가, 그리고 일가 어른들 앞에서 호적에 없는 어머니를 둔 장손이 응당 찾아가야 할 포지션은 아니었을까.

한국에서 유럽 축구란 마초 문화와 힙스터 문화의 경계에 있어서, 종종 여름날 길거리에서 바르셀로나 같은 유럽 챔피언의 저지를 입은 이를 발견할 수 있다. 그럴 때마다 이런 생각에 빠져들 수밖에 없다. 저 사람들과 나의 인생은 얼마나 다를지를. 고작 시즌 준우승에 그쳤다거나 더블(2관왕)을 달성하지 못했으니 감독 교체를 검토해야 한다거나 수천억 원짜리 선수를 사지 못했다며 부루퉁해지는 것, 그리고 매년 강등을 우려하고 가끔 오는 승리에 까무러치면서 앞으로 남은 10경기에서 요행히 3승쯤은 따낼 수 있을까, 그렇게 된다면 확실히 생존할 수 있는 걸까 머리를 굴리는 처연한 패배주의 사이만큼의 차이가 아닐까, 하는 생각.

뉴캐슬 유나이티드는 얼마 전 중동 갑부 구단주가 인수해 부자 구단 대열에 합류했다. 벌써부터 이 팀의 앞날이 찬란할 것이라는 기사들이 쏟아졌다. 이적 시장에서 수천만 파운드를 쓰네, 레알 마드리드의 누구를 데려오네 하는 얘기들도 오간다. 실감이 잘 안 난다. 앞으로는 정말 '오늘은 골을 넣을 수 있을까?'가 아니라 '오늘은 누가 골을 넣을까?'를 기대하며 경기를 볼 수 있는 걸까? 그렇게 사는 기분은 뭘까? 하지만 아직 아무것도 변하지 않았다. 오늘 순위표에서 응원팀의 이름을 찾으려니 쭈루룩 스크롤을 내려야 했다. 도전자라기도 뭣한, 생존이 더 급한 초라한 팀.

부끄러울 때도 있었지만, 지금 그렇지는 않다. 덤덤히 인정할 뿐이다. 그게 어쩌다 내 유년에 올라탄 운명이라면 말이다. 여태껏 자전거를 못 탄다는 쪽팔리는 진실도 마찬가지다.

2. 내 맘 같지 않던 그 시절

"20대 중반이라는 것은, 어린 날의 횡보를 대강 마무리하고 이제 자리를 잡아가는 동료들을 SNS로 지켜보는 나이라는 걸 의미한다. 누군가 취업을 자축하는 피드를 올리면, 솔직히 초조하다."

인생의 모든 날이 내 맘 같을 리 없다는 건 당연히 알고 있었다. 다만 그 말뜻을 이런 것으로 잘못 알았던 것 같다. '인생에는 맘대로 되는 날 여럿에 잘 안 풀리는 날이 가끔 있음.' 귀엽고 갸륵해라. 천진난만한 긍정이자 착각이었다. 사실은 거의 모든 날이 나를 도와주지 않는다는 걸 점점 알게 되었다.

분명히 한때는 중산층에 속했다. 서울에 아파트가 있었고, 아버지의 사업도 (겉보기엔) 무난해서 엄마는 벌이가 없어도 되었다. 엄마는 매일 저녁 식탁에서 노란 형광등을 켜고 가계부를 썼다. 불행해 보이는 모습이라곤 없었다. 가끔 부모님이 싸우는 날도 있었지만, 밥때가 지나면 무사히 봉합되었다.

나는 생일날 친구들과 조이랜드*에 가고 싶다고 졸라도 되었고, 아파트 단지 앞 민물장어집에 가자고 하면 두 분은 언제나

* 2000년대 초중반, 비슷한 이름으로 동네마다 성업하던 형태의 실내 놀이공원이다. 지금은 키즈카페가 그 역할을 완벽히 대체하지만, 그때 아이들에겐 로망 그 자체였다. 생일날 여기서 돈까스를 먹고 명조체 자막의 노래방 기계를 이용하는 게 말이다.

흔쾌하게 응했다. 뿐인가, 집에서 곧바로 한강공원으로 걸어 나갈 수 있다는 건 얼마나 큰 메리트였는지. 그리고 그런 집이 겨우 3억 2,000만 원밖에 하지 않던 시절. 나는 그런 모든 것들을 당연한 것으로 알았다. 그것 참, 맨유를 좋아할 자격이 충분하던 날들이 아니었던가.

열한 살이 되던 순간, 모든 것이 거꾸로 돌아갔다. 내가 모르는 사이 그 아파트는 경매로 시세의 반값에 낙찰되었다. 물론 그 반값마저 우리 돈은 아니었다. 뻔한 이야기지만 아버지는 사업으로 진 빚을 갚지 못한 것 같다. 집을 비워줘야 했다. 계고장 같은 게 날아들어 나도 그것을 알아본 기억이 난다. 새로운 집 계약이 미적거리는 동안 기한은 초초히 다가왔다.

화요일 오전이었을 것이다. 목요일이 기한 아니었냐고 울부짖었던 기억이 나니까. 집달리(철거반)들 여럿이 들이닥쳤다. 아주 오랫동안 밉게 생각했었지만, 그날 집을 깨끗이 비우던 그네들의 수완만큼은 대단했다. 인부들은 등산화 같은 걸 신은 채로 뒤도 안 돌아보고 안방 장롱으로 향했다. 우선 겨울 이불을 거실에 쭉 펼쳤다. 책이나 컵 같은 작은 물건을 가져와 거기에 쏟아 부었다. 적당히 찼다 싶으면 네 귀퉁이를 보퉁이처럼 묶어 용달차에 끌다시피 올렸다. 책장, 식탁이나 냉장고는 그냥 그대로 실었다. 당연히 온 세간이 여기저기 생채기가 났다. 한 시간 만에 32평 아파트가 텅 비어버렸다. 참으로 베테랑들이었다. 인부 하나가 검은 노끈으로 짐칸을 대강 둘러주었다. 트럭은 그러기 무섭게 떠나버렸다. 짐은 어딘가에 있는 창고로 옮겨졌다고 했다. 살 곳이 정해지면 찾아가란다. 집안이 싹 쓸리고 난 뒤 아파트 공동현관 앞에서 눈물범벅으로 그 광경을 지켜보는 건 정말 기막힌 일이었다. 지나가던 아랫집 아주머니가 물었다. "너희 이사 가니?" 그렇게 된 것 같네요, 씨바. 오랫동안 참 밉살스러웠던 기억이었지만, 따지고 보면 남의 재산이 된 집이었다. 거기

눌러앉아 있던 사람들에게 하는 대접치고는 그냥저냥 점잖았던 것 같기도 하다.

뼈아픈 비극과 진한 해학은 절친한 친구 같은 관계가 아닐까? 물론 비극 쪽에서 좀 더 매달리는 사이겠지만. 사실 그 생각을 하면 아직도 눈알이 쑥 빠지는 것처럼 아프다. 그날 이후로 자라온 중산층 친구들에 대한 질투심 때문이 아니다. 십수 년 동안 월세를 떠도는 여전한 신세 탓도 아니다. 그것은 그날 밤 엄마 얼굴이 선명히 떠오르기 때문이다.

철거가 한창일 때 엄마는 내 앞에서 어쩔 줄 몰라 하며 울었다. 하지만 집이 완전히 비워지자 묵묵히 큰길가로 빠져나와 택시를 잡았다. 우리는 외가에서 하루를 지새웠다. 누런 가로등만 있던 시절 달이 참 시리게 비치던 것이 기억난다. 과천의 주공아파트, 그 좁다란, 아마 지금은 헐렸을 그 집에도 달빛이 하얗게 들어왔다. 옆에 누운 엄마의 얼굴을 볼 수 있었다. 잠들지 못한 엄마의 눈가가 반짝이고 있었다. 요란한 집행의 기억보다 그 조용한 눈물이 더 내 마음을 찢어놓았다.

아무튼 조용히 입을 다물고 응석을 줄여야 했다. 이제 우리 집은 항상 빠듯했다. 이제 어리광과 땡깡 또는 부모님의 사랑만으로 원하는 걸 얻을 수 없게 된 것이다. 뭐 어떻게 하겠나. 받아들여야지. 완전히 비뚤어져서 비행소년이 될 수도 있었지만 그런다고 뭐가 달라지겠나? 물론 그래서 은근하고 비밀스럽게 비뚤어졌지만.

집안 형편이 이토록 극적으로 피부에 닿은 이래 나는 생각이 많아졌다. 말하자면 슈퍼에서 주전부리를 단 하나만 골라야 하는 아이처럼. 무엇을 고를까. 그 아이는 먹어보고 싶었던 비싼 과자

를 선택할 수 없게 되었고, 많이 먹어봐서 맛을 잘 알고 있는 것을 골라야 했다. 나도 양파맛 포카칩이 지겨웠고 닥터유 브라우니가 궁금했지만, 생각처럼 달콤하지 않다면 누가 책임질 건가? 물론 내 강박적 콤플렉스는 환경이 아니라 나 자신이 만든 것이다. 하지만 우하향하는 자존감 곡선에 적어도 보탬은 안 되었다는 게 분명하다.

생각이 영 없는 것보다야 지나친 게 낫다고 믿기는 한다. 하지만 보통 누군가를 평할 때 생각이 많다는 것은 이런 뉘앙스를 포함한다. 의문스럽고 속을 잘 알 수 없고 앞뒤가 다를 것 같고 거짓말을 잘 꾸밀 수도 있겠다…. 너무한 일반화겠지만, 적어도 앞의 두 개는 옛 여자 친구들이 꼭 한 번씩 했던 표현들이다. 나는 정말로 이런 사람이 되었다. 이런 자신을 발견하려면 오랜 시간이 필요하다. 콤플렉스라는 게 배양된 시기가 일곱 살인지 열한 살인지 모르겠지만, 그게 가슴에서 더운 덩어리로 울컥 쏟아진 것은 훨씬 나중의 일이었다. 스무 살을 훌쩍 넘긴 다음에. 인생이 내 맘 같지 않다는 진짜 의미는 그런 식으로 다가오곤 했다.

가끔 불안하다. 어떡하지? 대배우가 된다는 내 계획은? 장충동 국립극장에 올라가는 희곡을 쓰겠다는 포부는? 졸부가 돼서 엄마 이름으로 된 식당을 차려준다는 상상은 정말 꿈으로 그쳐야 하나? 이대로 성취나 자랑이나 멋진 여행의 기록이 아닌, 기껏해야 귀여운 시골집 강아지나 과외선생 고생담만으로 인스타그램 좋아요를 구걸해야 한단 말인가?

20대 중반이라는 것은, 어린 날의 횡보를 대강 마무리하고 이제 자리를 잡아가는 동료들을 SNS로 지켜보는 나이라는 걸 의미한다. 누군가 취업을 자축하는 피드를 올리면, 솔직히 초조하다. 동갑내기 여자애들에게선 거의 다 그 꼬라지를 봐야 했다. 아니 얘들은 허구한 날 페스티벌이랑 풀파티나 가면서 어떻게 다 취업한 거야? 매일 술 마시는 스토리나 올리는 남자애들을 보면서는 안도도 한다. 하지만 그들도 뒤에서는 악착같이 공부하며 열심히 산다는 거, 내가 모를 것 같나. 이 가식적인 녀석들아. 물론 이런 속내는 절대 입 밖으로 꺼내지 않는다. 앞뒤를 불문하고 음주에 도취하는 동지들끼리가 아니라면. 의문스럽고 앞뒤가 다른 사람, 바로 요기 있네. 나는 지금까지 그래왔고, 앞으로도 계속 이 꼴일 것 같다.

나의 아버지는 모든 일에 무던한 체하면서도 근본은 예민하고 내성적인 인물이다. 내가 이렇게 되어가는 것을 일찍이 간파하고는 정말 심각한 문제라고 여겼던 것 같다. 그렇지 않았다면 내가 스스로 스무 살쯤엔 요절할 천재일 줄만 알고* 유년기를 다 보냈을 리 없다. 아버지의 세뇌에 가까운 심리 치료술 덕이었다.

그는 말수가 적다. 뭘 물어봐도 두세 번은 재촉해야 겨우 대답을 해서 엄마와 나를 답답하게 만들기도 했다. 그러나 취기가 돋으면 말문이 터지는 전형적인 경상도 어른이기도 했다. 그래서인지 술을 그다지 잘하지 못하지만 좋아했다. 조금 부족한 열정맨이라니 장문복이 따로 없다. 맨정신이면 용건만 간단이지만, 술이 오르면 매우 다양한 용건을 늘어놓는다. 불교 1시간, 명상과 참선의 순기능 1시간, 대통령 욕 2시간, '네가 어릴 때 천재 소릴 들었는데 지금 이게 뭐냐' 3시간…. '가족사'는 그 와중에도 별로 언급하지 않으시지만.

지금이야 늙어가는 아버지와의 시간이 소중할 뿐이므로 아무래도 좋다. 하지만 곤란할 때도 있다. 그는 소주 한 병으로 벌써 얼굴이 붉어지고 목소리도 커진다. 가끔 술집이나 중국집에서 쏟아지는 시선을 느껴야 했던 적이 많았다. 그런 경험은 꼭 낯 뜨겁다기보다는, 우릴 쳐다보는 다른 취객들의 심리를 추측해보게 만든다. 아들이라기엔 어려 보이고, 손주라기엔 수염 자국이 너무 선명한 사내는 대체 저 어른과 무슨 관계일까? 저리 쩌렁쩌렁한 발성으로 한다는 게 겨우 영양가 없는 좌우 정치토론인가? 뭐 이런 것들 아니었을까. 물론 그에게 강력한 울림통을 물려받은 것은 감사한 일이다. 그런 모습조차 좋게 보는 단골 화상(華商)에서 간혹 고량주 한 병씩을 선물받기도 한다(할아버지와 손주가 보기 좋네요, 라는 오해는

* 체리필터, 〈Happy Day〉(2008)에서. '난 내가 말이야 스무 살쯤엔 요절할 천재일 줄만 알고 / 어릴 땐 말이야 모든 게 다 간단하다 믿었지'

웃음으로 눙치지만). 그리고 아버지는 현직 대통령 비판이라면 눈빛도 목청도 창창하시다. 내용이 어쨌든 뭐가 문제겠나. 오히려 반갑다. 나는 그가 어느 날 더럭 쇠잔해지는 게 두렵다.

아무튼 그런 식으로 술이 들어가면 아버지가 친척들 앞에서 시전하던 레퍼토리가 있었다. 지금 생각해보면 일종의 자기방어적 자식 자랑이었던 것 같다. 우리 집안은 유독 공부 머리가 유난하다. 내 사촌 형제들은 물론 삼촌들까지도 모두 대단한 학교를 나왔거나 전문직에 종사한다. 질투할 여지도 없이 사람도 좋은 대단한 호인(好人)들이다. 나는 그 사이에서 일단 대단한 늦둥이여서, 마지막 남은 가문의 유망주 대접쯤을 받았다. 분명 어쩌다 생긴 티끌 같은 존재가 나였지만, 그렇다고 존재감이 영 없어서도 안 되었다. 징징거리기는 싫지만, 여남은 살부터 중용의 길을 걷는 건 얼마나 어려운 일인가.

아마도 아버지는 어느 명절날 뭔가 결심하셨던 모양이다. 의도치 않게 자식 자랑으로 흐르는 듯한 당신의 형제들 앞에서 말이다. 하기야 자식이 마이크로소프트사(社)에서 상사에게 치이고 산다는 얘기는 발화 의도와 상관없이 고깝게 들릴 수밖에 없는 것 아닌가? 그는 빛바랜 소주잔을 홀짝이다가 별안간 내 자랑을 늘어놓고는 했다. 내가 육전을 주워 먹거나 술잔을 채워드리기 바쁜 사이 그가 "저놈이!"로 운을 띄우는 것은 대단히 카랑카랑했기 때문에, 고모나 삼촌들은 그게 무슨 신호인지 금방 알아차렸다. 그분들이 맞장구를 덧붙여주면 점점 분위기가 달아올랐다. 그리고 절정에 나오는 일종의 클리셰가 바로 그 레퍼토리였다. 그러면 도무지 칭찬거리를 찾아내기 어려운 나에게서 또 무슨 덕담을 추려주실지 귀를 기울이고는 했다.

“(다른 친척 형, 누나들 얘기를 하다가) 근데 저놈도 보통은 아니야”, “보면 피부도 좋아!”(나는 아토피 피부염으로 유년에 고생했다.) “얼굴도 조그맣고.”(육군 58호 베레모를 착용하는데, 벗고 나면 손오공의 긴고아처럼 자국이 남는다.) “눈도 제 아빠 닮아서 귀엽잖아.” (우리 부자는 두툼한 눈두덩과 처진 눈이 똑 닮았다. 사진을 찍으면 눈이 안 나오는데 이건 의료보험감이다.)

이쯤 되면 아버지도 복식호흡에 들어가시고, 나도 겸연쩍은 웃음을 만면에 띄웠다.

“저놈이 한글을 두 살 반 만에 깨쳤어”(꼭 ‘만’ 두 살 반이란 얘기는 않으신다)부터… “이놈이 수재는 수재야. 내가 얘를 어릴 적부터 책방에 데려갔거든…”으로 본인 덕을 삽입하시고는, “우리 집에 남자가 아직 서울대를 못 갔는데 이놈이 할는지도 몰라.” (이제는 어떻게 됐는지 ‘안다.’)

레퍼토리의 마지막은 용돈을 하사받는 훈훈한 그림으로 마무리되곤 했다. 내가 초등학생이나 중학생쯤 되었을 때까지의 이야기다. 그때까지만 해도 학교에서 받아오는 상장 뭉치와 담임선생님들의 칭찬들이 무수했고, 그건 그대로 설득력 있는 근거자료들이었다.

아직도 할아버지가 생전에 써주신 기대 가득한 편지를 기억한다. ‘행정고시, 사법고시, 외무고시 중 하나에 합격하여라.’ 합격해서 집안을 빛내라든지 성공하라는 것이 아니다. 그냥 고시에 합격할 운명으로 태어난 인재이니 그 소명을 이행하라는 말씀이었다. 혹시 이 글을 읽는 열 살 남짓의 천재가 있다면… 일단 공부는 대강

중간만 해서 기댓값을 낮추고, 아버지나 어머니의 의도를 의심해보는 걸 당부한다.

그랬다. 어른들의 노력은 정말 눈물겨웠다(집을 지켜주셨으면 더 좋았겠지만. 고마워요, 아버지. 열심이셨다는 거 알아요). 이를테면 '생각 안정제' 작용이라고 할까. 나도 내가 서울대나 거기 준하는 학교에 갈 거라고 믿어버렸다. 알수록 점입가경이었던 가정사를 고민하거나, 팍삭 망해가는 집안 꼬락서니를 묵묵히 지켜보는 것보다는 그런 몽상에 빠지는 편이 훨씬 안온했다. 내 유년은 확신과 불안 사이에서 흘러가고 있었다. 물론 진짜 고난은 다가오지도 않았었지만 말이다. 아, 내 맘 같지 않던 그 시절.[17]

3. 우상

> "이렇게 형성된 근성은 그대로 정체성이 되었다. 그 정체란 방어기제, 비주류라는 자각, 언더독이라는 자의식이었다. 열심히 살기보다는 질투를 배우고, 치열하게 살기보다는 계급의식을 앞세우며, 더불어 이해하는 것이 아니라 홀로 탓하기에 익숙해질 20대를 살게 될 운명을 스스로 찾아들었다는 것이다."

나는 대학교 2학년이 되자마자 전공이 아닌 광고 기획을 공부했다. 스물한 살, 로빈 윌리엄스라는 환영을 쫓아 연극과 신입생이 되었다. 그러나 준비 없던 내게 연극이란 고되기만 했다. 로빈 윌리엄스라는 우상, 창작이라는 꿈, 연극무대라는 환상 같은 것을 잠시 버려둔 것이다. 그래도 마케팅은 재미있는 공부였다. 적성과는 조금 멀다는 걸 깨닫는 데 2년이나 걸린 게 문제였지만.

마케팅 기획서에는 타깃 연령을 분석하는 내용이 꼭 필요하다. "삼성 노트북 펜S의 주 타깃인 2025 Z세대 대학생은…", "서브웨이의 잠재적 소비자 후기 밀레니얼은…" 같은 식으로. 시장 상황 분석이나 제품 소개 같은 것보다 어쩌면 훨씬 중요한 일이다. '가볍고 휘발되는 관계가 훨씬 편안하니 누구와도 친구가 될 수 있는 후렌드(WHOriend)를 만나며', '콘텐츠에 직접 참여하는 능동적 판플레이'를 즐기면서 '모르는 노래라도 차트에 있으면 들어보지만', '원하는 것을 다 가질 순 없으니 구독형 소비를 추구한다.' 이를테면

2017년에서 2018년 사이 전문가들이 분석한 우리의 특징은 이런 것이었다. 나는 『트렌드코리아』나 〈대학내일〉의 팩트북에서 이런 표현들을 찾아내고 의아할 수밖에 없었다.

일단 나는 낯선 이를 사귀는 데 능하지 않다. 카톡은 한 시간마다 몰아서 답장한다. 인스타그램을 하지만 태그는 달지 않는다. 옛날의 아이스버킷 챌린지부터 오늘 하루에도 몇 개씩 생겨나는 챌린지까지 나에게는 늦게 도달한 유행이었을 따름이다. 뿐인가, 나는 애플뮤직 월 9.99달러에도 손을 벌벌 떨면서 무료체험 한 달이 지나자마자 구독을 해지한 전력이 있다. 넷플릭스도 왓챠플레이도 유튜브 프리미엄도 다 그런 식이었다는 말이다. 하룻밤 술값에는 관대하면서 구독료에는 집안 기둥 뽑힐 것처럼 겁내는 건 내가 생각해도 모순이지만.

무엇보다 멜론 TOP 100에 코웃음을 치며, 마음에 드는 뮤지션을 찾으면 디스코그래피째로 음원을 사 모으는 것이 아주 오래된 습관이다. 모든 걸 다 가질 수는 없다 해도 음악만은 소유해야겠어, 이런 것이었을까.

그래도 김난도 교수나 '대학내일20대연구소'가 그렇다면 그런 거겠지.

기깔나는 CF를 만들어보겠다는 혈기는 광고 동아리에 들어가자마자 시무룩해졌다. 신입생들의 막연한 꿈은 광고 천재 이제석이었지만, 우리를 맞이한 건 현업에서 쓰는 전문용어들이었다.

BTL* 이나 USP**가 다 뭐란 말인가? 용어들이야 공부하면 알게 되는 것이다. 끝내 광고기획자의 길을 접어버린 건 그런 것 때문이 아닌 자아성찰의 결과였다. 이른바 우리 세대의 특성과 내가 조금 동떨어져 있다는 것. 글재주 칭찬은 좀 들었어도 카피는 안 와닿는다고 했고, 열심히 분석해 내놓는 인사이트란 뜬구름만 잡는 터무니없는 얘기들이거나 '인디 감성'에서 벗어나지 못했다. 나는 아직도 세미나 도중 책상 위에 올라서야만 직성이 풀리는, 키팅 선생의 철

* Below The Line. TV CF나 인쇄 광고처럼 전통적 매체만 이용하는 게 아니라, 현장 프로모션이나 SNS 바이럴 마케팅처럼 소비자와 직접 소통하는 전략을 말한다. 이걸 개발하는 게 오늘날 광고 제작 흐름의 거의 전부이거늘, 멋들어진 TV CF만 생각했던 나는 당혹했다.

** Unique Selling Proposition. 해당 상품만의 차별적 장점.

딱서니 없는 제자였던 게다.

그것은 당연히 켜켜이 쌓여온 내 유년이 만들어놓은 것이다. 박명수와 뉴캐슬을 부정하는 것은 아니다. 하지만 지금이라도 시간을 되돌려 크리에이티브한 광고기획자가 되기 위한 가망을 살릴 수만 있다면, 하련다. 2010년으로. 일곱 살에도 열 살에도 기회는 아직 있었다. 하지만 어린 날 선택한 길이 완전히 굳어져 버린 터닝포인트는 바로 그때였다.

말이 나왔으니 말인데, 2010년이 벌써 십 년도 더 전이라고 하면 굉장히 놀랍다. 그러나 그 시절은 내 머릿속에서 벌써 어떤 세련됨 가득한 시기로 미화되었으니, 옛날은 옛날인 것 같다. 그랬다. 2010년은 축구 대표팀이 박지성과 기성용의 지휘로 월드컵 16강에 진출했고, 〈무한도전〉은 여전히 재미있었으며, 영화 〈아저씨〉가 흥행하던 시대였다. 집권 여당의 이름은 – 일단 이름이 멋지기로는 정치사에 손꼽힐 '한나라당'이었다. 사마귀 같은 내 사랑 뉴캐슬은 강등된 지 1년 만에 승격해 치열한 생존 경쟁을 벌이고 있었다. 갓 승격한 언더독의 결기와 흘러간 명문 팀의 바래져 가는 자부심이 아직은 적당히 조화를 이루고 있을 때였다. 물론 원빈이 그 이후 다시는 영화를 찍지 않을 거라는 건 아무도 몰랐다. 한나라당이 그 쿨한 이름을 버리고 '자유한국'이나 '미래통합' 같은 보급형 관념어를 선택하는 퇴행을 보일 줄도 몰랐다. 뉴캐슬이 한 번 더 2부 리그로 떨어질 줄도 정말 몰랐고. 이 모든 게 별 관계없는 사실들 같은가? 이것이 김난도 씨나 대학내일20대연구소의 인사이트이고, 적어도 이때는 오늘보다 갈등이 덜하던 시절이었다는 결론을 내놓았다고 생각해보면 그럴듯해질지도.

이런 시기가 흘러가거나 말거나, 나는 다른 것들을 탐닉하고 있었다. 중학교 2학년이었고, 유년기가 대충 정리되어야 하는 시기였다. 취향과 사고는 물론 학업 성적과 미래가 결정되는 시절이었다는 말이다. 조금쯤 안타까운 일이다. 그 무렵에 심취한 건 일단은 학업이 아니었다. 소설과 사회과학을 읽고 로큰롤과 홍대 인디밴드를 찾아 음원을 모았다. 낮에는 캐치볼을 했고, 새벽마다 축구 시청에 열중했다. 공부보다 재미있는 다른 유희에 빠져드는 것은 어린 날의 누구에게나 있는 일일 테다. 문제는 그 학업과 맞바꾼 유희라는 것이, 하나같이 어설픈데 단단한 어떤 근성이 되었다는 사실이다.

야구는 축구나 농구와 달리 함께할 친구를 찾기 어려운 운동이었고, 두세 달에 한 번씩 팔꿈치를 다치곤 했다. 여전히 축구를 좋아했지만 이제는 그럴듯한 팀의 팬이 아니었다. 내가 응원하는 팀에서 내세울 것이라곤 예쁜 블랙 앤 화이트 유니폼과 가끔 강팀과의 경기에서 활약하는, 그래서 큰 구단으로 이적할까 불안해지는 군계일학의 선수 한두 명뿐이었다. 내가 닳도록 좋아한 소설은 『삼미 슈퍼스타즈의 마지막 팬클럽』이었다. 마치 승률 1할 8푼의 꼴찌팀 같은 삶을 사는 것처럼 이입한 결과였다. 기왕 사회과학을 공부하려고 했다면 눈높이에 맞는 것부터 배워야 했다. 그런데 나는 『미국민중사』, 『정치경제학』, 『자본론』처럼 지금 읽어도 어려운 책을 집어 들었다. 내용은 중요하지 않았다. 그런 책들을 읽으면 느껴지는 비주류적 혈기가 내 지적 허영을 충족시켰기 때문이다. Movement, 혁명 같은 것들. 나는 결국 단어에 가슴이 뛰는, 텍스트와 관념으로 얽힌 엉성한 이념가 지망생이 되어버렸다.

이런 기이한 취향으로의 이탈은 의미심장하다. 바로 우리 또래 집단의 정상적 궤도에서 벗어났다는 뜻이기 때문이다. 모두가 좋아하는 것을 좋아하지 않으며, 누구나 공감하는 것과 공감하지 못했다. 친구들이랑 대체 무슨 이야기를 할 텐가? 그나마 다행인 건 내가 농담에 소질이 있었다는 것인데, 아마 무의식에서 만들어낸 고육지책이었을 것이다(나와는 비교할 수도 없이 불우한 유년을 보낸 마이크 타이슨이 스탠드업 코미디를 했다는 걸 아는가? 들어보시라, 엄청 재밌다).

이렇게 형성된 근성은 그대로 정체성이 되었다. 그 정체란 방어기제, 비주류라는 자각, 언더독이라는 자의식이었다. 열심히 살기보다는 질투를 배우고, 치열하게 살기보다는 계급의식을 앞세우며, 더불어 이해하는 것이 아니라 홀로 탓하기에 익숙해질 20대를 살게 될 운명을 스스로 찾아들었다는 것이다. 솔직히 말하자면 나는 몰래 농구 연습을 했고 일부러 맨유와 첼시의 경기를 챙겨 보려고도 했다. 『아프니까 청춘이다』도 끝까지 읽으려고 노력했다.

모두 쉬운 일은 아니었다.

나는 선택의 기로에 섰던 것이고, 결국 누구의 이해를 구하는 대신 함께할 목소리를 발견했다. 달빛요정*의 목소리는 투박하고 묵직했고, 윌 헌팅을 치유하는 숀 맥과이어와 영문학 선생 존 키팅**의 그것은 나지막했다. 다른 우주에서 온 이방인이 2010년의 한국에서 붙들고 울먹일 수 있는 대사는 "It's not your fault"였고, 이어폰으로 밖을 거닐 때 귀에 들어온 것은〈스끼다시 내 인생〉이었던

* 원맨밴드 달빛요정역전만루홈런(1973~2010).

** 각각 〈굿 윌 헌팅〉과 〈죽은 시인의 사회〉의 로빈 윌리엄스(1951~2014).

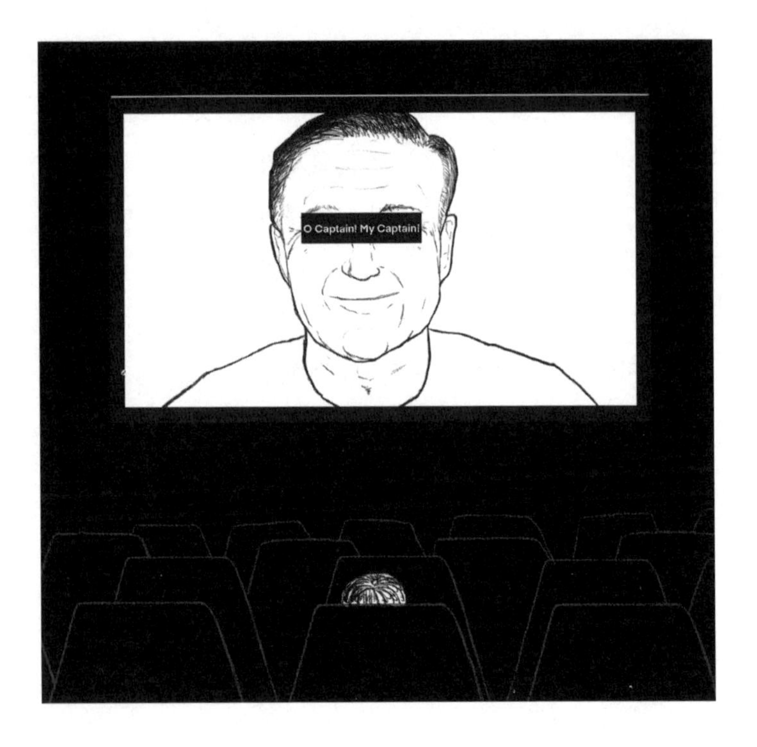

것이다. 그들은 나의 심각한 콤플렉스를 감싸는 우상이 되었다.

첫사랑이란 선택할 수 없는 것이고, 특히 정수리에서 풋내가 진동하는 남학생에게는 더욱 그렇다. 그러나 소심한 남자아이가 우상을 갖는 과정은 훨씬 까다롭다.

남다른 취향을 단단히 쌓아 올리고 있을 그 무렵, 학교에서 돌아오면 컴퓨터 앞에서 헤드폰을 쓰고 음악을 들었다. 주로 '뮤즈(Muse)'나 '오아시스(Oasis)'였다. 2000년대 후반부터 록에 심취한 아이들은 그들로 입문하기 마련이었다. 그런 애들은 보통 밴드부에 가입하거나 악기를 다룰 줄 알았다. 전자기타를 칠 줄 안다면 메탈리

카(Metallica)로 시야를 넓히고, 스틸기타를 더 좋아한다면 라디오헤드(Radiohead)로 나아가게 되는 것이다. 물론 나는 리코더도 겨우 잡는 수준이었기에 그냥 인터넷을 떠돌며 맘에 드는 음악을 찾아 들었다. 방구석에서 탐험한 홍대의 뮤지션들은 아름다웠다. 나도 〈앵콜요청금지〉를 수백 번 들었다. 국카스텐과 십센치가 한참 주가를 올리고 있었고, 한희정과 심규선의 목소리만큼 담백한 것도 없었다.

하지만 번화가에서 홀로 끼니를 때울 때 비스트로나 다이닝에 들어가긴 곤란한 것이다. 너무 멋져서는 곤란하다. 다가갈 수 없이 화려해서도 안 된다. 내가 마음을 의탁한 이는 라이브 공연으로 영접한 실물에 실망해 팬들이 돌아선다던, 생김새부터 노랫말까지 투박하기 짝이 없는 '달빛요정역전만루홈런'이라는 뮤지션이었다. 그것이 2010년 봄이었다. 학교에 다녀와서 동이 틀 때까지 그의 디스코그래피를 모두 들었다. 그는 곧 나의 커트 코베인이 되었다.

> 세상도 나를 원치 않아
> 세상이 왜 날 원하겠어
> (1집 〈절룩거리네〉)
>
> 가지려 하지 마, 다 정해져 있어
> 세상의 주인공은 네가 아냐
> (3집 〈스무 살의 나에게〉)

청춘이란 그에게 절룩거리는 존재였다. 그의 가사가 바라본 보통의 인생은 하나같이, 있어도 그만 없어도 그만인 스끼다시 같은 것이었다.[18] 어차피 우린 세상의 주인공이 아니었다. 세상은 나를 원하지 않지만, 이 멋진 세상을 그냥 받아들이라고도 했다.[19] 그러나 대책 없는 청춘송가 또한 우리의 것이라고 힘주었다. 인생의 영토가 주공 1단지에 그친대도,[20] 무겁고 안 예쁘게 생겼어도,[21] 스스로 행운아라고 일컬으며[22] 그래도 하루를 살아내는 동력을 주었던 것이다. 그는 그런 노래를 했다. 투박하지만 그게 좋았고, 가슴 속의 묵직한 근성을 다독여주는 목소리였고, 집 밖에서 찾은 최초의 동류(同流)였다.

그의 음악을 듣는다고 달라지는 건 없었다. 인생이 야구 경기와 같다면 만루홈런의 주인공은 어차피 내가 아닐 것이다. 월요일에도 쉬지 않는 우리만의 야구에서 나는 보통 패전처리나 대타, 잘해봐야 9번 타자일 것이다. 주전을 꿰찬 애들은 내가 아니라 다른 얄미운 선수겠지. 버킷햇을 멋지게 걸치고, '우리' 엄마, '우리'집이라는 말에 조금의 이상함도 느끼지 않는, 노래방에서 힙합과 알앤비를 둘 다 기막히게 소화해내고 3루에서 태어났으면서 3루타를 친 것처럼 살아가는 녀석들. 하지만 그게 뭐 어떻단 말인가. 요정이란 우상은 존재만으로도 힘이었다. 상처 입은 날 그의 노래를 들으면서 잠들 수 있다면 그걸로 족했다. 속내를 멋대로 지껄이진 못하겠지만, 적어도 멋대로 생각하며 스르륵 하루를 마무리한다면 아무래도 괜찮았다. 궁상맞고 찌질한 아이에게 우상이 줄 수 있는 것으로는 넘치게 충분했다.

어릴 때 못 뗀 낱말 몇 개의 참뜻을 알게 된 것도 그 덕분이다. 애정은 그를 생각할 때 배어나는 코끝 시큰하고 애틋한 마음, 공감이란 그의 노랫말 자체, 위로란 그에게서 내가 받은 모든 것…, 이런 식으로 말이다.

유년의 아이돌을 맞이한 것은 그대로 신앙이 되었다. 문제는 그때쯤 나는 오로지 기타와 베이스와 드럼의 협주만이 음악이라고 생각했다는 것이다. 악보도 못 보는 록 근본주의자라, 의지할 뭔가를 갈구했기 때문일까. 원인이야 어쨌든 나는 무엇이든 근본주의에 빠져드는 성깔이었던 것 같다. 이게 바로 홍대병일 텐데, 콤플렉스의 또 다른 증상이었다.

그 성깔은 매달 떡볶이 값을 아껴 음원을 모으고 명절에 용돈이 생길 때마다 음반을 사다 놓는 습벽으로 발전했다. 그땐 그렇게 하는 걸 의무라고 여겼다. 좋아하는 밴드에게는 누구나 그러는 줄로 알았다. 하지만 아니었다. 우리 세대가 음악을 소비하는 방식은 이미 많이 달라져 있었다. 꼬박꼬박 CD와 MP3 파일을 모으는 것은 이제 대량생산 시대의 가내수공업처럼 괜한 일이 되었다. 음악을 언제 어디서나 취한다는 게 잘못되었다는 것이 아니다. 좋은 노래는 여전히 많고 누구나 그걸 쉽게 접할 수 있다. 하지만 사랑스러운 노래가 받는 제일의 대접이 멜론 재생목록 맨 윗자리 정도라는 건 내게는 미안한 일이다.*

내친김에 궤변을 쏟아내자면, 홍대병이라는 나의 방어기제는 힙합과 EDM과 업템포 아이돌로 주류가 변하고 록이란 장르가 소멸하는 대세에 대한 처연한 항거였으며, 멜론 차트 1위곡이 누군가 온종일 음원을 스트리밍해서 만든 결과물이건 아니건 "그래도 노래는 좋던데?"라는 모두의 정의 불감증에 대한 카산드라 같은 예견이었다. 뭘 더 어쩌겠는가. 소유욕 그득한 어린애는 시대의 물결

* 기실 바이닐(LP)도 인기 있는 뮤지션이나 따로 발매하는 것이다.

에 나가떨어질 수밖에 없었다.

그러니까 내가 양파 속에 감춰진 조그만 알맹이라면, '음악을 좋아하는 사람'이란 가장 겉에 있는 껍데기였고, '록을 좋아하는 사람'은 그보다 훨씬 작은 껍데기였다. 동심원을 최대한 파고들어 가면, 시간이 지나 힙합과 영합한 배신자들이 다 떠나간 자리에 홀로 남아서 중고 음반과 600원짜리 음원을 끌어모으며 그 유쾌한 영화 〈스쿨 오브 록〉에 눈물짓다가 벽에 온통 'Rock will never die'를 써놓고 최후를 맞을 것이라 상상하는 가련한 꼬맹이가 있었다. 이 자의식을 감싸던 것이 요정이었지만, 우리의 만남은 얄궂게도 짧았다. 2010년 11월 7일은 서늘한 늦가을이었다. 나는 망자들의 빈소가 칸칸이 늘어선 여의도 성모병원 지하에 우두커니 서 있었다.

요정은 11월 6일 사망했다. 삼일장 이틀째 오전이었다. 장례식장은 그야말로 적막했다. 배달원들이 아침부터 이르게 오는 조화를 나르고 있었다. '○○상사 대표이사', '○○대학교 ××학번 동기회'같은 것들은 건너편 다른 상갓집으로 향했고, 요정과 친분이 있다는 유명한 가수들이 보낸 조화들이 우리 쪽으로 왔다.

빈소는 몇 칸 되지 않았다. 복도에서도 신발을 벗는 곳부터 영정까지 훤히 들여다볼 수 있었다. 이내 낯익은 영정이 보였다. 요정은 환하게 웃고 있었다. 그 앞으로는 사람이 없다시피 했다. 그다음으로 눈에 들어온 건 앉은뱅이 식탁이었다. 식탁을 다 덮는 하얀 비닐 식탁보가 깔려 있었다. 생수, 소주, 맥주, 종이컵, 그리고 편의점에서는 본 적 없는 상표의 음료수들이 비닐을 누르듯 놓였다. 신경 써서 안경을 닦았다. 눈을 비비지 않으면 이게 바닷가 수산시장 양

념집인지 상가인지 구분하지 못할 정도였다. 장례식장에 처음 가본 것이었다.

나는 계속 망연히 서 있었다. 문상 예절을 모르는 건 아니었다. 그가 죽었다는 사실도 받아들이고 있었다. 요정은 일주일 전 쓰러졌고 의식을 금방 되찾지 못했으며, 그러는 사이 나도 마음의 준비를 다 했었다. 여느 날처럼 헤드폰을 쓰고 모니터 앞에 앉았는데 실시간 검색어에 모처럼 그의 이름이 올라와 있었다. '인디 가수 달빛요정역전만루홈런 이진원 씨(38)가 뇌졸중으로 쓰러진 지 30시간 만에 발견되었다'는 기사 때문이었다. 전날 밤 음악 방송에 나왔나,

하던 것은 참 천진한 기대였다.

그가 마지막으로 머무는 곳이 너무 초라해 보였다. 그의 죽음을 다루는 기사는 많았다. 하지만 그들은 요정이 무슨 내용으로 얼마나 풍부한 음악을 했는가에는 관심이 없었다. '생활고에 스러진 인디 가수 – 88만원 세대의 현주소'. 하나같이 이런 내용을 갖다 붙였는데, 빈소를 직접 보고 있자니 그걸 부정할 도리가 없어진 기분이었다.

뭔가가 치밀어 올라 병원을 빠져나왔다. 주말의 여의도가 을씨년스러워서인지 세상도 마찬가지로 텅 비어 보였다. 내가 둘 꽂은 한 송이밖에 없을 것이었다. 다른 것을 놓아야 할 것 같았다. 가장 가까운 레코드점을 찾아 영등포 교보문고로 갔다. 뜻밖에 요정의 음반을 쉽게 찾을 수 있었다. 익숙한 앨범 재킷이 가장 잘 보이는 판매대에 가로놓여 있었다. 소녀시대, 슈퍼주니어, 그리고 달빛요정역전만루홈런의 1.5집 《Sophomore Jinx》. 그가 죽지 않았다면 없을 일이었다.

낚아채듯 음반을 사서 다시 빈소로 갔다. 앞 조문객이 하는 걸 보고 그대로 두 번 절을 했다. 조화를 놓고 다시 상주와 맞절했다. '어떤 관계'이시냐는 물음에 팬이었다고 어색하게 대답했다. 그리고 마치 증거라도 된다는 듯 음반을 건네주었다.

여의교를 건너 대방역으로 돌아가는 길은 서늘했다. 옷을 너무 얇게 입었었다. 동경만 했던 서울이 전에 없이 밉살스러워 보였다. 돌아가는 지하철 내내 풍경을 외면했다. 이어폰 안으로 빠져들어가 나오지 않았다. 요정의 음원이 모인 MP3는 외로울 때를 대비한 노아의 방주였다. 하지만 함께할 목소리를 잃었을 때 방주에서 뛰어내리고 싶은 기분은 예상하지 못했다.

덤덤해지기, 그리고 받아들이기. 열다섯은 이 연습을 시작해야 할 시기였다. 하지만 봄에 사랑했던 이를 가을에 잃는다는 건 슬펐고, 누구를 떠나보내는 일이 간단할 리 없었다. 우상을 보낸 일상은 여전하지 않았다.

로빈 윌리엄스가 그 자리에서 나를 안아준 것은 그해를 넘길 무렵이었다. 그 아저씨는 〈It's only us〉를 부른 로비 윌리엄스와 이름을 헛갈리던 배우였을 뿐인데, 어느 순간 나는 그의 목덜미에 안겨 있었다. 겨우내 음악을 멀리하고 몇 달 동안 〈무한도전〉만 봤다. (무슨 천재 뮤지션의 방황을 상징하는 문장 같아서 되게 웃긴다.) 당시 〈무한도전〉은 방송 역사상 최고 수준으로 우리를 웃겼다. 일단은 웃는 일이 필요했고, 다른 건 필요하지 않았다. 그들에게 잠깐 마음을 맡기는 것은 상실을 극복하는 것보다 편했다. 새벽까지 재방송을 보다가 소파에서 잠들었고, 아침에 일어나면 컴퓨터로 방송을 틀어놓고 밥을 먹었고… 그런 식으로 시간이 흘렀다.

어느 날 졸다가 깼는데 리모컨이 잘못 눌렸는지 영화 채널이 틀어져 있었다. 맷 데이먼을 제이슨 본으로만 알고 있을 때였는데, 그가 더벅머리로 등장하는 영화가 나왔다. 시린 겨울날이었기 때문에 소파에서 일어나기도 싫었는데, 그렇게 모로 누워 감상하게 된 작품이 〈굿 윌 헌팅〉이었다. 저 유명한 대사가 나오는 영화다. "It's not your fault." 나는 실로 오랜만에 울었다. 왜 울었을까? 모르겠다. 설명하기도 민망한 일이다. 하지만 세상에서 일어나는 불행이 모두 자기 것인 양, 그것을 모두 짊어진 것처럼 사는 친구가 있다면 이 마음을 이해할 수 있을지도 모른다.

열한 살 이래 그렇게 무너지듯 울어본 것은 그때가 처음이었다. 그리고 요정의 음악을 만난 오월 이래 무언가에 진심으로 감응한 것 역시 그때가 처음이었다. 허파가 들먹거리고 콧등이 뜨거워지자, 나는 내가 완전히 세상과 끊어진 게 아니라는 것을 깨달았다. 그리고 내가 외면하던 것이 이제는 사라진 우상의 음원이나 그와의 작별이 아니라는 것도 알았다. 나는 나의 유년에서 애써 도망가고 있었던 것이다.

사실 필요했던 것은 웃는 게 아니라 우는 일이었다. 달빛요정이 함께 도시의 밤을 바라보는 듯한 존재였다면, 로빈 윌리엄스는 내가 목덜미를 감싸고 매달릴 수 있었던 스승이었다. 〈굿 윌 헌팅〉, 〈죽은 시인의 사회〉, 〈미세스 다웃파이어〉, 〈알라딘〉과 〈바이센테니얼 맨〉…. 그의 영화를 모두 찾아보면서 나는 다시 함께할 목소리를 구했다. 힘든 날이면 그의 다문 입에서 배어 나오는 따뜻함에 마음을 맡길 수 있었다.

로빈 윌리엄스는 2014년 8월 자살했다. 그때 나는 요정이 죽었을 때보다 많은 일을 덤덤히 받아들일 수 있었다. 슬프지 않은 것은 아니었지만 슬픔을 가눌 수는 있게 되었다(고 스스로 생각했다). 그러나 열네 살에서 열일곱 사이에 만들어진 취향은 바꿀 수 없다고들 한다. 나는 좋아하는 게 생길 수는 있지만 새로운 우상을 만들 수는 없는 나이가 된 것이다.

내게 있어 우상이란, 다른 걸 다 숨겨도 드러내고 싶은 단 하나의 자부심이다. 살면서 "왜 이런 걸 좋아해?"란 물음을 수도 없이 받았다. 뭐 뉴캐슬, 박명수, 야구, 프로레슬링, 엄청 많다. 그럴 때마다 애써 설명하는 데 지쳤고 얼버무리는 데 익숙하다. 하지만 키팅 선생님과 요정에게만은 그럴 수 없다. 그들에게 보답하기 위해서라도 나는 그럴듯한 대답을 준비해두었다. 꼭 모두가 좋아하는 아이를 첫사랑으로 삼을 필요는 없지 않느냐고.

이 단락을 쓰는 지금도 이유 없이 코가 시큰거린다. 마침 요정은 나처럼 나약한 추종자들을 위해 이런 노랫말도 준비해두었다.

> 누구에게나 삶이란 건
> 오즈를 찾아가는 길거나 짧은 여행,
> 그 길에서 널 만나고 사랑하고
> 가끔 떠나보내고.
> (2집 〈OZ〉)

4. 보통 동네의 열아홉

"어릴 적 단지 구석구석과 상가를 휘젓고 다니던 기억이 분명 있지만, 영원히 그곳으로 돌아갈 수 없을 것이다. 그 아파트는 이미 헐려서 훨씬 높은 아파트가 되어 있기 때문이다. 태어난 곳이 재개발되어 돌아갈 고향이 사라진다는 것은 개발도상국 서민으로 태어난 사람들의 피할 수 없는 운명이다."

열아홉 살, 고등학교 3학년 한여름 무렵 내 친구들 사이에서는 해괴한 말버릇이 유행하였다.

"어제 수학 조졌다. 인생 망했어."

"오늘 담임이랑 상담하고 왔는데 생기부(생활기록부) 열 장밖에 안 되더라. 인생 망했어."

"디데이 100일 깨졌는데 우리 반 애들 왜 이렇게 시끄럽냐? 인생 망했네."

"너 ××이한테 고백했어? 걔 학원에 남자 친구 있는 거 몰랐냐? 넌 진짜 인생 망했네?"

내신을 망쳐도, 곧 치를 수능이 막막해도, 식은 커피 같은 고백으로 사랑에 실패해도 우리는 한 목소리로 '인생 망했어'를 노래했다. 물론 농담이었다. 매사 냉소 반 해학 반이던 나와 친구들의 특유한 성질이 만들어낸 것이었다.

영 근거가 없는 것도 아니었다. 모두 비슷한 궤도의 인생 열

차에 올라탔다는 생각이 우리를 지배하고 있었다. 비슷한 동네에서 자라 비슷한 중학교에서부터 비슷한 친구들과 함께했다. 결말은 뻔했다. 어중간한 성적으로 3학년을 마치고 수능을 치른 뒤 어중간한 대학에 갈 것이다. 당장 받아든 건 시험 성적이나 무참히 끝난 첫사랑이었지만, 진짜 '망한' 것은 앞으로의 인생 그 자체였던 것이다. 지금 생각하면 우리의 발상이 그립기도 귀엽기도 해 웃음이 나지만, 분명 우리는 웃음으로만 눙쳐지지 않는 두려움을 갖고 있었다. 그것은 찬물에 서서히 몸이 젖듯 다가왔다. 원하는 대학에 갈 수 없다거나 현실을 인정하고 눈높이를 낮추어야 한다는 걸 고3이 되고서야 깨달은 아이들이 많았다.

동네 친구들은 약은 구석이라고는 없었다. 학군이 좋거나 학원가가 번성한 지역이었다면 그렇지 않았으리라. 순진하게 10대를 흘려보내지 않도록 재촉하는 풍조가 만연했을 것이다. 생존의 방도란 경쟁뿐이며, 성적이 오른다는 건 옆자리 누군가를 밟고 올라선다는 뜻임을 누군가 알려준다는 얘기다. 그러나 고3이 다 되도록 우리는 그냥, 어떻게든 될 줄만 알고 해맑게 시간을 흘려보냈다.

환경 탓을 하자는 건 아니다. 학교 주변은 무난한 동네였다. 서울 아닌 수원이고 경기도 남부 기준으로도 중간이나 겨우 갈까 말까 하는 곳이기는 했다. 그렇다고 문밖 판자촌이나 달동네냐 하면 그것도 아니었다. 주변의 주공아파트들은 손님 맞기에 남루하지 않았고, 골목길 주택가가 정돈은 안 되었어도 구색은 넉넉했다. 학교 앞에는 독서실이 충분했고, 술집들과 뒤섞이긴 했으나 근처에 번듯한 학원가도 있었다. 친구들 사이에 빛바랜 금색 알루미늄 창틀과 하얀 플라스틱 새시만큼의 차이가 왜 없었겠는가. 하지만 우리는 이렇다 할 졸부도 마음 아픈 가난뱅이도 없는 동네의 주민들이었다. 물질적 차이는 동네 특유의 수더분함으로 메워질 수 있는 만큼이었다. 생각해보면 우리가 같은 공간에서 섞이는 게 어색하지 않았던 건 그 때문이었던 것 같다. 그래도 그것은 '다 같이 대책 없는' 분위기의 원인이기도 했다. 평범한 동네 일반계 공립 고등학교의 면학 분위기는 분명 시원찮았고 우리 학교도 그랬으니까.

동네 얘기를 하자면, 그런 조건 때문에 학업에서 손해를 봤다고 말하고 싶은 건 아니다. 다만 인간의 모든 일이 자신의 의지로만 되는 건 아니라는 걸 짚어야겠다. 나도 좋은 대학에 가거나 돈을 잘 버는 것은 스스로에게 달려 있다고 생각한다. 하지만 정말로 어쩔 수 없는 부분도 있다. 예컨대 나는 개포동 주공아파트에서 태어났다. 어릴 적 단지 구석구석과 상가를 휘젓고 다니던 기억이 분명 있지만, 영원히 그곳으로 돌아갈 수 없을 것이다. 그 아파트는 이미 헐려서 훨씬 높은 아파트가 되어 있기 때문이다. 태어난 곳이 재개발되어 돌아갈 고향이 사라진다는 것은 개발도상국 서민으로 태어난 사람들의 피할 수 없는 운명이다.

우리가 후줄근한 곳에 살아서 아쉬웠다고 말할 자격은 없고 그러고 싶지도 않다. 다만 나와 내 친구들이 정당하게 공유할 수 있는 아쉬움은 있다는 것이다. 오늘날 이 동네 근처에는 대기업 복합 쇼핑몰이 공사 중인데, 좀 먼 동네의 아파트 단지들까지 이 쇼핑몰 때문에 이름을 갈아 끼우고 있다. 아마 시간이 지나면 우리가 알던 오래된 집들부터 사라질 것이다. 우리가 활보하던 좁은 거리도 매끈하게 닦일 것이다. 시장경제 사회에서 무엇을 탓하겠는가? 그러나 적어도 이를 두고 함께 탄식할 자격은 있다.

우리는 변명하지 않았다. 입으로는 인생이 망했다고 엄살이면서도 수능특강을 펼쳐 문제를 해결하는 데 시간을 투자하지 않았고, 그런 자신을 검토할수록 논리적으로 도출되는 불안을 도무지 부정하는 사람이 없었다. 누구도 탓하지 않았고 그저 자신의 앞날을 자조할 뿐이었다. 거 참 이타적인 친구들이었다.

다짐만 굳게 했다면 우린 다 명문대에 갈 수도 있었다. 수능이 뿌적뿌적 다가와도 우리는 독서실 현관에 걸터앉았을 뿐이었다. 깊은 우정을 나누는 사이 엄청나게 시간을 낭비했다는 것을 인정한다. 하지만 문제집과 인터넷 강의가 아니라 뼛속 깊은 절친들과 어울리는 것이야말로 열여덟 열아홉에 더 맞는 일이지 않는가? 이것은 물론 변명이다. 한탄의 형식을 띠고 있지만 대부분은 그냥 오는 미래를 받아들였을 뿐이었다. 이를테면 사랑하는 친구들과 독서실 문밖에서 치킨을 시켜 먹으면서. 미적지근한 현실이 서늘하게 다가오는 걸 느꼈지만, 내년에 우리는 스무 살이 될 예정이었다. 다가올 캠퍼스, 합법적인 음주, 나이에 얽매이지 않을 모든 순간을 기다리고 있었다. 주민등록증이 유의미해지는 시절을 기다리는 건 이상한 일이 아니다.

나 또한 고등학교에 들어서면서 학업이 일순위가 아니었다. 과장해서 자평하자면 나는 고등학교 3년 내내 어둠의 남학생회장 비슷한 역할을 했다. 여자애들은 나에게 별로 관심이 없고 기출문제가 머리 아파질 때 무엇을 선택할 수 있었겠나. 내가 잘 아는 남자놈들에게 인기를 구하는 수밖에. 집에서 제일 가까운 곳에 있는 학교였지만 그 동네에서 우리 집은 조금 멀었다. 역전 번화가에서 온 뉴캐슬 팬이라는 정체성으로 이미 서로를 아는 베드타운 남자애들의 세계에 진입한 것이었다. 나만의 USP는 농담이었다. 학교로 가는 시간은 버스로 20분, 또는 걸어서 30분. 그날 써먹을 농담을 떠올리기엔 충분한 시간이었고, 다행히도 우리 반 남자아이들의 취향에 들어맞았다. 보통 점심시간마다 칠판 앞에 아이들을 동그랗게 모아놓고 궤변을 설파했다. '"시발'은 왜 인간존중 사상을 담은 욕인가?', '아래층 여학생들보다 매점에 빨리 가려면 어떻게 해야 하는가?' 그때는 열광에 취해 의기양양했지만 적어놓고 보니 참으로 심란하다. 마흔 명 소년들의 머릿내로 진동하는 교실에는 짓궂은 소년들의 성깔이 함께 퍼져 있었고 나는 그 성깔을 효과적으로 선동했다.

이렇게 1학년 때는 친구들과 남자반의 마초 기운을 선동해 여자반의 미움을 샀다. 다음 해 그대로 그들과 같은 반이 되어 우릴 질려하던 불쌍한 여자아이들의 기를 죽였다. 물론 그들과도 잘 지내게 되었지만. 처음 친해진 친구들의 존재는 소중했다. 나는 원래부터 새로운 사람을 만나는 게 거북스러운 면이 있었기 때문이다. 누군가 "형제 있어?"라고 물었을 때 뭐라고 대답해야 할지 몰랐고, 돈이 없을 때 친구들과의 약속을 조용히 취소하는 이유를 똑바로 댈 수 없었다. 이것을 이해해주는 친구들이 생겼다는 것은 정말 귀했다.

아무튼 고3이 되어서도 마찬가지였다. 똑같은 녀석들과 몰래 맥주를 사다가 만원 네 캔을 알뜰히 비우고 학교 앞 공원 노상에서 독서실로 잠깐 출타하던 한량 같은 날들이었으니까. 학업에 지친 청소년기의 낭만적 일탈은 분명 아니었던 것 같다. 애당초 공부에 열심이지도 않았고 그때 나눈 꿈보다는 나눠 먹은 맥주 맛만 혀끝에 맴도는 듯하니.

그러니 뭘 기대했던 걸까. 나는 웃픈 분위기의 만연을 주동하면서도 그걸 은근히 남의 것으로 치부하기도 했다. 나도 스무 살이 될 예정이었다. 잊었나. 집안의 얼굴이자 최초의 남성부 서울대 합격자가 될 운명이 아니었던가. 열 살 이후로 대단히 미심쩍어진 운명이었지만 아무튼 믿고 싶었다. 허룩하게 대비한 학업성적과 함께였지만, 어릴 적부터 이어져 온 자존감 상승 프로세스가 최후의 약발을 다하고 있었다.

수능을 마지막으로 고등학교 3학년이 끝났다. 이미 정시 이전에 수시로 대학이 결정되는 친구들이 훨씬 많은 시대였고, 수능이란 반쯤 요식이었다. 수시 합격이 결정되는 9월께부터 시간은 빠르게 흘러갔고, 그러는 사이 친구들은 대개 성적만큼 정직한 대가를 받았다. 간혹 기대보다 못하더라도 안분지족한 친구들이 대부분이었다. 줄곧 독야청청 전교 1, 2등을 하던 모범생들은 역시나 좋은 학교에 갔다. 수능을 잘 봤어도 수시에 뒤늦게 합격해서('납치'라고 부른다) 조금은 억울하게 대학 생활을 시작하는 친구들도 있었다.

수능은 어쨌든 그해 650,747명에게는 유년을 마무리할 좋은 분기점이었다. 스무 살을 어디서 보낼 것인가, 이 물음의 답이 정해졌다. 모두 받아들였다. 이제 아무도 "인생 망했어"를 연호하지 않았다. 유년은 끝날 것이고, 어른이 될 준비를 다 마쳐야 했다. 대책 없는 냉소와 해학은 그만두고 수용과 적응에 익어야 할 때가 온 것이다.

그리고 나는 어른으로 진화하는 시기를 일 년만 미루기로 했다. 하루에 꼬박 열여섯 시간을 매일 재수학원에 박혀 지내게 되었다. 예상대로 수능에서 그저 그런 점수를 받았지만, 받아들이지 못했으니 말이다.

돌아보면 시간은 새롭고 특별한 일 앞에서 속력을 줄이는 것 같다. 유년이란 핑계를 붙일 수 있는 나이였을 때는 모든 게 새로웠다. 새로운 일이란 곧 서툰 일이었고, 서투른 일을 벌이고 있을 때는 좋든 싫든 시간이 느리게 갔다. 신경을 곤두세우고 경쟁 프레젠테이션 발표를 준비했던 스물둘의 봄, 인턴 생활을 시작하자마자 사업계획서를 붙들었던 스물셋의 여름도 물론이다. 누군가를 진심으로 좋아하는 마음을 오랜만에 깨달은 그해 봄, 그리고 그와 다시는 볼 수 없다는 것을 절감하던 가을날에도 그랬다. 즐거운 날들이 빨리 지나간다고도 하지만 사실은 좀 다르다. 정신없이 통과해오던 시간은 그 안에서는 분명 느리게 흐른 날들이었다.

나이를 먹을수록 서툰 일은 줄어든다. 시간도 그만큼 빨리 도망간다. 이것은 모든 일에 무감각해진다는 것을 의미한다. 매일 똑같아서 몸에 익은 일만 있다면 인터넷 강의를 빨리 감듯 하루가 지나가버린다. 나는 스무 살부터 스물넷까지 학원 강사와 과외선생으로 일했다. 똑같은 과목의 똑같은 내용의 강의를 하루에도 서너 번씩 했다. 지독히 익숙한 일이었고 전혀 새로울 것이 없는 사건들. 그랬던 시간은 있으나 없으나 의미 없이 흘러갔다.

스물둘 무렵 친하던 동아리의 어떤 이는 벤자민 프랭클린의 잠언을 인용했다. '사람은 25세에 죽어 75세에 묻힌다.' 그때 내 아버지의 나이가 74세였으므로 나는 재수 없는 소리 말라고만 했다. 나는 지금 25세가 훌쩍 지났고, 아주 어릴 때처럼 매사가 신기할 나이는 이미 지나버린 것 같다. 그렇다면 이제 시간을 빨리 흘려보내는 것밖에 도리가 없다.

그래도 어떤 날은 유난히 선명해서 한나절 전부가 기억되기도 한다. 예를 들면 세상 모든 사람이 알게 되는 큰 사건이 있을 때가 보통 그렇다. 나는 최근 두 번의 대통령 선거일에 무엇을 했는지 자세히 진술할 수 있다. 쫓겨난 전 대통령이 뽑힌 날에는 뉴캐슬 팬클럽 회원들과 충무로에서 만났다. 외출을 준비하며 투표율을 실시간으로 확인했고, 보쌈집의 큰 TV로 개표를 지켜봤다. 현 대통령이 당선됐을 때는 일어나자마자 여권을(취중에 주민등록증을 잃어버린 게 세 번째였을 것이다) 들고 나가 투표했다. 아버지와 나는 중국집에서 깐풍기를 먹으며 스마트폰으로 출구조사를 시청했다. 매우 기쁜 일이 있었거나 특별히 괴로운 일이 있을 때도 마찬가지다. 대학에 합격한 날, 예전 여자 친구가 고백을 받아준 날도 하루 종일 무엇을 했는지 선명하다. 당연하다면 당연하게도 그 친구와 이별한 날 역시 기억한다.

2014년 11월 13일도 마찬가지였다. 특히 선명한 건 그날 저녁이다. 어쩐지 그날을 그냥 지나쳐선 안 된다는 기분은 부모님에게도 있었다. 우리 가족은 자연스럽게 외식을 하러 나갔다. 아버지와 둘이 가던 단골 화상이 아니라 엄마가 권한 새로운 가게였고, 그날 이후 다시는 가지 않았어도 상호만은 여전히 기억난다. 깐풍기를 시켰는데 깐풍기 밑에는 양상추, 위에는 땅콩이 장식되어 있어 묘한 위화감을 느꼈다는 것도 기억난다. 물론 수저를 놓으며 아버지와 처음으로 나눈 대화도 기억할 수 있다.

"잘 봤냐?", "모르겠는데요. 봐야죠…", "몇 개 틀렸어?", "채점을 아직 안 해서…." 모른다는 건 물론 거짓말이었다. 공부에 도가 튼 사람만 성적을 가늠해볼 수 있는 게 아니다. 느낌이라는 게 있지 않나. 나는 그 느낌이란 걸 직접 전달하고 싶지 않았다. 흐려지는 내 말꼬리에서 아버지가 진실의 단서를 '알아서' 찾으시기를 바랐다.

그리고 이내 재수하겠다는 말을 꺼냈을 때의 어색한 공기도 너무 선연해 그 생각만 하면 몸이 뒤틀릴 지경이다.

그러나 재수학원에 등록하기까지는 조금 더 시간이 필요했다. 터무니없이 상향 지원한 H대학 사회과학부에서 뜻밖에 대기 번호를 받았기 때문이다. 처음에는 더 좋은 데를 가겠다며 코웃음을 쳤다. 하지만 실은 날로 다가오는 순번에 손톱이 남아나지 않았었다. 최초 합격자 발표에서는 '대기 번호 없음'이었다. 1차 추가합격자 발표가 나자 36번, 그다음 날은 19번, 또 그다음은 11번…. 참으로 사람을 환장하게 만드는 시스템이었다.

초조함이 극으로 치달은 나머지 추태를 보이기도 했다. 입시생이 가장 많은 커뮤니티인 네이버의 S카페에서였다. 그 카페에는 H대 사회과학부와 K대 경영학과를 모두 합격해놓고 고민하는 이들이 많았다. 이름값은 H대가 높지만 경영학과 타이틀이 아무래도 유리하니까. 나는 이와 같은 취지로 '저 같으면 좀 눈 낮춰서 K대 경영 갑니다. 사회과학 전공해서 뭐하나요. H대 복수전공도 잘 안 시켜준다는데? 어디 고대 그리스에서 취직하실 건지?(그러니 내 앞 순번에서 나가 달라)' 따위의 댓글을 달고 다녔던 것이다. 정말 추했다. 거기까진 좋았는데, "H대 사회과학부 7번인데 몇 번까지 빠질까요?"라는 제목의 글을 쓴 다음 날 여론 조작이라는 사유로 영구탈퇴 조치를 받았다. 순번은 7번에서 멈추고 말았다. 새벽까지 등록 의사를 묻는 전화를 기다리던 나는 끌려가는 심정으로 오전 6시 반 재수학원 통학버스에 올랐다.

정말이지 나는 이 빌어먹을 열아홉을 끝내고 싶었다. 이제 스무 살로 진입해서 남들이 하는 만큼을 하고 싶었다. 남들처럼 대학에 가고, 남들이 좋아하는 것을 좋아하고, 나를 찔리게 만들 내 안의 근성들은 조금쯤 모른 척하고 싶었다. 로빈 윌리엄스의 죽음을 받아들인 게 그 신호라고 생각했다. 내가 변했을 수는 있지만 성적이 변한 건 아니었고, 이상만 높고 노력에는 무심한 성정은 하나도 변하지 않았다. 그러니 아무 근거도 없는 것이었다.

스무 살은 계획에 없는 재수로 시작되었다. 인생이 망했다던 친구들이 어쨌든 대학에 다 들어가 있는 동안, 나는 겨울밤의 엄동 속에서 막차를 놓쳤을까 불안해하는 승객처럼 머리가 복잡했다.

5. 재수학원 블루스

"연기를 못해도 끝내주게 잘생겨서 주연을 따내는 배우, 맞춤법도 안 맞는 감성 글귀로 인스타 팔로워들에게 책을 팔아먹는 작가, 아버지를 잘 만나서 고등학교 생활기록부에 논문과 표창장을 첨부할 수 있는 고3 따위는 적어도 수능이란 판에 존재하지 않는다."

짙푸른 봄이 돌아오면 따가운 그 햇살 아래서
만나리라 우리들은 따분한 얘기를 나누러
학생회관 자판기 커피를 하나씩 뽑아
텅 빈 운동장을 한참 동안 바라보다가
누군가의 열린 창틈으로 새어 나오는 트럼본의 울림이
페퍼톤스, <청춘>(2014)

인정할 수밖에 없다. 어떤 드라마나 영화에서도 청춘의 배경은 캠퍼스다. 대학 새내기의 스무 살도 설익기야 하겠지만, 나는 입시에 실패해 아물지 않은 유년으로 스무 살을 맞은 소년이었다. 청춘이란 자리의 말석에도 못 낀 듯한 기분으로 일 년을 보낼 수밖에 없었던 것이다.

페퍼톤스 또한 사랑했던 밴드였다. 그들 초기작에 꼭 껴 있던 여성 객원 보컬의 달콤한 목소리만 좋아한 건 아니었다. 〈세계정복〉(2005)이나 〈남반구〉(2005)처럼 꿈같은 가사가 소년의 몽상으로 튀어드는 발랄한 멜로디가 좋았다. 그럴 때가 있었지만, 어느새 그들의 노래는 훨씬 현실 세계에 가까워졌고 객원 보컬에 의존하던 가창력은 유희열 씨의 훈련으로 깔끔해졌다. 내가 갈피를 못 잡고 스물로 흘러갈 때, 페퍼톤스는 어느덧 캠퍼스 라이프를 노래하고 있었다. 그들은 카이스트를 나온 어른들 아니었던가. 어떤 면에서는 배신을 당한 기분이었다. 재수학원 통학버스에서 짙푸른 캠퍼스의 봄을 상상하는 건 너무 처량했다. 이 노래가 흘러나오면 꼭 미간을 찌푸리며 다른 곡을 찾았다. 작년에는 신보를 반가워하며 잘만 들었던 노래란 사실을 애써 외면하면서.

대신 위안이 되었던 건 당시 데뷔했던 '여자친구'의 〈유리구슬〉이었다. 예전의 우상들과 달리 어쩐지 아득한 아이돌은 열패감의 대증요법으로 괜찮았다. 아련하고 풋풋한 아이돌, 남자아이에게 그 이상의 무엇이 필요할까. 사랑스럽고 편안하다. 둘 중에 하나도 어려운데. 그들에게 마음을 맡기고 창문에 기대 잠드는 것이 스무 살의 매일 아침이었다. 서울 남쪽 위성도시에서 아이들이 모여들면 오전 7시 반이었다. 버스 창가는 스물들의 이십 년 어치 한숨으로 뿌옇기만 했다.

쏟아지는 아이들 사이로 잠에서 깨어 가방을 추스르면 꼭 이어폰이 한 짝 빠져 있었다. 학원으로 들어서며 나는 부스스한 눈알을 굴렸다. 트와이스도 마마무도 아닌 이 애매한 인지도의 그룹(그때는 그랬다)을 좋아하는 취향이 이어폰 밖으로 새어 나가는 것은 아닐까?

노란 통학 버스에서 내려 매일 출석하게 된 학원은 평촌 학원가에서 유일하게 건물을 홀로 쓰는 곳이었다. 적어도 1층 응접실은 자동차 대리점처럼 통유리로 노출되어 세련되고 넉넉했다. 교실도 첫눈에는 그랬다. 책상은 합판을 겹쳐 만든 공립학교식(式)이 아니라 매끈한 플라스틱이었고, 의자도 칠 벗겨진 데 없이 말짱한 베이지색 프레임이 더없이 깔끔했다.

그러나 첫인상은 채 몇 시간을 가지 못했다. 버스가 모여들고 경기도 남부 곳곳에서 온 아이들을 토해낼수록 강의실에는 오륙십 명씩 욱여넣어졌다. 매끈하던 책상에는 금세 지우개 가루가 덩어리져 날렸다. 지우개 분진이 기침을 얼마나 유발했는지는 모르겠지만, 뒤쪽 창가 여학생부터 교탁 앞 반장까지 감기가 옮는 데 채 보름이 걸리지 않았다. 나는 졸음을 견디려 교실 맨 뒤 입식 책상에서 하루 종일 서 있었다. 거기서 비좁은 501호를 조망하면 쉽게 관찰할 수 있는 사실이었다. 그래도 5층에서는 유일하게 창문이 있던 우리 반의 이름은 'A1.' 문과에서 가장 성적이 높은 학생들을 모아놓은 반이었다. 2015년 2월의 이야기다.

그해 학원가 문과 1반의 주류는 운 나쁜 외고생들이었다. 재수학원의 반 배정은 보통 전년도 수능의 표준점수를 기준으로 한다. 전년도 시험은 유독 국어가 어려웠다. 영어와 수학에서 만점을 맞고도 국어에서 당황해 미끄러진 특목고생들이 많았다. 이들은 내가 추가 모집을 붙잡던 연말부터 일찌감치 평촌으로 모여들었다. 모두 안양, 군포, 수원, 멀리는 과천과 안산에서 온 모범생들이었다.

우리 반의 첫인상으로 가장 강렬하게 다가온 건 그 집단 절반쯤의 희한한 복색이었다. 평범하기 그지없는 트레이닝복이나 후드티가 절반을 차지했다면, 나머지 절반은 유니폼을 입고 있었다. 교복은 아니고 대학교 과 잠바 같은 건데, 뜻을 금방 짐작할 수 없는 이니셜을 등판에 새겼다. 'GCFL'이 대체 뭐란 말인가? 과천외국어

고등학교란다. 확실히 해두자. 절대 외고나 국제고에서 단체복을 맞추는 풍속을 비난하고 싶은 게 아니다. 나도 대학에 들어가 '과잠'과 '돕바'를 맞춰 입었으니까(솔직히 내가 지닌 겨울옷다운 겨울옷은 코트와 숏 패딩 한 벌, 그리고 돕바가 전부다). 다만 그다음 문과 1반의 느낌으로 다가온 게 그런 옷을 입는 애들 몇의 꼬락서니였을 뿐이다.

이 친구들은 이랬다. 어느 날은 점심 때 '건국'우유를 줬다고 정말로 성을 낸다. 그날 우유를 먹지 않은 날(다이어트 때문이었다) 유심히 관찰했는지 친근감을 표한다. 그러다가도 수업 필기 노트를 한 번만 보여 달라니 정중하고 재수 없는 웃음으로 거절한다. 월간 모의고사 이틀 후 복도에 50등까지 실명과 등수를 붙여내는 빌보드에 일희일비한다. 국어 점수만은 높은 편이었던 내게 시험 후 관심을 표한다. 그리고 항상 50~60점쯤 하던 내 수학 점수를 확인한 뒤

안도하고 돌아간다. 수업시간에 졸다가 필기를 못한 것도 사실이고, 단 한 번도 '차트 인'을 하지 못한 내가 우스울 수도 있다. 아무리 그래도 그렇지, 어떻게 내 점수를 듣자마자 대놓고 실실 쪼개며 돌아설 수 있나. 너무 노골적이라 순수할 지경이었던 이런 행동양식은 그 잠바를 입는 친구들에게서만 볼 수 있었다.

그나마 대화다운 대화를 나눴던 친구(J라고 하자)가 있었다. 완벽한 모범생이었다. 짙은 테와 훨씬 짙은 도수의 안경, 파묻히다시피 문제집에 몰두하는 모습, 교탁 바로 앞자리를 삼월부터 오월까지 고수하던 의지, 무엇보다 가끔 영어 지문을 질문하는 나에게 비추던 한심하단 눈빛까지도. 그래도 몇 번인가 얘기해보니 그는 나처럼 록을 사랑하고 이념에 관심이 많은 친구였다. 그걸 숨기는 듯 언뜻언뜻 알아주기를 바라는 눈치가 엿보였고, 어쩐지 동류를 발견한 것처럼 섣부른 흥미가 생겼다. 필통에 전자기타 피크가 있고, 쉬는 시간에 『자유론』을 읽는다면 – 호기심이 돋는 것이다. 범생이와 언더독, 둘 중에 무엇이 녀석의 정체에 더 가까울 것인가 하는. 답은 곧장 나왔다.

"나는 드림 시어터를 자주 들어."

"그게 메탈이라기엔 너무 대중적이지 않나?"

"사회주의라는 이념이 원래 나쁜 건 아니잖아(이런 주제를 재수학원에서 꺼낸 나도 할 말은 없다)."

"그건 구시대의 유물이잖아?"

할 말을 잃게 만드는 대화 속에서 J가 선사한 깨달음이 있기는 했다. 녀석 앞에서 내 '기이한 취향'이랄 것은 그저 얕은 게 아닐까 하는 것. 그러니까 데스메탈을 좋아하고 이념서를 훨씬 열심히 탐독한 녀석에게 나는 마니아 자격조차도 없었다. 바로 이런 식의 홍대병은 아주 어릴 때부터 내가 지니고 있는 것이기도 했다. 그러나 꿈틀거리는 짜증에 자기성찰도 호기심도 미뤄두었다. 이게 다 한국식 범생이들의 한계라는 생각을 하면서.

하긴 그들도 내가 달갑지 않긴 매한가지였을 것이다. 고등학교 이후 처음으로 맞은 준거집단, 그곳의 주류와 동떨어지게 되었다. 지금 보면 당연하지만 그때는 당황했다. 나도 등판에 뭐라도 써 붙여야 하나? 불가능한 일은 아니었다. 아니면 수학 점수를 끌어올려야 하나? 이건 어려웠다. 그렇지만 둘 다 싫었다.

비아냥대자면, 걔네들과는 출신성분부터 조금 달랐던 것 같다. 나는 공립 고등학교 출신이었고, 수학과 영어에서 깎인 점수를 국어로 메운 덕에 턱걸이로 문과 1반 커트라인에 들었기 때문이다(사실 다른 학원이었다면 2반에 가야 했을 것이다). 특히 들어가자마자 치른 사설 모의고사에서 수학 47점, 그다음 달에는 OMR카드 마킹을 잘못해 '8점'을 찍는 기염을 토했다. 당연히 3월에도 4월에도 반에서 꼴찌였다. 교무실에서 듣기로는 학원 역사에 남을 화려한 데뷔였단다.

나도 내가 꼴등이란 사실을 받아들이기는 어렵지 않았다. 수능과 모의고사 점수란 정직하기 때문이다. 아무리 운이 좋아도 4등급이 1등급이 되는 일은 일어나지 않으며, 전 과목 만점을 우연히 맞은 친구는 있을 수 없다. 변명의 여지가 없었던 것이다. 연기를 못해도 끝내주게 잘생겨서 주연을 따내는 배우, 맞춤법도 안 맞는 감성 글귀로 인스타 팔로워들에게 책을 팔아먹는 작가, 아버지를 잘 만나서 고등학교 생활기록부에 논문과 표창장을 첨부할 수 있

는 고3 따위는 적어도 수능이란 판에 존재하지 않는다. 비싼 사교육으로 성적을 올리는 부자 아이들이 있겠지만, 돈이라도 쓰는 노력이 가상하지 않은가?

나는 그때까지도 재수학원에 들어왔다는 것의 진정한 의미를 몰랐다. 나는 학교에서 학원으로 옮겨 온 것이었다. 이야기에는 목적이 필요하며, 목적은 대학이었고, 필요하지 않은 말은 필요하지 않다. 반에서 꼴찌인 나는 대화해봤자 얻을 게 없는 친구였다. (고등학교 '사회문화' 과목의 표현을 빌리자면) 수단과 목적이 지배하는 집단의 일원이라는 것은 꼴찌에게 슬픈 일이었다. 학교는 아무런 공통점 없이도 모두와 친해질 수 있었던 전인격적 공간이지만, 학원은 달랐다. 친해지자면 어떻게든 대화를 이어갈 꼬투리를 찾아야 했고, 다가가려면 스스로 가치를 증명해야 했다. 이러하지 않은 곳이 없다는 진리를 깨닫기까지는, 이때부터도 한참 오랜 시간이 필요했다.

나는 혼란스러웠고 어쩔 줄 몰랐다. 이 또한 적응하고 수용할 줄 알아야 침착하게 어른의 길로 들어설 수 있었을 것이다. 그러나 나는 아직 유년을 졸업하지 못했다. 자꾸만 왔던 길을 되짚어 집으로 돌아가고 싶었다. 모두 내 이름을 알고, 어둠의 남학생회장이었던 내 진가를 알아주는 친구들이 있는 곳으로. 약아빠진 스무 살 모범생들 말고, 아직 열일곱에서 열아홉에 머무르고 있을 유쾌한 녀석들이 그리워진 것이다.

정신을 차려보니 오월이었다. 봄기운에 홀려 있다 눈을 떠보니 다시 혼자가 되어 있었다. 슬슬 반팔이 몸에 익었다. 점심때 자다 깨어보면 모두가 그 시간을 쪼개 문제집을 풀었고, 뭘 하다 이제 일어났냐는 듯 한둘씩 나를 쳐다보고는 했다. 낮잠은 나른하지만 야릇한 우울과 환멸도 주었다. 문과 1반 꼴찌의 열등감이 머릿속을 맴돌았다.

그걸 억지로 감내하던 어느 점심시간이었다. 수학 문제집을 붙들고 있었는데, 막혀버린 문제를 데면데면하지 않게 물어볼 사람이 없었다. 옥상으로 나가는 수밖에 없었다. 학원가의 간판과 인서울 진학비율이 내걸린 현수막에 햇빛이 부서졌다. 큰 숨을 한 번 쉬었다. 이윽고 빈 교실을 찾아 내려왔다. A4 용지 상자를 주워 곧장 책들을 옮겨 담고, 교무실로 가서 퇴원 신청을 했다. 아버지와 상의한 일이라고 했지만 거짓말이었다.

2층에서 1층으로 내려오는 동안 그 볕이 외곽순환도로 고가에 가려질까 무서웠다. 뛰듯 내려오는 동안 백팩도 종이상자도 무거웠지만, 다행히 햇빛은 여전했다. 집으로 가는 길이 훤히 트인 버스 맨 앞자리에 앉아 졸면서 익숙한 정류장에 도착했다. 유년이 아로새겨진 동네로 돌아오는 낮 기운에 잠깐, 눈물 나게 행복했던 기억이다. 나는 정말 내 인생의 영토를 조금도 넓히지 못하고 스무 살 다음을 맞으려던 걸까? 재수학원 삼 개월 만에 나는 승려와 사제에게도 어렵다는 독학 재수를 시작했다.

하지만 그것은 내가 궤도에서 이탈했다는 것이기도 했다. 그 궤도란 성공적 대입을 조력하는 누군가로 둘러싸여 있다. 대형 학원의 정치한 커리큘럼과 강사진, 졸음을 깨우는 사감 선생, 당장 눈앞에 보여 몸이 달게 만드는 경쟁자들…. 이런 것들 없이도 수능을 잘 본다는 건, 즉 그 모든 좋은 조건 속에서 공부한 경쟁자들을 밟고 올라선다는 건 불가능하다. 천재이거나 정말 비상한 각오를 악물었거나 학원 밖 다른 유희에도 흔들리지 않는 참을성이 있지 않다면.

물론 내가 수재를 자임하던 시절은 열두세 살 언저리에 끝났다. 지금 와서 돌아보면 결말은 예정된 일이었다. 학원을 나왔다는 것은 의미하는 바가 컸다. 인내심의 빈곤, 조금이라도 고된 것은 피하고 당장 안온한 길로만 찾아드는 습성. 아무리 변명을 쥐어짜봐도 학원 생활을 못 배기고 도피한 것이었다. 어떻게든 적응하지 않고 회피하기. 이것은 놀랍도록 비슷한 패턴으로 내 20대를 지배하게 된다.

기이한 취향들을 제외하고도, 내 딱한 콤플렉스는 다양한 측면에서 뿌리박힌 것이다. 이를테면 나는 유독 셈에 약했다. 이를 일찍이 간파한 아버지는 수학 교육에 매우 공을 들였다. 그는 공대를 나왔는데 아들은 주먹구구도 틀려먹으니 여간 걱정스러운 일이 아니었을 것이다. 꽤 오랫동안 당신이 직접 공부를 시키려고도 하셨다. 하지만 어르고 달래고 혼내고 때려봐도 벽창호였다. 학원이나

과외선생님 같은 전문가의 손에 맡겨진 중학교 이후에도 마찬가지였다. 놀랍지만 당연하게, 수학 문제집을 단 한 번도 끝까지 풀어본 일이 없다. 내 세계관에서는 신기하게도 끈기와 고집이 반비례해왔다. 조금이라도 마음이 가지 않으면 하지 않았다. 조금이라도 마음이 떠나면 역시 돌아섰다. 수학을 잘하는 유전자를 물려줬어야지, 그건 엄마랑 아버지 몫 아닙니까? 이렇게 변명하기에는 회피한 게 너무 많았다.

그 봄날, 나는 집에서 오랜만의 고요를 누리고 있었다. 퇴근한 아버지는 나를 보고 놀랐다. 학원은? 내가 채 몇 마디를 하기도 전에 그는 사태를 모두 파악했다. 그는 질리고 말았다. 어릴 때 투정으로 끝날 줄 알았던 저놈의 고집이 기어이 사단을 내는구나. 이것이 내가 애쓰지 않아도 읽을 수 있는 당시 아버지의 심경이었다.

학원에 돌아가라, 그럴 수는 없다…. 고성을 내며 저녁나절을 싸웠지만, 아버지는 내 고집을 꺾지 못했다. 그는 나와 대화를 그만두었다. 다음 날 아침 시골로 내려가서 올라오지 않았기 때문이다.

6. 모르면서도 알고 있는 것들

"그 친구는 나에게 엑소를 '영업'했고 나는 여자친구를 영업했다. 생각해보면 그건 서로에게 별 소용이 없었던 것 같다. 내가 걸그룹을 무슨 말로 포장했는지는 기억나지만 그 친구가 자기의 우상을 어떻게 설명했는지는 조금도 기억나지 않기 때문이다. 그걸 알면서도, 각자의 취향을 역설하며 짐짓 서로가 설득될 리 없다는 것을 모르는 체한 것이다."

그 무렵 아버지는 두 차례 암 수술을 받았다. 지금도 격통에 시달리고 있을 중병환자들에게는 면구한 소리지만, 그 연세에 찾아든 암을 그렇게 넘긴 것은 다행이었다고 생각한다. 그해 아버지는 우리 나이로 딱 일흔이었다. 첫 번째 수술은 쉬웠다. 대장에 용종이 있었고, 초기에 발견된 것이라 배를 열지 않았다. 두 번째도 어려운 건 아니었다. 암세포가 간으로 옮았다. 20%의 간을 잘라냈지만 그뿐이었다. 다만 그 뒤가 좀 길었다. 아버지는 24개월 동안 한 달에 한 번씩 항암 치료를 받아야 했다. 치료제를 투여하고 며칠은 손바닥이며 얼굴까지가 꺼멓게 바래가곤 했다. 일찍 진압된 암이니 그렇게 강한 약이 쓰이지는 않았을 것이다. 그렇게 느낀 건 칠십 노인의 백발이 낯빛과 너무 세게 대비되었기 때문일까.

원래부터 아버지의 머리카락은 유독 새하였다. 기억이 맞는다면, 그는 2003년 이래 일 년의 절반 이상 검게 염색을 했다. 머리가 일찍 세는 게 집안 내력이었다. 1997년 아버지가 53세였던 내 돌

잔치 사진을 보면 머리칼이 날카로울 정도로 새하얗다. 그때쯤의 모습이 담긴 KBS 뉴스광장 비디오테이프도 마찬가지다. 지금은 재생하기도 어려운 VHS 테이프엔 염창동 일대 재개발을 보도하는 뉴스의 한 꼭지가 담겨 있다. 아버지는 재개발 구역 보상과 아파트 신축을 담당한 건설회사 상무로 인터뷰를 했는데, 역시나 머리가 하얗다. 시간이 흘러 다섯 살, 일곱 살쯤에 들어서의 사진첩을 넘겨봐도 비슷했다. 경조사에 참석하거나 말거나 텔레비전에 나오거나 말거나 사업상 사람을 대하거나 말거나 하얀 머리를 부끄러워하지 않았던 아버지였다.

그런데 사진첩을 넘겨보면 내가 초등학교에 들어갈 즈음부터 머리가 까매졌다. 따로 물은 일이 없으니 이유는 모르겠다. 그렇지만 떠오르는 건 있다. 학교에 찾아오시는 날에 친구들이 아버지를 가리키며 "너 할아버지 오셨어!"라고 천진하게 말했던 기억 말이다. 더러는 선생님들도 비슷한 반응을 보이다가 이내 얼굴이 빨개져 당황하는 일이 비일비재했었다. 아이들은 내가 "우리 아빤데?"라고 하면 "머리가 하얀데??"라고 되묻고는 했다(그 어리둥절함을 물음표 하나로 묘사할 수 없다). 이해한다. 솔직히 말해 뭐가 상식적인 추론이겠나? 아버지도 나도 비슷한 상황을 겪은 게 한두 번이 아니다.

그럼에도 작지만 앳된 눈과 둥그런 얼굴형 덕분에 좌우지간 염색만 했을 때라면 그는 전국의 1945년생 가운데 외양이 가장 젊은 축에 들었다. 꼭 아들로서의 콩깍지는 아니었다. 아버지의 동창들 여럿을 만나보고 나서 나는 진심으로 그렇게 생각했다. 그것을 은근히 자랑스럽고 또 다행스럽게 여겼었다.

아버지는 치료를 받으러 한 달에 한 번 서대문 삼성병원을 오갔다. 그 무렵 부모님은 완전히 따로 살고 있었다. 나는 엄마와 수원 집에 살았고, 아버지는 몇 년 전부터 영주의 과수원에 있었다. 누구도 그러자고 하지 않았지만 어쩌다 보니 물리적인 별거가 자연스러워져 있었다. 그리고 누구도 그러지 말자고 하지도 않았다. 아버지 생각이야 좀 다르긴 했지만.

우리 가족이 쫓겨난 한강변 아파트가 염창동에 있었다. 아버지가 건설회사 현역에 있을 때 직접 지은 그곳이었다. 쫓겨 간 곳은 수원이었다. 수원에는 아버지가 운영하던 건설용역업체, 쉽게 말하면 인력사무소가 있었다. 건설 사업을 완전히 접고 인맥이 남은 현장에서 인력을 알선하려던 것이었다. 공사 현장에서 어느 날 인부 몇을 보내 달라고 전화하면 사무실에 등록된 인부 가운데 적합한 사람에게 전화를 건다. 비슷한 통화를 네댓 번은 해야 하나가 성사되는 꼴이었다. 이밖에도 일하러 나간 인력이 펑크를 낸다거나 임금이 밀리는 일도 많았다. 거칠게 살아온 십장들을 상대하는 일 역시 버거웠다. 아웃소싱은 사실 모두에게 버겁다. 뭘 책임진다고 하기는 애매한데 신경 써야 할 사람은 한둘이 아니었다. 원래가 수수료를 떼어야만 이익이 나는 일이니 양쪽에서 좋은 소리를 듣기도 어려웠다. 아버지는 건설 현장에서 평생 현장소장을 했고 공사판 밥도 먹을 만큼 먹었지만 중간자의 입장에 끼어보는 것은 처음이었던 것 같다.

어찌 됐든 수원 사무실에 십 년을 있었다. 아버지는 그러는 동안 꾸준히 머리에 검은 물을 들였다. 내 친구들 볼 일이 있을까 봐 그러신 것인지, 아니면 사람 상대하는 일을 해야 해서 그러신 건지. 타인에게 비치는 모습 때문이니 따지고 보면 비슷한 이유지만, 그나마 후자였기를 바랄 따름이다.

그 일들이 질려서인지는 모르겠지만, 아버지는 언젠가부터 시골에 사과나무를 심었다. 과수원은 할아버지 평생의 업이었다. 농림부 공무원이었던 할아버지는 은퇴한 이후 40년 가까이 사과밭을 일궜었는데, 아버지는 이걸 물려받기로 했다. 귀농이었다. 주중에는 수원의 사무실에서 일을 보고, 금요일부터 일요일까지는 시골로 내려가 땅을 다지고 나무를 관리했다. 아버지는 내가 재수를 시작할 즈음 두 번째 수술을 받았고, 몸을 추스르자마자 마침내 인력사무소를 정리했다.

그 뒤로 아버지는 영주에서 홀로 지냈다. 한 달에 한 번 항암치료를 겸해 수원 집에 들러 하루를 자고, 볼일이 더 있으면 하루 이틀 더 머무르다 돌아가고는 했다. 엄마는 함께 내려가지 않았다. 이미 완전히 지친 탓에 아버지와 더 대화할 의지를 상실했다. 생활은 나아질 기미가 없었고 아버지가 사업을 정리할 때쯤엔 살림에 의미 있는 보탬을 하지 못하는 지경에 이르렀다. 여차저차 아버지는 엄마가 영주로 함께 내려가기를 바랐다. 그러나 엄마는 연고도 없고 환영받은 적은 더더욱 없는 그 땅에서 살 마음이 없었다.

나는 시간이 나면 가끔 아버지를 보러 갔다. 이때부터 나를 제외하면 부모님을 잇는 끈은 거의 끊어진 것이나 다름없었다. 서로 동거인이었지만 이제는 그것도 아니었다. 나는 의무감 반 자의 반으로 아버지의 과수원에서 며칠을 보내다 왔다. 미국 드라마에서 보던 아빠와의 주말 같은 것이었다. 드라마 속 아빠들이 맥주와 피자 이상을 상상하지 못하는 것처럼 우리 부자는 점심 겸 반주로 모든 것을 퉁쳤고, 지금도 그러고 있다.

그 시기를 기점으로 아버지의 동안(童顔)도 제 나이를 찾았다. 매달 병원 일로 올라오는 아버지를 만날 때마다 머리 색깔이 쭉 빠지는 것이 느껴졌다. 누구를 만날 일이 없으니 더는 검은 머리를 유지할 이유가 없었다. 아버지의 머리 색깔은 이내 완전히 하얗게 돌아갔다.

수술을 마친 이동형 침상 위에서 고통스러워하던 모습이나 항암 치료로 갈라진 손바닥을 보여주며 웃던 얼굴은 그냥 말문을 막히게만 했을 뿐이다. 아버지가 정말로 늙어 간다는 것을 좁아진 어깻죽지나 지벅거리는 걸음걸이, 이제는 조금도 검지 않은 머리에서 느낄 때가 정말 눈물이 날 뻔하던 순간들이다.

내가 우격다짐으로 재수학원을 뛰쳐나온 것은 아버지가 그렇게 늙어 가던 시절이었다.

아버지가 나를 보지 않으신다는 건 독학을 도와줄 사람이 없어졌다는 뜻이기도 했다. 나는 학원을 나오면 아버지가 독서실 등록금 정도는 내밀어주시지 않을까 하는 어이없는 생각을 했었다. 왜? 대학 등록금도 아닌데. 나는 일요일 아침에 한 시간 반씩, 고3이었던 친구 동생의 과외선생으로 한 달에 10만 원을 받고 있었다. 독서실 등록금도 안 되는 돈이었다.

안온한 길만 찾는 여행자가 다음으로 의지할 방법은 하나였다. 구원 요청하기. 나는 주변에 광고를 돌렸다. “야, 오랜만이다. 나 학원 때려치웠다!”, “선생님! 저 학원 그만두고 나왔습니다!”자못 유쾌하고 호탕한 전화 속 음성과 메시지였지만 사실은 어떻게든 도움받을 구석이 있지 않을까, 하는 은근한 기대가 담겨 있기도 했다.

그 알량한 속내를 다 알면서도 나를 도운 이들이 많았다. 과외를 하던 친구네는 내 사정을 듣고 선선히 과목과 시간을 늘려주었다. 일주일에 두 번씩 두 과목, 월 40만 원이나 되는 과외비를 대학도 못 간 초짜 선생에게 안겨준 것이다. 친구네 어머님은 동네에서 순댓국집을 했다. 찬이며 뚝배기가 넉넉하기로 이름난 곳이었다. 수업으로 방문할 때마다 차려주던 다과마저 너무 푸짐해서 그걸로 한 끼를 때울 수 있을 정도였다. 학생이 문제 푸는 옆에서 빵과 우유를 부스럭부스럭 까먹었으니 선생치고는 참 징그럽다. 하지만 밥값은 그대로 굳는 것이라 아주 고마운 일이었다. 나는 선심에 보답하려고 애썼다. 조금은 둔하던 녀석의 성적 상승세를 어찌할까 고민하는 것으로. 지금도 마찬가지다. 언젠가 순댓국집에 들러 밥값으로 돈뭉치를 턱, 내놓는 객쩍은 상상을 해보곤 한다.

고3 시절 잠깐 논술을 배웠던 강사 선생님은 조교 자리를 제안했다. 항상 혼자 수업을 하던 분이었고 오롯이 나 때문에 만들어준 자리였는데, 나는 체면이랄 것도 없이 달려가 모범답안을 작성하거나 답안지를 첨삭하며 꼬박꼬박 시급을 챙겼다. 투입된 반의 여학생에게 과외를 의뢰받는 행운도 있었다. 수능이 끝나고도 선생님은 나를 노량진의 큰 학원에 데려가 일자리를 만들어주셨다. 그다음 해까지 수지나 분당의 이곳저곳으로 나를 태우고 가서 좋은 '조교 자원'이라며 쇼케이스를 시켜주기도 했다. 그 덕에 몇 년간 과외나 학원 아르바이트를 구하는 통로를 얻을 수 있었다. 물론 주된 구직 방법은 새벽녘에 혼자 전단지를 붙이거나 중개업체에 전화를 돌리는 거였지만.

마지막으로 오래된 친구들에게 연락했다. 아마 대학가 중간고사 기간이었을 것이다. 새로운 집단에 들어가 있기는 이들도 마찬가지였다. 새로운 사람들을 만나는 건 물론 즐겁다. 하지만 에너지를 너무 많이 소모하는 일이기도 하다. 말을 붙여야 하고, 믿을 만한 사람인지 살펴야 하고, 분위기에 맞춰야 하고, 어떤 날은 광대 노릇을 하면서 적당히 말을 아껴야 한다. 길쭉한 주점 테이블에서 모두가 귀를 기울일 농담과 나보다 앞사람이 거북할 내밀한 얘기 사이에서 중도를 지켜야 하는 것이다. 때로는 맨정신으로, 때로는 취중에 이런 고민을 하거나 다음 날 아침 후회하는 일은 스무 살의 우리에게는 아직 익숙하지 않은 일이었다. 스물 언저리의 나날, 우리는 미련하게도 사람을 쉽게 만나고 쉽게 믿어버리곤 했다(그러다가 상처 입은 경험이 모두 있었으니, 후기 밀레니얼들이 '가볍고 휘발되는 관계를 지향하는 WHOriend를 추구하는 것도 당연하다). 그랬다. 새내기로 두 달을 보냈다는 건 그런 고민을 하지 않아도 되는 편안함을 찾을 때라는 것이기도 했다.

친구들은 나를 쉽게 만나주었다. 시험 기간이라는 것에 전혀 개의치 않고, 학원을 관뒀다는 소식에 의외라는 기색도 없는 흔쾌한 미적지근함이 전혀 놀랍지 않았던 것 같다. 내가 그만큼 뻔한 친구였다는 걸 잘 알고 있었다. 비슷한 부류가 아니라도 절친해질 수 있던 시대의 친구들이니, 그런 통찰쯤은 가지게 되는 걸까. 이 길동무들은 나에게 10만 원씩 송금해주었다.

나는 단 한 번도 돈을 빌려 달라거나 일자리가 필요하다는 이야기를 직접 꺼낸 적이 없다. 뭐라도 얻어볼 수 있을까 하는 영악함이 분명 있었지만, 술을 홀짝이다 보면 알량한 의도와 무관하게 진짜 한숨과 넋두리가 새어 나오곤 했다. 혼자서 재수를 시작하던

오월 무렵, 나는 생각보다 훨씬 많았던 주변의 호의에 어리둥절했다. 왜들 이럴까? 이유는 정말 몰랐지만, 적어도 그게 부끄러운 것임은 알고 있었다. 말은 독학이었지만 사실 여럿의 힘을 빌어야 한다는 것 역시 알았다. 하지만 내가 마지막까지 먼저 연락하지 못한 사람이 있었다.

아버지가 사과밭을 일구시겠노라고 했을 때 나는 반가웠다. 산촌의 농군이야말로 내성적인 사람에게 가장 어울리는 직업이다. 단순히 '경상도 어른'이란 말로 다 설명할 수 없는 아버지의 성정을 누구보다 잘 알았다. 물론 아버지는 무뚝뚝했지만, 생각이 많기도 했고 우유부단하기도 했으며 사람들이 다 그렇듯 바깥에서 외향이란 가면을 쓰는 것을 고되게 여겼다. 내면 밑바닥에 고여 있는 우리 집의 민망한 가정사와 그것이 초래한 일들은 더욱 괴로웠을 것이다.

그 문제로 아버지 탓만 하기에는 그를 오늘날까지 떠밀어 온 것이 없지 않다. 나의 존재는 나보다 그의 인생을 훨씬 더 많이 헝클어놓았다. 일단 내가 이 집에 들어서게 된 것부터 그의 오롯한 의지는 아니었다. 아버지는 1945년생이었고 장남이었으며 1919년생의 할아버지는 장남에게 아들이 없는 걸 마땅찮게 여겼다. 1990년대 중반의 지연된 시대상보다 몇 세대 이전의 인물들이었다. 아버지는 이런 가족사에 약점이 잡혀 사장이 되지 못했다. 뒤에서 수군거리는 것을 감당하느니 사업으로 뛰어들었지만 십여 년 동안 벌인 일들은 하나같이 실패했다. 그는 이십 년 가까이 누나와 나를 한 번이라도 만나게 하려고 노력했지만 누나 쪽에서 항상 거절했다. 나는 누나의 반응이 당연하다고 생각한다. 그러나 아버지는 이 간단한 일조차 성사시키지 못하는 것을 괴로워했다.

그는 회사에서 벌어진 고도의 '정치'나 사업할 때의 사정이나 할아버지나 누나를 탓한 적이 없었다. 아버지는 바닥에서 자수성가한 인물이었다. 환경 탓을 하는 성정일 수 없었다. 자기연민이 적다는 건 좋았다. 하지만 반대로 무엇이든 홀로 삭여야 했다. 결과적으로 그건 좋은 게 아니었다. 그의 스트레스는 곧잘 집에서 분출되곤 했다. 객관적으로 바라본 아버지의 가장 나쁜 성질이었다. 아버지는 폭력을 휘두른 적은 없지만 역성은 자주 냈고 정말 가끔 물건을 집어던졌다. 싸움의 도화선은 두 분이 비슷하게 제공했다. 하지만 따지고 보면 아버지는 엄마에게 성질을 부릴 자격이 없었다.

우리 '가족'의 이십여 년은 조마조마했기에, 엄마가 영주로 내려가지 않은 것을 당연하다고 생각한다. 아버지에게 필요한 건 홀로 곱씹고 삭여버리며 흘려보낼 시간이었다. 그래야 한다는 것을 누구보다 내가 잘 알고 있다. 나도 아버지의 피를 물려받았기 때문이다. 물건을 집어던지고 싶은 충동과 싸워서 이겨야 하고, 성나는 일이 생기면 별수를 쓰지 못하고 몇 시간 동안 걷다가 돌아오는 것이 고작인 것이다.

삼백 그루나 되는 사과나무를 혼자 관리하는 일이야말로 분노를 가장 잘 삭일 수 있는 일이다. 나뭇가지를 치고 밭에 비료를 뿌리고 이따금 발에 마당 개가 채이면 밥을 주고…. 그렇게 지나가는 하룻나절이 그럴 수밖에 없다. 아버지가 농군으로 지내는 동안 속을 가라앉히며 대체 나를 어떻게 되어 먹은 아들놈으로 생각하셨을지, 서울로 다시 올라와 마주할 때까지 그 심경이 어떻게 달라지셨을지 상상하고 싶지 않다.

아버지는 한 달 뒤 치료를 겸해 올라오셨다. 과수원에서는 사과꽃 만개하는 철을 이미 지나쳤다. 파란 풋사과를 칠월 말에 딸지 팔월까지 농 익혀 딸지를 가늠하는 시기였다. 나에게는 홀로 하는 재수 생활이 어느 정도 정립되었을 때이기도 했다. 아침 일곱 시부터 새벽 두 시까지 하는 독서실을 구해놓았고, 인터넷 강의도 결제했고, 주말에는 학원 조교와 과외로 지루할 틈이 없었다.

우리는 그 무렵 조용히 다시 만났던 것이다. 과외를 마치고 오랜만에 집에서 저녁을 먹으려던 주말이었던 것 같다. 흘긋 나를 보던 아버지께서 시선을 허공 어딘가에 두고 입을 여셨다. “나가서 밥 좀 먹자.” 반주 없는 맹탕 식사란 우리에게 없었으므로 술을 마시자는 얘기였다. “너 여기 좀 앉아봐라”, “너 아빠랑 얘기 좀 하자” 처럼 어릴 적에 두려워했던 그 어떤 발화(發話)보다 두근거렸다. 그래도 차라리 반가웠다. 어차피 술 없이는 오디오가 텅 비어버리는 게 그와 나였기 때문이다. 집 근처의 화상에 갔다. 깐풍기와 125ml 짜리 초록색 이과두주를 먹었다. 작은 술병은 우리가 거의 말을 하지 않은 통에 금세 비워졌고, 안주 접시를 반도 못 비운 우리는 곧

불쾌해졌다.

정치 토론도, 넋두리도, 불교 얘기도 우리는 하지 않았다. 그것이 아버지와의 술자리에서 대화보다 침묵이 더 길었던 최초의 기억이다.

두 번째 수능을 보던 날은 유독 길었다. 많은 일이 있어서라기보다는 말 그대로 긴 하루였다. 새벽 세 시에 잠에서 깼기 때문이다. 아버지는 전날 저녁에 장어를 사주셨다. 아주 오랜만의 일이었다. 일단 민물장어를 먹은 기억이 2005년 이래로 없었다. 횟집 스끼다시로 깔린 아나고나 점심으로 장어탕을 먹은 적은 있었지만 정렬하듯 몸을 누인 장어를 구워서 석쇠 가장자리에 예쁘게 세워놓고 길게 썰린 생강과 함께 집어먹는 가게에 간 건 정말 오래되었었다. 우리 집이 서울에서 수원으로 밀려난 이래 외식 메뉴의 심리적 마지노선은 VAT 포함 3만 원이었다. 누가 정해놓은 것은 아니었지만 나는 "먹고 싶은 것 시켜라"라는 아버지나 엄마의 말에 알아서 적정한 선을 지켰다. 어차피 순댓국집이나 중국집에서 그 이상 값을 치르기도 어려웠고 셋이서 다 같이 외식하는 일은 좀처럼 없었으니 그만하면 충분했지만.

장어는 기가 막히게 맛있었다. 밥값이 십만 원쯤 했으니 의당 그래야 했다. 바깥에서 먹는 음식 가격과 단백질 함량은 비례하기 마련인데, 그 공식에 충실한 고단백 보양 음식이었다. 일 년간 홀로 공부하며 먹었던 게 떡볶이나 삼각김밥 같은 값싼 탄수화물 덩어리들이었으니 몸 역시 예민하게 반응했다. 덕분에 오랜만에 편안하게 잠들었고, 아주 개운하게, 아주 일찍 일어나버린 것이다. 잠은 더 오지 않았다.

시험장에 도착했는데 뭔가 허전했다. 도시락을 놓고 온 것이다. 국어와 수학을 그럭저럭 풀고 나니 점심시간이었다. 하릴없이 시험장을 배회했다. 다른 학원에서 재수한 친구가 보였다. 김밥을 한 개 얻어먹고 다시 자리로 돌아왔다. 가방을 뒤져보니 까먹지 않고 챙겨온 건 커피 세 캔과 초콜릿뿐이었다. 시간이 넉넉한 김에 전부 목구멍으로 밀어 넣었다. 당분과 카페인을 동력으로, 이건 다 액땜이고 오히려 허기가 주는 서러움이 나를 자극하리라는 합리화 기제를 작동시키면서. 하지만 부작용은 곧바로 나타났다. 의식은 있었지만 또렷하지 않았다. 영어 듣기평가 두 문제를 뜬눈으로 날렸다.

약속도 안 했는데 아버지가 차를 가지고 나와 계셨다. 옆을 둘러보니 다들 자기 부모 찾는다고 바쁜데, 나는 그럴 필요가 없었다. 뽑을 때부터 시끄러웠던 2003년식 디젤 코란도였다.

"도시락 왜 놓고 갔니."

"깜빡했어요."(아버지도 참, 일부러 놓고 갔겠어요.)

"어디 가서 저녁 먹을래?"

"그냥 가요."

"시험 어떻게 봤니?"

"글쎄요."

나는 입을 여는 대신 옵션 하나 없었던 차의 카 오디오에 의존하기로 했다. 동그란 버튼을 도로록 돌리면 라디오 주파수가 바뀌었다. 코미디언 정형돈이 잠정 은퇴했다는 소식, 박근혜 대통령의 월간 지지율이 41%라는 소식 다음으로 오늘 수능의 난이도가 어쩌구 하는 뉴스만이 들렸다. 불수능도 물수능도 아닌 '끓는 물 수능'이라나. 말은 참 잘들 지어내는구나.

집에 도착해 놓고 간 도시락을 까먹었다. 가만 보니 저번 수능 때 썼던 것이었다. 하긴 엄마는 이런 거 잘 안 버리니까. 다 식었는데 맛은 있었다. 내가 원래 속이 없는 걸까, 시장해서 맛있을 수밖에 없는 걸까? 아직 덜 멈춘 합리화 기제로는 후자가 좀 더 설득력이 있는 것 같다. 꺼내기 싫었던 수험표를 뒤집어 가채점을 했다.

맥없이 등급 컷을 확인하고 있을 때 카톡이 하나 왔다. 논술 선생님의 반에서 만나 사회탐구 과외를 해줬던 여학생이었다. 10월에 일찌감치 수시에 합격해 수능이 의미 없어진 친구였다. 기출문제를 빳빳이 뽑아 들고 들어선 집에서 풍기던 이상한 기류. 그 집에서는 곧 오늘부터 안 나오셔도 된다는 얘기를 해줬었다. 일부러 나를 자른 것도, 내가 뭘 잘못한 것도 아니었다. 하지만 그때 그 기분을 형언하기 어렵다.

그 친구는 그날 또 어느 학교에 합격했다고 했다. 그리고 뭐랬더라? 내년에 신촌에 가면 밥 사줄 거냐고 물었다. 아, 수업하면서 Y대 사회학과를 가겠다느니 S대 인문학부를 가겠다느니 하는 소리를 했었던 것 같다. 채점 결과는 너무 분명했다. 둘 다 지원하지 못할 것이다.

"됐고 MAMA 신인상 투표 좀 할래? 나도 엑소 투표할게."

2015년, 무대에서 여덟 번 넘어지는 영상이 화제가 되어 언더독의 상징처럼 여겨졌던 걸그룹 여자친구는 제일 큰 음악 시상식의 신인상을 수상하지 못했다. 그리고 나는 두 번째 수능을 망쳤다.

사실 스무 살의 일 년을 생각하면 여름날들만 떠오른다. 학원에서 훌쩍 지낸 봄과 닥쳐든 시험으로 정신없었던 가을, 그리고 절망 속에 지낸 겨울과는 달랐으니까. 부셨던 계절의 하늘빛은 두 계절 사이를 충만하게 채웠다. 꼭 고개를 치켜세우지 않아도 하늘이 걸음마다 파랗게 들썩이며 어른거렸다. 비록 독서실로 출퇴근하는 보통 날들은 눅눅했고 그것이 청량함 뒤에 숨은 여름날의 또 다른 갈맷빛 정체이기도 했지만, 그만하면 버틸 만했다. 어느 날 전까지는, 그러니까 낮잠에서 일어났을 때 낯설게 짙어진 다섯 시쯤 창가에서 여름이 가버렸다는 것을 깨닫기 전까지 나는 분명히 행복해하고 있었다.

수능 날짜는 대강 멀리 있어서 아무도 내 멱살을 쥐고 끌어다 책상에 앉히지 않는다면 혼자 공부를 하겠다는 누구라도 그랬을 것이다. 핑계를 하나 더 대자면 '마른장마'란 말이 슬슬 회자하기 시작하던 맑고 화창한 날들이었다는 것. 어떻게 에어컨을 껴안고 독서실에만 붙들릴 수 있을까? 그 무렵의 일상에서 공부는 절반일 뿐이었다.

공부했죠, 라고 어물거리기에는 어딘가 찔리는 그 여름의 일상은 이랬다. 5분 간격으로 맞춰 놓은 알람에 간신히 깨어 독서실로 걸어갔다. 빨리 걸어도 50분이 걸렸다. 흠뻑 난 땀을 말리고 자리에 앉으면 8시 반쯤 되었다. 앉아서 한 시간쯤 영어단어를 외우면 체온이 식으면서 긴장이 풀렸다. 고개를 젖히고 잠든 뒤 일어나면 배가 고팠다. 나가서 밥을 사 먹으면 거의 정오가 되어 있었다.

주말에는 더했다. 점심때쯤 조교로 일하던 학원으로 걸어가서 논술 모범답안을 복사해주거나 아이들 옆에서 답안지를 봐주었다. 농담을 하나씩 던지며 시간을 허비하다 보면 두 시간이 지나 있었다. 그리고 다시 친구네 집으로 걸어가 수업을 했다. 선풍기 옆에 가까이 붙어 준비해준 다과를 비우고, 일주일에 한두 번쯤 모르는 문제에 "문제가 이상한데? 개념하고는 큰 관계가 없으니 넘어가자" 같은 대사를 들먹인 뒤 수업을 마쳤다. 다시 걸어서 독서실로 복귀해 어영부영 닥치는 대로 공부를 한 뒤 저녁쯤 여학생의 집에서 수업을 했다. 나는 말괄량이 같았던 그 친구의 잡담에 반갑게 호응해주었다. 그 친구는 나에게 엑소를 '영업'했고 나는 여자친구를 영업했다. 생각해보면 그건 서로에게 별 소용이 없었던 것 같다. 내가 걸그룹을 무슨 말로 포장했는지는 기억나지만 그 친구가 자기의 우상을 어떻게 설명했는지는 조금도 기억나지 않기 때문이다. 그걸 알면서도, 각자의 취향을 역설하며 짐짓 서로가 설득될 리 없다는 것을 모르는 체한 것이다. 아무튼 그걸로 수업을 때우고 나서 다시 독서실로 돌아오곤 했다. 그러면 밤 열 시였다.

일단 엉덩이를 의자에 붙이는 걸 도저히 견딜 수 없었다. 공부란 다른 재능이 시원찮음을 깨닫고 하는 무난한 길이어서일까. 버스를 타면 시간을 아낄 수 있었겠지만 절대 그렇게 하지 않았다. 독서실, 학원, 과외선생 노릇을 하던 집들은 모두 고등학교 시절이 녹아 있는 근처의 익숙한 동네였다. 그 길에서 이어폰을 끼고 돌아다니는 동안에는 다른 아무런 생각을 하지 않아도 되었다. 겉으로는 버스요금 절약이나 운동을 빙자하기는 했다. 그러나 만약 같은 아파트 단지에 끝내주는 독서실과 나에게 사회탐구 점수를 맡길 학생들이 있었다면 질식해 죽었을지도 모른다.

물론 그것은 수험이라는 피상 아래 붙은 뜨끔거리는 불안과 열패로부터의 도망, 편안으로의 회귀였다. 나는 그러면서 분명한 행복감을 느끼고 있었다. 실속은 없으면서 그 모든 게 보장된 듯 기대에 젖어 있었다. 공부가 아니라 아르바이트로 바빴고 실제로 앉아서 몰두하는 시간은 얼마 되지 않았지만, 그런 나날들은 재수생의 일과 치고는 굉장히 가쁘게 돌아갔다. 주말의 마지막 과외를 마치고 돌아오면 '오늘 일했다!' 같은 후련한 기분이 들었다.

그러나 나에게도 냉정하게 현실을 판단할 이성이 있었다. 수능을 망친 건 전날 먹은 장어나 십 년 넘게 장어를 못 먹었던 형편 때문이 아니었고, 내 헛소리에 호응해준 과외와 학원의 1997년생들 탓도 아니었고, 엑소의 초능력을 또박또박 설명할 줄 알던 여학생 때문도 아니었으며, 함께 여행을 떠나려고 다 같이 여권 사진을 찍으러 하루를 낭비한 그리운 길동무들 탓은 더더욱 아니었다. 나도 그것을 모르지 않았다. 멋진 여름날의 시간을 멋지게 허비하면서도 수능을 망칠 줄 몰랐을까? 물론 몰랐지만, 사실은 알고 있었다.

7. 로빈 윌리엄스 때문에 전공을 고르다니

"나는 정말 아버지의 희망과 책장에 그럴듯하게 꽂혀 있는 사회과학서와 민음사 세계문학 전집 여남은 권으로 정체성을 형성하려 했던 것일까?"

나는 수능을 조져놓고도 칩거하지 못했다. 나는 다음 해 1월, 그러니까 시험이 끝나고 두 달도 안 되어 유럽으로 떠나기로 되어 있었다. 블라디보스토크에서 기차를 타고 시베리아를 횡단해 포르투갈에서 돌아오는 여정. 이렇게 떠날 돈을 모아야 했다. 동네의 절친들과 여름부터 짜놓은 계획이었다.

함께 떠날 친구들은 조용히 나를 지켜보고 있었다. 얘가 올해도 망했나 보다, 하는 생각쯤을 하면서. 내가 이번에 무슨 등급을 맞았네, 무슨 과목이 어려웠네 하는 얘기를 조금도 하지 않았기 때문이다. 우리는 술자리에서 여행에 대한 기대로 열을 올리곤 했다. 요컨대 비행기 예약을 서두르자거나 프리미어리그 경기 티켓을 미리 예매하자거나 기왕이면 파리에서 런던은 페리를 타고 가자고 하는 식으로. 그 사이 "너 갈 수 있는 거지?"라는 식의 물음이 가끔 던져졌다. 그럴 때마다 나는 뻥뻥 쳐대는 큰소리로 일관했다. 입은 그랬으나 눈동자까지 숨길 수는 없었다. 말수가 줄어든 대신 자주 허공을 보는 내 눈알을 바라보며 길동무들은 어떤 생각을 했을까. 술에 취해갈 때면 꼭 안주를 하나 더 시키자며 "모스크바에서 한 끼

덜 먹지 뭐"라고 지껄이는 내 모습이 어때 보였을까. 아, 상상하고 싶지 않다.

여름부터 과외로 벌어들였던 돈이 꽤 됐었다. 그런데 막상 수능이 끝나고 남은 돈은 필요한 자금에 턱없이 모자랐다. 여행은 한 달 하고 보름 정도가 남아 있었다. 발등에 불이 떨어진 듯 돈을 벌어야 했다. 그리하여 월요일, 수요일, 금요일 낮 동안은 논술 선생님이 소개해준 분당의 학원에서 조교 일을 했다. 목요일부터 일요일까지는 동네 편의점에서 밤 열 시부터 오전 일곱 시까지 야간 아르바이트를 했다.

짜증스럽고 피곤한 일과였다. 새벽 취객들이 지시하는 담배 이름을 외우는 일, 시재 점검에서 20원이 모자라는 이유를 찾는 일, 이제는 꼴도 보기 싫은 수능 기출문제와 이름도 처음 들어보는 분당 일대의 고등학교 내신 문제를 편집하는 일이 말이다. 입은 다물어도 티를 벅벅 냈기 때문에 점장은 "손님들이 야간 알바 표정이 왜 이리 안 좋냐더라"라며 타박했고, 원장은 "얘, 키보드 부서지겠다. 화났니?"라고 걱정했다. 화났죠, 당연히. 제 자신에게요.

지금 와서 핑계를 대자면 '마일드세븐'이 '메비우스'로 이름이 바뀐 걸 내가 어떻게 알고, '레종'을 달래서 건네줬더니 "1mm 말고 5mm"란 대답이 돌아오는 걸 어떻게 예측할 수 있었겠나? 마찬가지로 학생이 풀어온 기말고사 문제지를 하루에 서른넉 장씩 받아다가 연필 자국을 박박 지운 뒤 스캔을 떠서 그림만 캡처한 뒤 나머지 오지선다를 '윤명조 340' 글꼴로 예쁘게 치는 일을 재수에 실패한 상태에서 해야 한다면 절대로 유쾌할 수 없을 것이다. 예민한 잿빛 갱지는 어찌나 잘 찢어지던지.

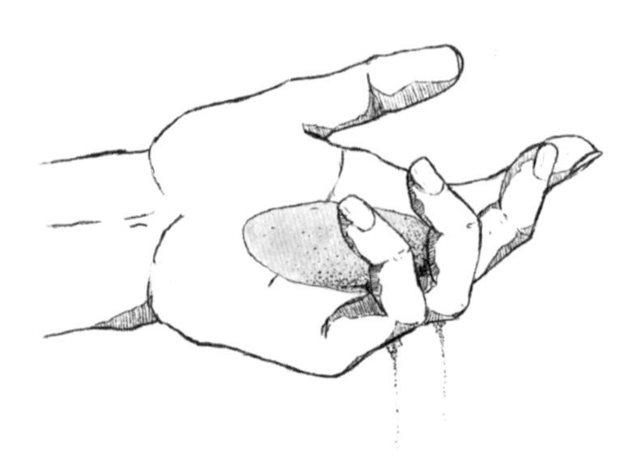

더없이 피로하게 겨울을 맞고 있었다. 그때 나는 침대가 아니라 소파에서 잠드는 것이 습관이었다. 금요일 저녁 분당에서 돌아오면 세 시간 뒤 편의점으로 출근해야 했다. 침대에서 눈을 붙이는 건 너무 곤했다. 야간을 뛰고 온 월요일 아침에는 네 시간 뒤부터 다섯 시간 뒤까지 5분 간격으로 알람을 맞춰놓고 선잠을 위한 TV를 켜 둔 채 잠들었다. 모두 제때 공부하지 않은 후과였다. 그러나 그런 일상은 찬물이 등줄기에 흐르듯 다가오는 서늘함의 진짜 근원은 아니었다.

나를 괴롭힌 건 보다 근본적인 회의감이었다. 두 가지 선택지가 있었다. 실망스러운 성적표를 받아들이고 성적에 맞는 대학에 진학하는 것이 첫 번째였다. 두 번째는 자존심을 꺾지 않고 삼수에 도전하는 것이었다. 둘 다 내키지 않았다. 아쉬움이나 자존심은 둘째 치고 내년 봄이 너무 답답할 것이었다.

하지만 입시에 두 번씩이나 실패했다면 (그리고 입시말고는 할 수 있는 일이 없다면) 솟아나는 감정에 따르기보다는 훨씬 구체적인 성찰의 필요성을 느끼기 마련이다. 무얼 택하든 근거가 빈약했다.

'어정쩡한' 대학에 가든 '일 년 더'를 택하든. 봄날에 새로운 사람들을 만나는 것 말고 내가 진정 원하는 게 있기는 했을까. 내가 왜 대학을 가려고 했을까, 그것도 '명문대'를. 생활기록부 장래희망에는 '기자'나 '사회학자'가 적혀 있기는 했다. 그런 직업을 꿈꾸었던 게 진심이긴 했지만, 언론이나 사회과학의 세계에 대해서는 하나도 몰랐다. 그리고 엄밀히 따져서 꼭 좋은 학교에 가야만 할 수 있는 것은 아니었다. 그러는 편이 수월하긴 하겠지만. 나는 아버지와 고모들이 제공한 '차기 서울대생'이란 '생각안정제'에 빠져 있었던 걸까. 그렇다고 탓하기에는 SNS에 올라오던 친구들의 합격 통보 캡처들을 부러워한 건 내면 깊은 곳에서였지 다른 사람들 때문이 아니었다는 것을 알고 있었다.

뭐가 하고 싶은 걸까. 속에서 거듭되는 물음에도 제대로 대답하지 못했다. 분명하지 않았다. 그렇다면, '좋아하는 게 뭘까?' 뉴캐슬 유나이티드, 박명수, 달빛요정…. 나는 분당에서 돌아오는 퇴근 시간의 광역버스나 편의점에서 걸어 나오는 출근 시간의 길거리에서 그렇게 자답하고는 했다. 선명한 것들, 그러나 지금은 어울리지 않는 대답. 사랑하던 것을 어쩐지 천덕꾸러기로 만든 것 같다는 생각을 하면 슬펐다.

적어도 스스로에 대해 잘 알고 있다고 생각했다. 내가 누군지 안다는 확신이 있었다. 정작 앞으로 무엇을 하고 싶으냐는 물음조차 우물거리고 있었다. 스무 살이 끝나고 스물한 살을 앞둔 시기에. 그러나 그때까지도 누군가의 열망을 대신 살아주는 것이나 막연히 지닌 동경과 환상 말고는 남은 목적이 없었다. 나는 정말 아버지의 희망과 책장에 그럴듯하게 꽂혀 있는 사회과학서와 민음사 세계문학 전집 여남은 권으로 정체성을 형성하려 했던 것일까?

12월 어느 금요일이었다. 그날 분당 학원의 원장은 나 때문에 두 시간을 허비했다. 내가 E고등학교와 N고등학교의 시험지를 반대로 입력했기 때문이다. 편의점에서 아침 7시에 퇴근하고 세 시간 만에 출근했으니 그럴 만도 했다. 그 바람에 전년도 기출문제를 풀어주는 기말고사 직전 강의가 의미 없어졌다. 학생들이 수업을 마친 다음에야 그 사실을 알게 되어서, 부랴부랴 아이들을 다시 불러들여야 했던 거다. 원장은 너무한 호인(好人)이었기 때문에 나를 또렷이 나무라지 않았다. 미안한 마음에 더욱 예쁘게 문제를 편집하고 조용히 강의실을 청소했다, 아주 박박. 오후 4시에 끝나려던 일이 6시에나 끝났다. 네 시간 뒤에는 다시 편의점에 나가야 했다. 평소에는 모란역까지 걸어간 뒤 빨간 광역버스를 탔지만, 그럴 힘이 조금도 남아 있지 않았다. 그래서 역까지 마을버스를 타기로 했다.

나는 오 분 남은 마을버스를 기다리고 있었다. 그런데 별안간 눈앞 분당 아파트촌의 왕복 6차선이 1959년의 미국 사립학교 건물 앞으로 바뀌었다. 그 건물로 홀린 듯 들어섰는데, 대극장쯤 되는 무대에서 셰익스피어의 『한여름 밤의 꿈』이 펼쳐지고 있었다. 화관을 쓴 '퍽'. "이건 모두 꾸며진 일이랍니다. 이 이야기는 꿈처럼 덧없는 것이에요." 내가 골백번은 돌려본 〈죽은 시인의 사회〉 클라이맥스 장면이었다. 재는 퍽을 연기하는 '닐'이다. 연극을 하고 싶은데, 의대를 가라는 아버지에게 반항하지 못하는 캐릭터다. 잘생기고 공부도 잘하면서 왜 한 번을 못 개길까? 졸고 있다는 걸 의식했음에도 불구하고 꿈은 계속되었다.

장면은 연극이 끝난 뒤로 바뀌었다. "닐, 넌 재능이 있다." 그

푸근함을 온전히 그려낼 글재주만 생긴다면 영혼이라도 팔 수 있는, 키팅 선생님이었다. "내 아들에게서 손 떼시오, 선생." 이 음성은 닐의 아버지다. 하버드 의대를 보낸다고, 부잣집이 아닌데 무리해서 아들을 사립학교에 보냈다. 기껏 연극을 보러 와놓고는 집에서 닐에게 윽박을 지른다. 그가 내 손목을 낚아채 차에 태우려고 할 때 나는 깨어났다. 뒤를 돌아보니 누군가 내 어깨를 두드리고 있었다.

"버스 왔어. 안 탈 거야?"

장바구니 든 아주머니의 짜증과 연민 섞인 눈초리였다. 그 뒤로 몇몇이 고개를 빼고 나를 보고 있었던 것 같다. 주위를 둘러보니 나는 모란역 5번 출구 앞에서 광역버스를 기다리고 있었다. 언제 버스에 타고 여기 내려서 줄을 선 걸까. 서서 졸았구나. 그러고 보니 꿈을 꾸는 중간중간 앞으로 몇 발짝을 가거나 다리가 풀렸던 것도 같다. 반쯤 감은 눈으로 버스를 탔다. 자리에 털썩 앉기 무섭게 잠이 들었다. 이윽고 내려야 할 곳을 지나친 기분에 숨이 넘어갈 듯 눈을 떴다. 다행히 도착이 아직 조금 남아서 모두 내릴 채비를 하고 있었다.

퇴근길 버스는 평소보다 딱 곱절 느렸다. 집에 오니 8시 20분이었다. 가방만 벗어둔 채 거실 소파에 모로 누웠다. 그러자 이번엔 거실이 웰튼 학교의 교실로 변했다. 오래되어 가장자리가 들려 있는 밝은 무늬 나무 장판이 삐걱이는 진갈색으로 바뀌었다. LCD TV가 진녹색 백묵 칠판이 됐다. 나는 고등학교 때 교복을 입고 구석에 앉아 있었다.

다른 아이들은 죽은 듯 조용했다. "시를 완전히 이해하려면 두 가지를 기억해라. 첫 번째는 대상의 예술적 표현도, 두 번째는 대상의 중요도." 영화에서 키팅 선생은 이 구절이 적힌 교과서를 찢어버린다. 저 꼰대 교장 선생이 수업하는 걸 보니 꿈에서도 결말은 똑 같구나. 여기서도 그는 패배하고 말았구나. 사랑하던 제자를 잃고, 몇몇에게는 배신당하는 기분은 뭘까. 두고 온 짐을 가지러 왔다는 키팅. 교탁 뒤편 사무실에서 스카프를 챙기고, 카메론이 얄궂은 시론(詩論)을 읊자 빙긋이 웃는다. 쓸쓸하되 담담히 걸어 문으로 향하는 선생님. 날카롭게 벼린 긍지 같은 그런 걸음. 이내 잘 알고 있는 대로, 가장 소심하던 에단 호크, 아니 토드 앤더슨이 일어섰다. 선생님, 저희는 강요 때문에 서명했어요…. 토드는 울음을 삼키며 책상에 올라간다. 하나둘 책상으로 올라서는 다른 '죽은 시인의 사회' 회원들. 둘이 셋이 되고 다섯, 여섯이 된다. 그리고 나도 일어나 책상 위에 올라서려는데… 몸이 움직이지 않았다. 그럴수록 방관자들이 듬성듬성 눈에 들어온다. 고개를 수그리고 앉아 있는 변절자들. 일어서지 못하면 그들과 다를 바 없으리라. 그러나 도무지 다리에 힘이 들어가지 않았다. 이내 영화가 원래 그랬듯 꿈은 3인칭으로 바뀌며 내 의지를 가로막았다.

"고맙다, 얘들아. 고맙구나." 몇 번이고 돌려봤던 결말처럼 로빈 윌리엄스 아저씨는 입을 굳게 다문, 그러나 누구에게도 비할 수 없이 부드러운 미소로 교실을 빠져나갔다. 나는 끝내 일어나지 못했다. 소스라치듯 꿈에서 깨어났다. 앞으로의 나날도 이렇게 불확실하고 어쩔 수 없이 비겁한 것일까? 처음 〈굿 윌 헌팅〉을 봤던 5년 전처럼 콧물을 짜내며 울지는 않았다. 그러나 나의 폐부가 다시 들먹이는 걸 느낄 수는 있었다. 환상이 너무 생생했다. 그리고 미안했다. 책상에 올라서지 못해서가 아니라, 아직도 열다섯에 머무르고 있다는 사실 때문에. 다만 내가 확인할 수 있는 게 있었다. 내가 무엇을 정말로 사랑했는가를.

누군가 왜 연극을 전공했느냐고 물으면 얼버무린다. 이렇게 말도 안 되는 일 때문이니까.

8. 콤플렉스여, 안녕

"보통 사람들은 말할 때 사고를 하지만, 콤플렉스 환자들은 그러지 않는다. 상상하고, 삐딱하게 해석하고, 되는대로 내뱉으려 한다. 조금이라도 공격적인 언사를 들으면 그 말이 정당하지 않은 구석을 찾아내려고 하며, 특히나 그 사람의 인신에서 가장 당위성이 적은 구석을 이 잡듯 발견하려 애를 쓴다. 이를테면, '건방진 중산층 놈, 니가 뭘 알아?' 이 대사는 속에서 백 번도 더 되뇌어본 것이리라."

다른 모든 곳에서 떨어져 조금의 기대도 하지 않았었다. 내가 대학에 합격한 건 실로 행운이었다. 그때 우리 학교는 수능 점수에 높은 비중을 두고 연극영화과 연출 전공을 선발하고 있었다. 실기 시험이 있었지만, 시놉시스 작성과 면접을 합해 40%밖에 되지 않았다. 나는 말도 안 되는 줄거리를 써냈고 2분 40초짜리 인터뷰에서도 덜덜 떨었지만, 국어와 영어 점수가 그럴듯하다는 이유로 예술대학의 일원이 될 수 있었다.

그런 사실들을 알기 전, 그러니까 합격하기 전 결국 나는 여행을 떠났다. 시급 6,000원으로 가공되어 온 새벽녘 편의점의 담뱃값과 분당 학부모들의 쌈짓돈을 긁어모아서야 가능했던 일이다. 내가 실기 시험을 보러 학교로 가던 날은 여행에 필요한 돈을 모두 환전하는 날이기도 했다. 오전에 시험을 보고 친구들과 점심쯤 서소문 외환은행에서 만나기로 했는데, 한 친구가 이렇게 메시지를 남겼다.

- 시험 잘 볼 거니까 걱정하지 마. 그리고 생각 좀 줄여라, 넌 잡생각이 너무 많아.

이 시점에서 그 어느 때보다 말수가 줄어든 내 모습을 오랜 친구는 다 간파하고 있었을 것이다. 고등학교 때 가열한 웅변으로 먼 동네 출신이란 약점을 극복하고 친구를 만든 나였기 때문이다. 카톡을 보면서 한편으로는 얀마, 아침에 일어나면 눈앞에 삼수하는 내 모습이 어른거려서 다시 잠들려다가도 이 개 같은 처지가 한번 로딩되면 멈추질 않아서 늦잠도 못 잔다, 하고 대꾸해주고 싶은 마음도 있었다. 그건 사실이기도 했다. 하지만 내가 속에 든 얄포름한 생각을 매번 주체 없이 쏟아냈다면 누구와도 친구가 될 수 없었을 것이다. 친구의 지극히 상식적인 일침에도 불구하고 아침마다 내 처지는 계속 로딩되었다. 여행을 가서도 같았다. 시베리아를 건너 모스크바에서 3박 4일을 지내니 대강 10일이 흘러 있었다. 그러는 동안 얼어붙은 바이칼 호수와 열차 창 너머로 끝없이 늘어선 침엽수 그리고 며칠을 흘러가는 설국의 아름다운 풍경을 온전히 감상할 수 없었다.

모스크바를 떠나는 날 문자메시지 하나가 왔다. 등록 여부를 묻는 내용이었다. 합격 통보를 받아봤어야 그것이 합격을 의미하는 메시지인지 알았을 텐데, 나는 멍청히 1분 동안 문자 내용을 뜯어보기만 했다. 2년 동안 수험번호와 이름을 입력한 뒤 본 것이라곤 '귀하 같은 훌륭한 인재를 모시지 못해 안타깝습니다' 같은 예의 바른 거절부터 '합격자 명단에 없습니다' 같은 냉담의 메시지밖에 없었다. 후자가 정확히 우리 학교가 불합격자에게 내미는 메시지인데, 나는 이 메시지를 두 번이나 봤었다. 합격자 명단을 다시 조

회해본 다음에야 합격했다는 사실을 알았다. 합격 축하 화면에는 Queen의 〈We are the Champions〉가 흘러나와 얼마나 난데없었는지(잔인하리만큼 냉엄한 놈들, 하지만 장학금은 잘 받고 있습니다).

검색창에 '상상 변비'란 병명을 검색해보는 사람이 있다면 믿을 수 있을까? 하지만 초록창을 아무리 뒤져도 결과는 빈곤하다. 대개 '상상 초월, 임산부 변비', '만성 변비에요 상상할 수 없는…'처럼 가슴 아픈 질문 글이 보일 뿐이다. 물론 '변비가 심해지면 야릇한 상상도 못 해'처럼 흥미로운 기사도 있지만 찾는 내용은 아니다. 혹시나 '환상 변비'나 '습관성 배변 요구 증후군' 같은 것을 검색해도 역시 존재할 리 없다. 자기 전 고구마나 해조류, 가끔은 변비약을 먹은 다음 날 아침 화장실에서 그 효능에 감탄하지만 실은 음식을 먹었기 때문에 12시간 뒤 장이 조응했을 뿐이다. 더없이 정직한 그의 '아웃풋'이 가련한 친구는 스스로가 변비에 걸려 있기를 간절히 바란다. 불행히도 실제 그의 장 운동은 너무나 활발해서 인풋 대비 아웃풋이 이보다 올곧을 수 없을 만큼 정직하다. 스스로도 이 모든 게 가벼운 정신병 같은 짓거리라는 것을 알고 있다. 그는 다만 바랄 뿐이다. 본인의 장에 아직 몇 kg의 숙변이 가득하다는 것을.

물론 이건 내 얘기다. 이게 다 콤플렉스의 합병증이며, 스트레스를 해소하는 건전한 방법을 배우지 못했기 때문에 생기는 일이다. 나는 먹는 것에 대한 집착이 센 편이다. '음식'이 아닌 '먹는 것'이라고 한 이유는 '음식'이란 '개체'가 중요한 게 아니기 때문이다. 조금이라도 허기를 느끼면 애타게 먹을 음식을 고르고 식당에 갈 것인가 아니면 포장해서 집으로 갈 것인가를 정한 다음 설레는 마음으로 집에 도착해 식탁에 정갈하게 음식을 놓고 가끔 정방형으로 사진을 찍은 뒤 누구의 방해도 없이 혼자 해치우고 나서 맞는 나른함. 이마저도 아주 많이 압축한 것이지만, 이 모든 과정을 합해야만 '먹는 것'이란 행위가 완성되기 때문이다. 원래부터 이 정도는 아니었는데 재수 시절부터 점점 의존이 심해졌다. 이후에도 마케팅 기획서 공모전 제출이 임박했을 때나 글을 쓸 때(마감이 있지도 않을 때!) 증상이 특히 심해졌다. 남들은 과업이 잘 풀리지 않으면 담배를 피우러 나가지만, 나는 근처 김밥천국이나 편의점을 찾는다.

살이 찔 수밖에 없다. 한데 여기에도 민감하다는 게 문제다. 다이어트의 정도는 식이요법과 운동이지만 나는 그보다 편하고 시원하고 유쾌하게 몸무게를 줄이는 방법을 선택했다. 화장실에 들어갔다 나오면 일 킬로그램이 줄어 있고, 성욕과 식욕과 수면욕 다음가는 인간의 4대 욕구 배설의 쾌감이 충족되며 개운한 마음으로 빈

창자를 채울 음식을 찾으면 되는데, 이보다 좋은 방법이 뭐가 있겠나? 그러나 이런 습관이 짙어질수록 몸무게는 좀처럼 줄지 않았고, 나는 변비 환자를 자임하며 어떻게든 '배출'의 빈도를 높여보려고 한 것이다.

스물일곱 해 동안 스트레스가 없었던 적은 없지만, 적어도 겉으로는 즐거웠다. 좋은 구석을 어떻게든 찾아낼 수 있었다. 뉴캐슬이 시즌 막바지까지 상위권에 있던 해가 2~3시즌은 있었고, 그렇지 않았을 때는 KIA 타이거즈가 포스트시즌에 진출했거나 〈무한도전〉에서 박명수의 컨디션이 좋았거나 종종 사랑스러운 음악을 찾아냈으므로 거기서 위안이나 자부심을 얻을 수 있었다(의존할 다른 구석이 없을 때는 어떻게든 취향에 부응하는 뮤지션을 찾아내고는 했다. 마이 앤트 메리나 나루, 피터팬 콤플렉스나 더 핀 같은 밴드가 그들이다).

가계가 좀 많이 기울긴 했다. 하지만 불우하다고 할 만큼 벼랑 끝에 내몰린 것도 아니었다. 한 달에 두 번은 치킨을 시켜 먹을 수 있었던 것 같다. BHC 핫후라이드와 교촌치킨 허니콤보라면 무엇이 더 부러우랴(그러나 1인당 GNP가 3만 달러를 넘었다는데, 27년 동안 우리 3인 가족의 소득을 합쳐 9만 달러의 절반이나마 되어본 적은 단 한 번도 없다). 항상 속내를 터놓을 친구들이 한 명 이상은 있었고 많은 경우 못해도 남학생 몇 명은 따르게 만들 수 있었다. 어쨌든 부모님 두 분 다 건강하셨다. 엄마와는 TV 속 맛집을 보며 다음 주 주말을 기약할 수 있었으며, 일부러 현직 대통령 칭찬을 통해 아버지를 자극하는 것으로 아직 생생한 기력을 확인하며 안도할 수 있었다.

누군가 (학교에서 만난 선생님들이나 스무 살이 넘어 오랜만에 만난 친구들이) 요즘 어떠냐고 물으면 부정적인 대답을 할 수 없었다. 객관과 이성의 회로로는 말이다. 요새 꽂혀서 듣는 노래도 있고, 그제 본 축구에서 뉴캐슬이 아스톤 빌라에게 6-0으로 이겼고, 축구를 보면서 먹은 치킨 맛은 대단했고, 배달이 늦어서 후반전에나 먹긴 했지만, 어제는 '무도' 보면서 빵빵 터졌으니… 대강 좋다고 말해야 할 것 같은데?

그러나 삶에 울적한 일이 없을 순 없다. 특히나 유년부터 목격해온 여러 지랄 같은 장면들(집달리들이 털어가는 집, 부모님의 싸움, 누나의 존재를 그런 식으로 알게 된 것 등)은 트라우마 같은 것으로 남아 있었다. 외면하고 싶어도 그럴 수 없는 일들이었다. 누군가 엄마는 일하시냐, 아버지는 영주에 계시냐, 같은 말로 계속 찔렀다면 "아, 사실 요새 피곤합니다"라든가 "몰라, 짜증나. 요즘…"으로 말을 줄줄이 쏟아냈을지도 모른다. 그렇지만 나는 그럴 가능성을 차단했다. 사실 할 말은 많았지만, 내 얘기는 어쩐지 보편성이 덜한 것 같았다. 공감의 개연성이 별로 없는 사람들에게 그런 얘기로 얻어낼 건 별로 없다. 최악에는 동정, 차선은 연민일 뿐이다.

신체적 변비는 상상이지만 말의 변비는 실재하는 셈이다. 생각은 분명 무리 지어 오는데 말은 목구멍에 턱 막혀 있으니 변비라 하는 것이 참으로 더러운 비유지만, 옳다. 공공연하고 건강하게 울적함을 배출할 곳이 절실한데, 건전하게 그러할 곳을 못 찾았다고 해야 할 것이다. 어느 모로 보나 울적한 속마음을 꺼내 바람을 쐬어 줄 데가 된장국 그릇이 저절로 미끄러지는 김밥천국의 테이블이거나 GS25 쇼윈도 안쪽 구석의 전자레인지 앞이라는 건 좋은 일은 아니었던 것이다.

그런데 이런 '말의 변비'에는 모순이 있는데, 필요할 때는 말문이 막히지만 필요하지 않은 말은 줄줄이 내보냈기 때문이다. 연극으로 입시를 하겠다고 했을 때, 연기를 배우던 친구가 소개해준 곳을 찾아갔다. 남자 선생님이 연출을 가르쳤는데, 그는 면접에 대비한다며 나에게 질문 여러 개를 퍼부었다.

왜 연출을 하고 싶니?

왜 이 학교에 가고 싶니?

아버지는 어떤 분이셨니?

어머니가 제일 좋아하는 음식은 뭐니?

제일 존경하는 사람이 누구니?

거의 모든 물음에 할 말을 얼른 찾지 못했다. 185cm가 넘는 연극배우 출신 선생님의 체구와 낮고 묵직하게 울리는 목소리 앞에서 눈알을 좌우로 치키며 콧소리만 앵앵댔다. 일단 첫 번째 질문에 대해 로빈 윌리엄스가 꿈에 나와서요, 라고는 할 수 없지 않나? 그건 진심이었지만 누구라도 한심한 대답이라고 생각할 것 같았다. 이럴 때를, 그러니까 취향이나 선택에 대한 의구심 어린 질문을 받을 때를 대비해, "저는 어렸을 때부터…"란 도입부를 만들어놓기는 했었다. 그러나 그다음은 역시 시원스럽지 않았던 것 같다.

그건 그렇다 치더라도 나에게 던져진 물음들 가운데 대부분은 자아를 만드는 데 가장 기초적인 것들이었다. 어떤 질문엔 할 말이 없진 않은데 어떻게 표현할지 몰라 답답했다. 또 어떤 질문엔 "생각이 안 나요"라고 했지만, 적확히 말하자면 '몰랐다.'

선생님은 다음으로 시놉시스 수업을 했다. TV, 물통, 다리 같은 전혀 무관한 단어가 앞에 놓였다. 제시어를 모두 사용해 한 문단의 줄거리를 만들면 되었다. 그때나 지금이나 내 머릿속에서 금방 찾아내 써먹을 수 있는 것들은 별로 없었고, 출처도 굉장히 좁았다. 어찌어찌 이야기 한 줄을 만들어 써내니, 선생님은 이 이야기를 어떻게 쓰게 되었고 주제는 무엇인지 물었다. 이번에는 할 말이 너무 많았다. 한 토막 시놉시스를 설명하는 데 십 분도 넘게 장황한 설명을 했던 기억이 난다. 그는 내 말을 다 듣고 "군더더기가 좀 많다. 시놉시스도 네 설명도"라고 했다. 나는 바로 수긍하고, 왜 그런지에 대한 부연도 들이밀었다. 머리로는 인정했지만, 배출구를 찾아낸 목구멍은 이성과는 상관없이 곧장 반응했다.

"아, 근데 안 하면 안 되는 얘기들 같아서 그랬는데요."

"그럼 필요한 얘기를 걸러내야지."

나에게는 그 말이 억눌려 쌓인 것을 배설하지 않으면서도 대화하는 법을 배워야 한다는 완곡한 조언으로 들렸다. 어떻게 알았지? 나를 벌써 다 파악했을 리는 없는데, 라고 생각하니 약간의 적개심도 생겼다. 그러나 아무리 생각해도 틀린 얘기가 아니었기 때문에 이내 부끄러워졌다.

보통 사람들은 말할 때 사고를 하지만, 콤플렉스 환자들은 그러지 않는다. 상상하고, 삐딱하게 해석하고, 되는대로 내뱉으려 한다. 조금이라도 공격적인 언사를 듣는다면 그 말이 정당하지 않은 구석을 찾아내려고 하며, 특히나 그 사람의 인신에서 가장 당위성이 적은 구석을 이 잡듯 발견하려 애를 쓴다. 이를테면, '건방진 중산층 놈, 니가 뭘 알아?' 이 대사는 속에서 백 번도 더 되뇌어본 것이리라.

이것이 콤플렉스의 증상인지 원인인지는 명확하지 않다. 아마 둘 다일 것이고 악순환만 거듭되었을 것이다. 말해야 할 것을 숨기니 억울하고, 말하면 분위기가 싸해질 것을 내놓아버리니까 말이다. 집에서는 아무리 힘을 줘도 꿈쩍 않는 아랫배가 버스만 타면 살살 아프지 않던가.

2015년 말에서 2016년 초의 환경이 그랬다. 뉴캐슬은 2015-16시즌이 반환점을 돌 때 19경기에서 단 17점의 승점을 따냈다. 변비라면 두 경기에 한 골 넣기도 어려웠던 이때 뉴캐슬의 모습도 아주 적당한 비유가 될 수 있다. 〈무한도전〉과 박명수는 전성기의 힘을 회복하지 못하고 10% 남짓한 시청률에 머무르고 있었다. 축구도 코미디도 이제 보기 괴로운 일이 되어가고 있었기에, 나는 다른 어떤 배출구를 찾지 못했다. 생각에 대한 생각과 걱정에 대한 걱정이 입에서 빠져나오지 못한 채 머리통을 대류하고 있었다.

그리하여 서울에서는 지하철역에 우산을 쓰고 들어가거나 내려야 할 곳보다 한 정거장을 지나서야 정신을 차리는 일이 많았고, 떠나간 시베리아에서는 파도가 얼어붙은 바이칼 호수의 깎아지른 얼음결에 넋을 놓고 있다가도, 현상을 해결하는 데 아무런 상관이 없는 걱정들이 엄습해 친구들의 농담을 농담으로 받아들이지 못하면서 예민한 목소리가 카랑카랑해지기만 했었다.

하지만 별안간 대학에 합격하고 만 것이다. 모든 문제의 근원은 사라진 듯 보였다. 후련했고, 시원했고, 무엇보다 진심으로 안도했다. 몇 년간 바이칼의 살얼음판을 걷다가 맨땅을 밟은 듯한, 온 하반신에 힘을 주지 않아도 나아갈 수 있다는 느낌. 비로소 평범이라는 소중한 것을 얻었다는 생각이었다. 이제 나도 말할 수 있고, 솔직해질 수 있으며, 어쩌면 호방한 사람이 되어 남자애들뿐만 아니라 여자 친구들과 선배들에게도 인기를 얻을 수 있으리라. 조금 말실수를 할 수도 있겠지만, 적어도 나는 명문대생이니까.

합격 통보를 받은 날, 우리는 모스크바에서 상트페테르부르크로 옮겨 갔다. 나는 SNS에 합격자 통보 화면 캡처를 올리지 않았다. 평상시 인정욕구가 조개탕 끓듯 쉬이 넘치는 것에 비하면 아주 놀라운 자제력이었다. 단 부모님과 친한 친구들 몇 명에게 전화가 아닌 메시지를 남겼다. 로밍할 돈도 끌어다 여행 경비에 보탰었기 때문이다. 그러는 사이 여행의 동료들, 평범한 우리 동네의 평범한 길동무들이 발렌타인을 사왔다. 200루블짜리 파스타와 150루블짜리 하리보 젤리를 안주로 삼자며, 속을 달래줄 우유 한 병과 함께. 녀석들은 조촐하지만 무엇보다 충만하게 나를 축하해주었다.

다만 우유인 줄 알고 사 왔던 하얀 액체는 사실 꾸덕꾸덕한 액체 요구르트였다. 뭐가 어떻단 말인가, 그때도 상상 변비 환자였던 나는 거리낌 없이 여남은 숟갈을 퍼먹었다. 내 변비는 아주 멀끔하게 사라지고 있었다. 이제 지하철역에 들어가기 전에 우산을 접을 수 있을 것이었다. 답답함으로 가득했던 내 유년 시절과 따뜻한 우유를 마시듯 부드럽고 달콤하게 이별하고 있었던 것이다.

9. 로컬 히어로의 와리가리

"손흥민이 토트넘이나 한국 대표팀의 승리에 기여하는 건 우리 삶과 아무런 연관도 없다. 리그 우승이나 월드컵 16강을 확정 짓는 골을 넣는다고 해서, 심지어 프리미어리그 득점왕을 차지한다고 해도 콤플렉스 어린 내 기구한 삶은 달라지지 않을 것이다. 그렇지만 손흥민의 70m 원더골에 기뻐하는 것을 단순히 애국심이나 국뽕으로 설명하는 건 게으른 일이다. 그때 차오를 자부심과 솟아나는 아드레날린은 근거가 없는 게 전혀 아니다. 우리 90년대생 남자들은 그와 10대 시절을 함께했다."

글을 쓰겠다면서 주인공의 심리를 단순하게 묘사하는 것만큼 가망 없는 일은 없을 것이다. 단편소설을 쓰든 시나리오를 쓰든 그보다 중요한 것은 거의 없기 때문이다. 하지만 나는 작가 지망생이기 이전에, 표현은 서툴고 표현의 출처가 될 머릿속은 더욱 부박한 사내일 뿐이다. 아니, 진짜, 솔직히, 이런 단어들 말고 감정을 적당히 표현할 수 있는 말이 대체 뭐가 있을까? 아무리 고민해도 그때를 회상할 때 이것 말고는 다른 적당한 표현을 찾을 수 없다.

아, 시발.

때로 인생은 단말마의 탄식만을 내놓으라고 한다. 인생이란 궂고도 오묘한 사건을 내놓고 두말없이 가버리는 아주 얄미운 놈이다. 그렇지 않은가. 전부 다 내 탓은 아닐 수도 있다. 하지만 잘못을 돌릴 타인을 찾기엔 궁하고 이리저리 따지다 보면 비난할 것은 자신

뿐이며, 그래서 결국에는 고개를 저어 잊는 것만이 유일한 해결책인 그런 사건들 말이다. 스물한 살을 돌아보면 가장 먼저 떠오르는 '혜화동 미팅 대타 참변'이라고 불리는 일이 그러하였다.

나는 택시 안에서 십수 통째 울리는 휴대폰을 애써 외면하고 있었다.

그런 일이 처음은 아니었다. 필름이 끊어져 다음 날 낯선 곳에서 눈을 뜬 일, 역시 과음한 다음 날 늦잠을 자 수염이 삐져나온 얼굴로 택시를 잡아탄 일, 그렇게 출근한 학원이나 월요일 1교시 수업 쉬는 시간에 화장실에서 못한 세수를 한 일이 한두 번이 아니었다. 그리고 앞으로도 숱할 것이었다. 그러나 당시는 물론 지금까지도 그 전날 밤의 일을 뼈아프게 후회하고 있다. 택시에서 지나치는 토요일 아침은 노곤한 난춘(暖春)이었다. 흐린 날 탁한 햇빛이 가물거리던 사월, 무력감이나 좌절이 섞여들지 않은 오롯한 후회로 머리를 쥐어뜯고 있었다. 분명히 출발은 좋았었는데.

봄의 신입생들에게 쏟아지던 건 이런 것들이었다. 선배 무리와 낮에는 어색했다 밤에는 둘도 없어지는 동기들, 매일 보는 얼굴들이라 고등학교 같기도 한 전공 수업과 타과생들로 붐비는 교양 수업, 새로 맞출 과 잠바 디자인 후보군, 주종을 가리지 않고 – 다만 학생회비가 부족해 어차피 대부분 소주병인 – 쌓인 술병들, 마침 철따라 흐드러지던 벚꽃과 마음처럼 부풀어 오른 목련 같은 것들. 그 가운데 특별히 우리에게 밀려오던 것 중에는 다른 것도 있었다.

연극영화과란 어떤 사람들의 집단인가. 보이는 대로 인상을 풀어보자면 잘생기고, 예쁘고, 재미있고, 목소리가 울려서 그것만으로도 좌중을 사로잡을 수 있고 처음부터 대화를 주도하는 사람들이 모인 곳이다. 그래서 일단 겉으로는 동경의 대상이 된다(물론 어느 정도는 고정관념이기 때문에, 이런 특징을 보여주지 못하는 일부는 쉽게 제물이 되기도 한다. 이거 내 얘기다). 그래서인지 그 봄 단톡방에 쏟아지던 '과팅' 제의들. "○○대 ○○과 3명, 할래?" 특히 남자 쪽에서 여자 쪽에 제안하는 일이 더 많았다. 이성 사이에 시장 같은 것이 형성되면 양상은 비슷해진다. 남자보다 여자 쪽이 훨씬 인기가 많고, 높은 가치의 수컷을 자임하는 남성들이 달라붙는 일. 학과 동기들에게 들어오는 상대편 학과는 특히 명문대 의대와 치대가 많았던 기억이 난다. 어차피 신입생의 1학기는 정말 바빴고, 그 와중에 한두 번 참석해야 한다면 신중해야 했다. 매일반이었다. 프로필 사진의 얼굴을 따지는 것과 학교 간판을 따지는 것 중에 무엇이 덜 세속적인지 가늠할 수는 없는 것이다.

그 사건도 그런 가운데 시작됐다. 경찰대학에 다니던 조금 먼 친구가 나에게 과팅을 요청했다. 3대 3. 물론 이 친구도 남자였다. 하겠다는 여자 동기들이 있어서 단톡방을 만들어주고 잊어버리고 있었다. 며칠 뒤 동기들 편에 잘되어 가는지 물었다. 남자들이 너무 말이 없다고 했다. 대체 무슨 말인가. 가지고 있는 레퍼토리와 잔기술을 전부 끌어다가 어떻게든 건덕지를 만들어보려는 게 본능이거늘. 곧장 예비 경찰에게 연락했다. "이게 무슨 소리야, 이 멍청이들아.", "네 친구들이 너무 예뻐. 그래서 부담스럽대…." 이 또한 이해 못할 바는 아니었다. 그녀들이 정말 부담스러울 정도로 잘난 친구들이었기 때문이다. 묘한 공감에 그 친구의 애잔한 엉덩이를 토닥여주고 싶은 심정이었다. 그러나 책임감 있는 주선자로서 이대로 판을 엎을 수는 없었다.

나는 곧바로 내 동네 친구들에게 연락했다. "모아보자." 그들이라고 미인 앞에서 작아지는 평범한 남자가 아닐 수 있으랴. 하지만 자신 있었다. 박명수를 제외하면 나를 인생에서 가장 많이 웃긴 친구들이며, 외모로는 나보다도 훨씬 더 연극영화과에 들어갈 자격이 있었다. 무엇보다 이들은 바로 그해 겨울 시베리아를 함께 다녀온 오랜 길동무들이었다. 영하 삼십 도를 넘는 혹독한 추위를 견디고 왔으니 어떤 시련이든 멋지게 대처할 수 있을 것이었다. 서울 깍쟁이 여자애들과 대적할 수 있는 건 오로지 수도권 주변부 노동계급 대표 로컬보이들이리라. 물론 그녀들도 우리처럼 위성도시가 고향이었으며 깍쟁이는커녕 털털하고 매력적인 친구들이었고 수원의 남자아이들이 자기들을 그렇게 규정하지도 않았지만, 이 프레임을 머릿속에서 짜 맞춘 나는 어딘가 벅차올랐다.

나는 친구들 가운데 거의 유일한 인서울 대학생이었다. 간절히 바라던 일이었고, 얄팍한 신분을 이용한 무엇이라도 받아들일 준비가 되어 있었다. 어느 학교냐는 질문을 받는 게 싫지 않았고, 가능하다면 머리 위에 대학과 학과 이름이 떠다니기를 바랐다. 과 잠바는 날이 더워져 못 입는 게 아쉬울 지경이었다(따지고 보면 좋은 건 그런 무의미한 것뿐이었다). 어느덧 고등학교 친구들의 연락은 뒷전으로 하고 대학 동기들과 친해지는 데 열을 올리고 있었다. 우리 학교 학생들에게는 우리만의 공감대가 있었고, 동네 친구들은 그것을 다 이해하지 못할 것이었다.

하지만 내가 서울에 소재한 4년제 사립대학교에 왔다고 내 유년 시절을 다 변명해서는 안 되는 일이었다. 그건 정말 못난 짓이다. 나는 집안이나 동네를 대표하는, 마치 시골에서 법대에 합격한 아침 TV 소설 속 주인공처럼 로컬 히어로(Local Hero) 같은 존재이길 바라기도 했지만, 떠다니는 기분 아래 묘한 죄책감 역시 지녔다. 지금 내가 하는 짓거리들은 무엇일까. 이것은 배반이 아닐까. 재수학원의 범생이들을 질투하고 개인사를 부끄러워하는데다 내가 좋아하는 것에 당당하지 못했던, 그리하여 변비처럼 심란한 잡생각에 의존하고 소중한 우상들에게 의지하던 유년에 대한. 무엇보다 성적에 따라 '지방'으로 흩어진 사랑하는 길동무들에 대한 배반(일단은 그런 궁리마저 대단한 오만이다). 그리고 제일 중요한 건 나의 콤플렉스도 유년도 우상도 친구들도 대학보다 훨씬 일찍 만났다는 것이었다.

2016년 봄, 비(非)서울과 중산층 미만 계급을 대표해 출전하게 된 길동무들은 말 그대로 그런 내 죄책감을 보상하는 대표선수가 되어 있었다. 깍쟁이 역할을 자기도 모르게 떠맡은 여자 동기들 그 반대편에 서 있었다. 나는 어둡게 가라앉은 내 유년과 어두워도 밝아서 파릇한 봄밤 같은 서울의 대학 생활이 서로 잘 지내기를 바랐다. 다행히 일은 일사천리였다. 카톡부터 활발할 줄 알았던 친구들이었다. 여섯은 만날 날짜와 장소를 정했다. 친구들은 그녀들을 만나 진가를 보여주고 활약하고 돌아오면 될 것이었다.

점심시간의 음악방송 소리가 가까워지고 있었다. 경영관으로 가는 길 끝 즈음부터 늘어선 가로등에 스피커가 높다랗게 매달려 있었다. 예술대학에서 경영관까지는 급한 내리막이었고 낮에는 응달이었다. 그 탓에 벚꽃이 늦게까지 피었고, 덕분에 예대 신입생들은 봄이 다 가도록 꽃구경을 했다. 개강으로부터 한 달, 그리고 축제까지 한 달. 강의실을 나오면 어디선가 묻어 나오는 캠퍼스의 들큼한 공기. 그건 그때만의 것이었다. 오후 수업까지는 두 시간 정도가 남았다. 점심을 먹으러 셔틀버스를 타러 가는 길이었다. 이따 동향의 로컬보이들을 만날 친구들과 함께.

스피커가 혁오의 〈와리가리〉를 흘려보내는 가운데 나는 들떠 있었다. 정작 바로 지난주 출전한 과팅에서 아무런 소득도 얻지 못했으나(두 명의 번호를 받아냈지만 연락은 나흘도 못 갔으니 아무 일도 일어나지 않은 것이나 다름없었다) 오늘만은 내 일처럼 기분이 좋았다. 친구들은 여덟 시간 남은 일전을 어떻게 준비하고 있을 것인지. 길어가는 봄 햇살과 대학로의 건조하고 달콤한 밤을 부드럽게 들이마시는 시기라면 누구라도 그럴 것이지만 말이다.

그런 마음을 낮추지 마요
저기 다가온다 기대했는데
또 한편 언젠가는 떠나갈 걸
이젠 슬쩍 봐도 알아
And we play comes and goes,
'cause we did this when we were child before,

and we play comes and goes…

왜 맨날 일 분 미리 듣기인 거야. 학교 음악방송은 항상 전곡을 틀어주는 법이 없었다. 노래는 금방 페이드아웃 되었다. "오늘 첫 곡이었습니다. 어릴 때 동네에서 '와리가리' 한 번씩 해보셨나요? 공격과 수비로 편을 나눠 공격하는 쪽이 공을 쫓아서 베이스 두 개를 왔다 갔다 하는 놀이였는데요."

저는 16학번이라 잘 모르겠네요. DJ 형님, 저는 PC방 가서 놀았던 세대라서요. 왜 피곤하게 양쪽을 왔다 갔다 할까, 목적이 확실한 게임을 해야지. 골을 넣거나, 공을 멀리 날리거나. 방송부 양반은 목소리가 얇았다. 아마 13학번쯤 되었을 그에게 가질 우월감의 근거라곤 하루씩 꼬박꼬박 소진되던 젊음과 모든 게 확고하다고 믿던 자신감뿐이었다. 복학생이 될 뒷날은 전혀 생각하지 않고 있을 때였다.

나보다 세 살 많은 오혁의 노래. 노래가 끊어지건 말건 마음을 달게 만드는 노래였다. 단 가사는 말고. 간결하게 짤강거리는 기타와 매끄럽게 미끄러지는 베이스로만. 혁오의 노랫말들은 이해가 되다가도 갸우뚱해지고는 했다. 애당초 혁오란 밴드는 지나치게 힙하고 무균실처럼 세련되어서 오래 묵은 근성으로부터 거부감이 솟기도 했다. 하지만 동시대를 살아가는 대학생이라면 극복할 일이었다.

셔틀버스를 기다리는 인파가 불어났다. 방송의 멘트는 캠퍼스 봄별으로 흩어지고 있었다. 길게 늘어선 줄을 뒤로 사람들을 거둬 온 버스가 기우뚱거리며 들어왔다. 앞줄이 아득해 다음 차에 타야 할 듯했다. 움직이는 머리들을 따라 한 발짝씩 딛으며 내리는 사람들을 구경하고 있었다. 그런데 몸을 구기다시피 해서 앞문으로 내리는 무리 가운데 낯익은 얼굴이 보였다. 168cm쯤 되는 키, 모범생 안경과 마크 주커버그 같은 곱슬머리. J잖아. 재수학원의 그 J. 드림시어터를 팝 밴드인 양 멸시하고(이건 분명 잘못된 것이다), 나를 『자본론』 한 권에 취한 얄팍한 딜레탕트인 양 취급해서(이건 맞다) 대화를 단념하게 만든 그 녀석. 그러나 학원에서 느꼈던 그 짜증은 온데간데없이 사라지고 반가움만 떠올랐다. "J, 진짜 오랜만이다!" 그는 내가 다가오는 것을 느끼자마자 벙찐 표정으로 입을 벌렸다. 내가 대답을 재촉했다. "무슨 과야? 학원은 끝까지 다녔어?" 그는 나와 내 옆 동기들을 몇 번이고 번갈아 보더니 이렇게 대답했다.

"어…, 네가 여기 어떻게 왔어?"

아, 이 개새끼.

실은 조금도 기분이 나쁘지 않았다. 악의가 없다는 걸 알고 있었기 때문이다. 아연해 얼굴이 하얘진 J의 추론은 합리적이었다. 세 달 만에 학원에서 도망친 놈, 어영부영 혼자 공부하다가 고만고만한 학교에 갔어야 했는데. 이런 것 아니었을까? 내놓고 무시를 당한 거나 다름없었지만 기분은 그렇지 않았다. 그래도 그렇지 어떻게 그런 멘트를 날리냐, 라고 생각하지 않은 건 아니었다. 하지만 마침 이해심이 넓어져 있던 날이었다. 나는 그냥 웃어버렸다. 어깨를 쳐주고 헤어진 뒤, 사라져가는 J의 등을 확인했다. 과잠은 아직도 과천 외고니. 아니네, '인문과학대학'. 그런데 이상한 일이었다. 나는 그날 과 잠바가 아니라 누런 베이지색 코치 재킷을 입고 있었다. 집 근처 번화가에서 샀던 도메스틱이었다. 과 잠바는 드라이클리닝을 맡겼던가 했을 것인데, J의 파란 신상 과잠을 보자마자 그게 다행스럽게 느껴졌다.

나는 멀리 떨어지지 않은 곳에서 다른 동기들과 술을 마시고 있었다. 아홉 시쯤 보낸 카톡에 로컬보이들은 삼십 분쯤 뒤에나 차례로 답장을 보내왔다. 이것은 분위기가 좋다는 증거였다. 답장이 바로 왔다면 그건 반대로 실패의 증거다. 미팅에서 휴대폰만 쳐다보고 있다는 것이니까. 그때 느낄 수 있던 말할 수 없는 뿌듯함. 그것은 내가 박지성이나 손흥민이 골을 넣었을 때 드는 감정과 비슷한 것이었다. 어떤 사람들은 이렇게 생각할 수도 있는 것이다.

손흥민이 토트넘이나 한국 대표팀의 승리에 기여하는 건 우리 삶과 아무런 연관도 없다. 리그 우승이나 월드컵 16강을 확정 짓는 골을 넣는다고 해서, 심지어 프리미어리그 득점왕을 차지한다고 해서 콤플렉스 어린 내 기구한 삶은 달라지지 않을 것이다. 그렇지만 손흥민의 70m 원더골에 기뻐하는 것을 단순히 애국심이나 국뽕으로 설명하는 건 게으른 일이다. 그때 차오를 자부심과 솟아나는 아드레날린은 근거가 없는 게 전혀 아니다. 우리 90년대생 남자들은 그와 10대 시절을 함께했다. 우리가 처음 기억하는 손흥민은 경기에서 질 때마다 울음을 터트리던 어린애였다. 그리고 아시안컵 결승전에서 극적인 동점골을 넣고 관중석으로 달려가 "꼭 이길게요!"라며 포효하던 혈기방장한 청년이 됐다. 이제는 챔피언스리그 결승에 선발 출전하는 노련한 월클이 됐다. 우리는 이 모든 성장기를 지켜봐 온 것이다. 아마 우리 세대 여성이 대부분일 BTS의 팬들도 비슷한 감정을 느낄 것이다. 다만 넘겨짚어 단정할 수는 없다. 나는 방탄소년단의 초기 모습에 대해서는 조금도 모른다. 솔직히 지금의 모습도 잘 알지 못하고. 그러니 연말 가요제에서 큰 기획사에 밀려 천대받던 그들을 바라보던 소녀들이, 스무 살이 넘은 지금 웸블리 공연을 목도하는 감정을 영원히 실감할 수 없을 것이다. 물론 그들도 손흥민에게서 남자애들이 느끼는 감정을 깊이 알 수는 없다. 애국심, 자부심, 자긍심, 동경, 저려오는 아릿함, 머리끝까지 올라오는 테스토스테론, 소년 시절의 로망, 학창 시절 축구경기에서 골을 넣었을 때의 기억 따위가 모두 섞여 있는 것 말이다.

마찬가지다. 나는 무난한 동네지만 사연 많은 집구석에서 자란 오랜 친구들과 유년의 결정적인 삼 년을 함께했다. 같은 것을 좋아하지 않고도 많은 것을 공유할 수 있는 이들은 귀하다. 그들은 내 열일곱에서 열아홉까지 사실상 전부였다. 그런데 그들이 다름 아닌 서울에서 진면목을 펼치는 것을 확인했다면 어찌 자부심을 위시한 복합적인 감정을 느끼지 않을 수 있으랴.

그렇다. 나의 콤플렉스는 정말로 심각한 것이어서, 이렇게 그 심정을 비약할 정도다.

어쨌거나 나는 마음을 놓으며 술에 취하기로 했다. 다음 날 아침 논술학원에 출근해야 했지만 그런 것이야 아무래도 좋았다. 금요일 밤이었고, 그것도 단맛이 도는 봄밤이었고, 로컬보이들에 대한 자랑스러움에 더더욱 취해 있었기 때문이다. 그렇게 거나해진 열한 시쯤, 그 자리에는 없었던 과대표에게서 전화가 왔다.

"오늘 과팅하는 애들한테 전화 왔었거든. 애들이 너무 취한 것 같은데, 데려와야 하지 않을까?" 여기서부터는 기억이 띄엄띄엄 성기다. 워낙 거나하기도 했지만, 전화를 끊자마자 뭔가에 쫓기는 것처럼 다른 것은 눈에 들어오지 않았기 때문이다.

그 말에 정신이 번쩍 깨는 듯해 술집으로 달려갔다. 가보니 소주병이 볼링핀처럼 쌓여 있었다. 여자 동기들은 가쁜 숨을 쉬는 나를 보고 천진하게 반가워했다. 딱 그만큼 취해 있었다. 나는 뒤도 돌아보지 않고 계산을 시킨 뒤, 이미 혓바닥이 꼬여가는 그녀들을 하나씩 업고 술집을 나섰다. 남자 동기들 두어 명이 밖에서 기다리고 있었다. 잘만 놀던 자리를 내 손으로 파투 내는 사이 로컬보이들의 표정이 어땠는지 전혀 그려지지 않는다. 그녀들을 그다음 누군가의 가까운 자취방으로 데려갔는지, 아니면 동기들이 있던 술자리로 데려갔는지도 기억나지 않는다. 이 여자애들을 어서 동기들 품으로 돌려보낸다는 생각밖에 들지 않았었다.

우리 학과 신입생들은 연습실에서 하루 종일 지내며 가족처럼 서로를 속속들이 알았고, 매주 금요일 선배들에게 혼나는 것으로 끈끈해진 서른 명 남짓의 집단이었다. 따라서 우리들 사이의 공동체 의식은 보통의 관계보다 훨씬 더했다. 그리고 그런 집단 안에 있던 여자 동기들이 낯선 남자들과 술을 마신다는 것은 잠재적인 위험 상황이기도 했다. 하지만 그 일에 대해 남에게 책임을 돌린다는 건 조금도 이치에 맞지 않는다. 그녀들을 업고 다른 곳으로 데려다놓은 건 과대표나 다른 남자 동기들이 아니라 내 자신이었다. 그 친구들이 가만히 서 있는 내 등판으로 몸을 기울인 것도 아니었다. 그렇게 이십 분이 흘렀을까. 정신없이 그녀들을 전부 돌려보내고 나니 땀이 비 오듯 했다. 얄포름한 코치 재킷을 펄럭이며 있으려니 서늘한 기운이 등골에 엄습해 저절로 정신이 차려졌다. 다시 과팅이 있던 술집을 쫓아갔다.

그 밤에는 낙산과 창경궁에서 내려온 풀내음이 대명거리의 왁자한 번화가로 섞여들고 있었다. 수원의 남자들은 아직도 그 자리에 있었다. 일그러져 있던 그들의 얼굴을 다시 보았을 때, 나는 비로소 내가 무슨 짓을 한 것인지 파악했다.

로컬보이들은 나에게 죄상을 따져 묻지 않았다. 내가 자초지종을 설명한 뒤 고개를 박고 미안하다, 를 연발했기 때문이다. 내가 기억을 더듬어 찾을 수 있는 친구의 말은 대강 이랬다. "우리하고 동기들 사이에서 곤란했겠다." 이런 미치도록 아량 넓은 놈들을 다 봤나. 곤란할 틈도 없이 너희들을 엿 먹였을 뿐인데.

우리는 소주를 마셨다. 아마 나는 변명을 더 늘어놓고 친구들은 그런 나를 괜찮다며 위로해주었던 것 같다. (위로받을 자격은 없었지만.) 멋지게 뒤통수를 때린 나를 화끈하게 용서해준 친구들. 로컬보이들이 어떤 마음이었는지는 모르겠지만, 나는 미안함과 자괴감, 뜻 없이 차오르는 울분(이 또한 내가 느낄 자격은 없었다) 따위를 안주로 삼으며 소주를 들이켰다.

어느 술집에서 밤을 새웠는지도 알 길이 없다. 기력을 다 소진한 친구들은 차례대로 잠들었다. 나는 누가 채워주지도 않는 술잔을 홀로 들이부었다. 어차피 막차가 끊어진 시간이었다. 수원까지 돌아갈 길은 멀었고, 통학할 때도 편도가 두 시간이었다. 처음엔 첫차가 뜰 때까지 마시자였다. 하지만 몸을 온전히 가누며 대중교통을 탈 수 없는 상태란 것을 깨닫고 택시 야간할증이 풀리기를 기다리기로 했다. 일단 광역버스가 있는 사당역까지 가는 것으로.

술집에서 졸다 깨다를 반복하다 보니 이미 새벽 네 시가 훌쩍 지나 있었다. 지벅거리며 지하철역 출구 앞에서 택시를 잡았다.

우리 수중에 남은 돈은 단돈 만 원. 사당까지는 아슬아슬한 돈이었지만 우선 동네 가까운 어딘가로 향할 수 있다는 안도감에 몸을 실었다. 대신 조수석에서 일이 분에 한 번씩 미터기를 확인했다. 삼각지를 지나 용산역 앞 사거리에서 좌회전할 때쯤, 새벽의 라디오에서 귀에 익은 노래가 흘러나왔다.

> And we play comes and goes,
> 'cause we did this when we were child before,
> and we play comes and goes
> 'cause big boys still play the game all the time…

아까는 들리지 않던 가사가 귀에 박혀왔다. 와리가리. 나는 덩치만 큰 빅보이라고 말하는 것 같았다. 그날 밤 내가 두 베이스 가운데 무엇을 택했는지는 너무 자명했다. 이날의 미팅을 유년기와 대학 생활의 공존을 상징하는 사건으로 생각했었다면 말이다. 나는 방금 오랜 친구들이 아니라 대학에서 만난 새로운 사람들의 편에 선 것이었다. 그것도 아주 거칠고 투박하고 미련한 방식으로. 그녀들이 아무리 취했던들 무슨 일이 일어났을 것 같지는 않다. 로컬보이들이 술버릇이 없는 친구들이란 건 내가 더 잘 알았고, 더욱이 동기들이 내 지인들이었기 때문이다. 어차피 내가 그 근처에 있기도 했다. 하지만 전화를 받는 순간 조금이라도 발생할 수 있는 가능성을 차단하려고 한 것 같다.

아니다. 좀 더 내면의 목소리에 귀를 기울여보면, 나는 대학이라는 곳의 심기를 거스르고 싶지 않았던 것이다. 그런 마음이 아니었다면 나는 과대표의 전화에 일단 기다려보자거나 더 나은 대안을 생각해봤을 것이다. 하지만 나는 대학이라는 세상에 설 면허가 없는 사람처럼 굴었고, 그 세상이 나를 쫓아낼까 봐 전전긍긍했다. 그 결과는 어른 세계와 유년 세계의 일대 격돌에서 유년의 길동무들을 멋지게 배반한 것으로 나타나고 말았다.

아니나 다를까, 동작대교에 돌입하자 요금은 8,000원이 넘어가기 시작했고, 이수 교차로에서 9,800원쯤이 되자 택시를 세웠다. 4월 초의 새벽은 아직 추웠다. 우리는 아무 말 없이 빠르게 걸었다. 좀처럼 다가오지 않던 사당역. 이수 교차로에서 이수역 사이는 버스로 지나갈 때보다 훨씬 멀었고, 이수역에서 사당역까지는 그보다도 더 멀었다.

얇은 코치 재킷과 그 밑 검은 반팔 크루넥으로는 충분하지 않았던 날씨. 솜으로 누벼진 과 잠바를 입었다면 훨씬 따뜻하고 안온했을까. 그랬을 거다. 하지만 그렇게 하지 않은 게 다행이었다. 그것은 유년 세계에게 지킨 마지막 의리이자 속죄의 표식이 될 수 있었기 때문이다. 내가 가슴과 등짝에 학교 이름이 대문짝만하게 새겨진 옷을 입고 친구들 앞에 나타났다면, 그리고 내 친구들이 못된 놈들이라 처음처럼 소주병으로 내 머리를 내리쳤다면, 나는 내 복장 때문에라도 그들에게 진단서를 들이미는 일 없이 조용히 머리를 꿰맸을 것이다. 한편으로는 J가 부럽기도 했다. 차라리 속한 집단에 절개를 지키며 외국어고등학교와 인문과학대학 잠바를 입었던 그 모습이 말이다. 녀석은 살면서 와리가리를 해본 적이 없겠지, 아마도. 왜일까? 그럴 필요도 없었고, 그렇게 자라오지 않았으니까. 아니면 할 친구가 없었나? 그 또한 일리가 있구만.

나는 정말이지 대학에서 멋지게 성장해 금의환향한 로컬 히어로가 되어 수원으로 돌아가길 바랐다. 실상은 내 유년을 배신했을 뿐이고, 그 대가로 성장한 것도 아니었다. 나는 수원에서 서울로 통학했을 뿐이다. 일생의 배경은 반경 35km쯤 넓어졌지만 영토를 넓힌 것은 아니었다. 나는 오래된 근성을 떨쳐낼 수도 있었다. 새로운 곳에서 자신감 넘치고 유망한 연극학도가 될 수도 있었다. 하지만 그렇게 하지 못했다. '혜화동 미팅 대타 참변'은 그 복선 같은 일이었다. 사실, 나는 그곳이 두려웠다.

사당역에서 버스를 탄 뒤 어떻게 친구들과 헤어져 집으로 돌아왔는지는 전혀 기억이 나지 않는다. 나는 그대로 늦잠을 잤다. 헐레벌떡 일어나 택시를 잡고 수지의 학원으로 향했다. 바로 지난해 나에게 시급을 챙겨주며 도와준 선생님의 아침 10시 수업이었다. 그에게 면도 안 한 볼따귀와 알코올빛 낯짝으로 보답하려는 스스로가 아주 징그러웠다. 그 덕에 잠깐 전날의 일을 떠올릴 겨를이 없었다는 건 다행이었지만.

그러나 어제의 여자 동기들에게서 전화가 오기 시작했다. 아침이 되어 앞뒤를 파악한 그녀들은, 본인들의 잘못은 조금도 없었지만 동기들을 대표해 미안함을 표하려고 한 것이다. 나는 택시 안에서만큼은 오히려 내 미안함과 자괴감을 불러일으킬 그 전화들을 받고 싶지 않았다.

내 휴대폰에서 진동이 열 번도 넘게 울려오자 택시 기사가 오디오 볼륨을 높이고 음악을 틀었다. 나는 기사님이 동그란 버튼을 돌리자 긴장할 수밖에 없었다. 기사는 젊었고, 혐오의 노래를 틀 개연성이 있어 보였다. 제발 〈벚꽃엔딩〉이나 틀어주기를 바랐다. 또다시 어젯밤의 기분으로 돌아간다는 것만큼 끔찍한 일은 없었으니까.

10. 시련

"이론적으로는 조금도 틀리지 않았다. 그러나 내가 관념론으로 연습실의 공기를 읽을 때, 예술고등학교나 작은 극단을 거쳐 온 친구들은 이 세계가 그렇게만 굴러가지는 않는다는 것을 알고 있었다."

올라올 때면 꼭 에스컬레이터 난간에 몸을 기대었다. 가장 먼저 볼 수 있었던 것은 1번 출구로 유턴해 들어오는 연녹빛 버스였다. 더러는 일곱 시보다 일찍 도착한 적도 있었다. 막바지 청소를 하는 환경미화원들은 가로등 앞에 쌓인 오십 리터짜리 일반 쓰레기봉투들을 치웠다. 덜 녹아서 파랗기만 한 새벽의 한기였다. 혜화역으로 오는 지하철에선 문이 열릴 때마다 찬바람이 밀려들었다. 움츠러든 온몸으로 아무도 없는 셔틀버스에 탔다. 창가에 머리를 기대면 근육이 노곤히 퍼져 졸음이 쏟아지고는 했다.

과 연습실은 예술대학 건물에 있었다. 캠퍼스 끝자락 깎아지른 비탈에 지어져 5층이 1층 같고 1층이 지하 4층 같았다. 별관이 있어 그 출입구를 합하고 옆 로스쿨과 이어지는 통로까지 보태면 건물로 출입하는 경우의 수는 열 가지가 넘었다. 그러나 이른 아침 학교로 모여들어 지하철역 앞 셔틀버스 정류장에서부터 예술대학 밑 경영관 종점까지 완주하는 건 우리 학과 사람들뿐이었고, 우리가 이용하는 출입구는 대개 종점 정류장에서 가까운 1층뿐이었다.

우리 학교는 대학로에 있었다. 서울의 이름난 거리 가운데 자긍심이랄 게 남은 유일한 곳이었다. 물론 거기라고 어느 번화가를 가도 있는 가게들이 널려 있지 않은 건 아니다. 그러나 그것은 껍데기일 뿐이다. 그렇다면 모든 배우가 오르고 싶어 하는 빨간 벽돌의 예술극장과 흥행하는 상업 연극이 상연되는 새 극장들(이나마 십 년은 더 된 것들이지만)이 그들인가 하면 반만 맞는 말이다. 골목골목에 박힌 소극장들도 있기 때문이다. 한 명이나 겨우 들어갈 법한 좁다란 계단을 내려가면 탁자 하나에 덕지덕지 붙인 포스터로 티켓 부스를 만들어놓은 곳. 여름이나 겨울이나 무대며 객석은 덥고 습하다. 의자가 다닥다닥 붙은 데다 에어컨 소음조차 공연에 방해가 될 정도로 소담한 탓이다. 어지간한 공연이 아니라면 지인들의 꽃다발만 가득하고 무한리필 고깃집이 아니라면 뒤풀이를 감당할 수 없는 극단들. 그러나 그렇다 해도, 결국은 아르코예술극장이나 동양예술극장의 공연에 참여하는 것이 배우와 연출진들의 목표라 해도 그 지하 극장들은 그 동네만의 진짜 모습이라고 할 수 있다.

거기서 2번 출구 앞 지상으로 올라와 표 팔이에 혈안이 된 젊은 극단원들, 그와 실랑이하는 잠재적 관객들도 그곳만의 풍경이다. 연극에 관심이 없거나 삐끼류(流) 직업(동대문 옷 장사, 휴대폰 판매원, 그리고 클럽 MD 따위)을 유달리 싫어하는 사람도 마로니에 공원의 가로수만은 좋아한다. 뒷골목의 주인들은 해발 마이너스 10미터쯤 되는 무대에서 먼지를 마시는 배우와 스태프, 그리고 불특정 다수의 관객들이라는 건 분명했다. 별이 제일 잘 드는 공원 복판에 있는 것은 오래된 나무들이지 룸 술집이나 포차가 아니다.

상징 같은 이름들이 퇴색하는 시대였다. 인디 밴드로 배운 홍대는 독립문화와 자유로운 음악가들의 성지였다. 그러나 서울에 올라와 보니 그런 수식을 붙이는 것은 벌써 촌스러운 일이 되어 있었다. 모든 세대와 계급이 공존할 것 같던 종로도 마찬가지였다. 탑골공원과 YBM을 기점으로 젊은이들과 장년층이 완전히 유리된 공간이 종로였다. 이제 홍대나 종로 다음으로 붙을 접두어는 '상권'이었다. 건물주들은 말 그대로 건물의 주인일 뿐 그 거리의 정체는 아니었다. 그렇지만 더벅머리 가수나 스케이트보더, 조그만 카페의 주인이나 식품집 아주머니들이 떠나가는 것이 수순이었다.

이를 두고 젠트리피케이션이라고만 하기는 어렵다. 산업구조의 변화나 임대료 상승 같은 경제적 문제의 책임은 절반밖에 되지 않는다. 이것은 2016년의 이야기다. 그때 이미, 언플러그드 어쿠스틱 라이브나 롤링홀에서 매일 밤 벌어지는 라이브 때문에 홍대에 오는 인구가 더 많았을까, 아니면 삼거리포차나 그린라이트에서 '어떻게 해보려고' 홍대에 몰려드는 군상이 더 많았을까? 한참 옛날에도 후자 쪽 유형이 더 많았겠지만, 중요한 건 지금 우리 세대가 홍대라고 하면 무엇을 떠올리느냐 하는 것이다. 헌팅 포차와 클럽이지 은하수다방과 라이브클럽, 버스커들이 아니다. 그런 건 본류가 아니라 구경거리로 박제되었을 뿐이다.

오 년이 지난 오늘까지 예술가들은 연희동이나 문래동, 성수동으로 밀려나 시한부 가게를 차렸다. 그러나 그런 곳들마저 인스타그램을 위한 장소로 옷을 갈아입었기에 살아남을 수 있었다. 너무 삐뚜름한 시선인 걸까.

물론 그럴 것이다.

그때나 지금이나 연극과 영화를 자주 보지 않는다. 전국의 전공생 가운데 가장 불량한 사례라고 장담할 수 있다. 어떤 취미에 소비한 돈이나 시간으로만 전공을 정해야 한다면 연극과가 아니라 식품영양학과에 들어가야 했다. 나는 지난주 내내 넷플릭스로 〈펄프 픽션〉과 〈오징어 게임〉 1화를 겨우 봤는데, 그동안 구독하는 맛집 블로그 25개 중 25개 전부의 최신 포스팅을 매일 확인했다. 그러나 연극이든 영화든 대단한 예술이다. 데이트 콘텐츠가 권태로울 때 시간을 끌 수 있는 장소다. 연극 극장에서는 곤란하지만 영화관에서는 뭐든 먹을 수 있다. 대화에 지쳤다면 두 시간 동안 입을 다물 수 있다. 극장을 나온 뒤 커피를 마시며 대화할 소재와 주제까지 제공한다. 창작물에 시큰둥하거나 콘텐츠가 가슴에 무얼 남기는지가 별로 중요하지 않은 사람들이 연인을 극장으로 데려간다면 아마 이런 이유 때문일 것이다.

나에게는 그마저 아주 내키는 일은 아니었다. 나는 '이야기'에 깊게 이입하는 편이어서, 만들어진 세상의 일에 지나치게 감정을 소모하기 때문이다. 그게 두렵다는 것은 둘째다. 〈아이 캔 스피크〉의 나문희 씨가 화면에 홀로 잡힐 때마다 콧물을 훔치거나 〈이프 온리〉 재개봉관에서 눈물을 줄줄 흘리는 꼬락서니를 여자 친구들 앞에서 보이고 싶지 않았던 거다. 감정 표현은 나쁜 것이 아니다. 하지만 80kg-180cm-280mm의 건장한 신체 스펙으로 그러는 꼴을 이 사회는 마냥 그러려니 봐주지 않는다. 이유가 각각 있긴 했다. 나문희 선생 특유의, 아무 말 없이 처연한 바스트 샷에서는 외할머니 생각이 나서 혼났고 폭우가 쏟아지는 〈이프 온리〉 클라이맥스에서는 예전 여자 친구와의 이별이 떠올랐었다.

이 두 영화가 명작 반열에 드는 건 아니기 때문에 이런 에피소드를 얘기하는 것을 조금 주저했다. 아무튼 그럴 때마다 그녀들은 놀라며 역시 연영과라서 감정이 풍부해, 같은 말을 건넸지만 그건 사실과는 거리가 멀었다. 그렇다기에는 좀 부끄럽거든.

나는 어렵게 입시를 뚫고 들어온 동기들처럼 연극이나 영화라는 게 좋아서 죽고 못 살 지경이 아니었다. 뒤늦게 먼 길을 돌아 연기를 선택해서 돌아갈 다리를 불태운 처지도 아니었다. 내가 좋아한 것은 다만 로빈 윌리엄스의 영화 여남은 편과 브레히트와 아서 밀러의 희곡 몇 편이었다.

그해 초 떠났던 유럽 여행의 피날레는 베를린이었다. 친구들이 프라하에 5일 머무는 동안 나는 남은 유로를 긁어모아 이틀치 경비를 마련했다. 이유는 오로지 브레히트 극장이었다. 1박 2일 동안 하리보 젤리로 점심을 때우며 찾은 마지막 장소였다. 브레히트가 활동한 동베를린의 전용 극장 '쉬프바우어담.' 당연히 공연을 보고 돌아오지는 못했고 레퍼토리가 있는 날이었는지도 기억나지 않는다. 전날 맥도날드 햄버거 세트에 베이컨을 추가하고 1유로도 하지 않는 하리보 200g의 가격에 흥분해 여섯 봉지씩이나 사는 통에 지하철 탈 요금도 모자랄 지경이었기 때문이다. 그러나 희곡이란 것을 막 공부하기 시작하고 〈사천의 선인〉과 〈서 푼짜리 오페라〉를 지적 허영에 젖어 읽고 난 뒤 '소격효과'란 용어를 알게 되었다면, 공연 프로그램 두 장을 슬쩍해오는 것만으로도 진짜 연극학도가 된 기분을 만끽할 수 있는 것이다. (이 책에서 잊을만 하면 괄호가 등장해서 사족을 붙이고 몰입이 깨지는 이유도 마찬가지다. 내 이야기에 너무 이입할 필요는 없다. 중요한 건 내가 왜 이렇게 살게 되었는가니까.)

마찬가지로, 대학로만의 표지로 여전히 남은 극장들 사이를 공강 시간에 돌아다닐 수 있다면, 나는 자긍심 가득한 예술대학생일 수 있었다.

나는 전공 입시를 〈시련〉으로 준비했다. 마녀사냥에서 아내를 변호하다 애비게일이란 악녀 때문에 악마로 몰려 희생당하는 농부 프록터의 이야기다. 너무나 유명한 작품이다. 연기를 전공한 친구들이 시험장에 애비게일과 프록터의 대사를 연습해 왔다면, 나는 어떤 메시지를 세상에 제시하는 연출가가 될 것인지 이 작품을 통해 면접에서 보여주려 했다.

그때 공부한 내용을 되짚어 작가 아서 밀러의 희곡론을 거칠게 요약해보면, 비극의 뿌리는 거스를 수 없는 운명이나 개인이 아니라 사회에 있다는 것이다. 그 안에서 허우적대는 인간은 비극을 극복하려고 노력한다. 그 앞에 놓인 것은 저항할 수 없는 힘이 아니라 싸워볼 만한 것처럼 느껴지기 때문이다. 프록터는 여차저차하다 악마와 결탁했다는 의혹을 받고, 종당에는 자존심이냐 목숨이냐 하는 두 갈래 길에 놓인다. 프록터는 거짓 자백하는 대신 죽음을 택한다. 그리스 비극에서는 신탁 때문에 이런 일이 생기지만 현대에는 사회가 개인을 움직일 수 없게 만든다.

좀 더 정확히 말하자면, 프록터는 자백을 하고 자백서에 서명까지 했으나 그 자백서를 교회 대문에 붙여놓을 것이라는 재판장의 말에는 길길이 날뛴다. 어떤 고통에도 자신의 이름을 절대 더럽히지 않겠다며. 이것이야말로 자존심을 선택한 주인공의 '근본' 있는 모습이다. 하지만 여기서 프록터보다 훨씬 가련한 인물은 프록터의 부인 엘리자베스다. 프록터가 애비게일과 간통하지 않았다면 이 난리통에 엮여들 일이 없었을 테니까. 애비게일이 실제와는 달리 악녀로만 나오는 것도 문제고. 하지만 나는 이 결말이 마음에 들었다. 프록터가 생존의 욕망을 떨쳐내고 끝내 택한 것은 자존심이었기 때문이다.

마침 명동예술극장에서 〈시련〉을 공연하고 있어서 정확히 크리스마스이브에 홀로 극장을 찾았다. 이순재 선생이 댄포스 판사로 나오는 공연이었는데, 사실상 대발이 아빠와 다를 바 없는 그 꼰대스러움에 고구마를 먹은 듯 답답하다가도 격정적인 프록터의 캐릭터에 이입해 손톱을 물어뜯다 돌아왔다. 그 뒤 나는 프록터의 매력에 푹 빠졌다.

"인상 깊게 읽은 희곡이 있느냐?"란 예상 질문에 〈시련〉을 대답한 뒤 쏟아낼 부연으로 준비한 것은 '매카시즘 선풍이라는 극작 당시의 배경과 세일럼 마녀사냥 사이의 우화적 연관성' 따위였다. 작품이 주는 사회적 의미를 깊이 생각해봤다, 오늘날에도 시사하는 바가 있다, 그래서 앞으로 나도 어떤 화두를 던지는 작품을 쓰고 연출하고 싶다, 이런 기조였던 것 같다. 그것은 고등학교 때 가졌던 장래희망 '기자'와 '사회학자'에 대한 변명이기도 했다.

조리 있는 대사를 만들어 인터뷰를 준비했지만 시련이란 이름의 의미를 깊게 생각하지는 않았었다. 스물하나에 접어들 때까지 인생에서 겪은 뚜렷한 시련이 없었기 때문이다. 엄밀히 말해 가정사는 부모님이 겪은 비극이다. 내가 뭘 어쩔 수 있는 게 아니었다. 그리고 동년배들과 어딘가 달라서 부드럽게 융화되지 못했던 유년은 다른 피난처를 찾아드는 것으로 회피할 수 있었다. 그리고 대학에서도 그럭저럭 힘겨운 일을 피하는 것으로 임기응변하기를 바랐다.

하지만 지금에야 찾아본 시련의 뜻이 '겪기 어려운 단련이나 고비', '의지나 사람됨을 시험하여 봄'인 것을 그해 겪은 일들에 비춰 보면 이 사전적 정의는 아주 정확한 것이었다. 똑같은 몫의 시련이 주어지더라도, 누군가는 견뎌내고 누군가는 순응하며 누군가는 나가떨어진다.

나는 아르코예술극장의 붉은 벽돌을 쌓는 데 조금도 이바지한 바가 없다. 거기서 연극을 본 일은 2학년 때 교수님 할인으로 본 한 편이 전부이기 때문이고, 다른 곳도 비슷하다. 학교 중앙도서관과 예술대학 건물의 대리석이나 천장 석고보드를 쌓는 데도 기여하지 못했다. 입학금 말고는 등록금을 지불한 적이 없었다. 우리 집은 국가에서 인정하는 소득 1분위였기에 등록금의 반액은 국가장학금으로, 나머지 반액은 학교의 가계곤란 장학금으로 충당할 수 있었기 때문이다. 혜택을 받은 모든 학기 동안 이에 감격하지 않은 적은 없었다. 누가 이재용을 구속할 수 있단 말인가? 벽돌 한 장 지분도 없이 대학로에서 가장 가까운 학교의 연극영화과 학생이 되었다는 사실만으로도 나는 고분고분 대학 생활을 해야 했다. 그렇지만 혜화역의 새벽 공기를 들이마시며 느낀 것은 그런 것이 아니었다.

연습실에 들어선 첫날, 우리는 점심을 먹을 때까지 관등성명과 인사하는 법을 연습했다. 그것을 시작으로 학과의 살벌한 분위기에 적응해야 했다. 촬영장 스태프 일이나 연극 무대 작업에 성실하지 않으면 줄지어 혼이 나고, 선배들의 얼굴을 아직 잘 모를 때 캠퍼스를 지나가며 인사를 하지 않았다고 해서 또 혼이 나는 일들이었다. 별의별 일로 다 혼났다. 아침 일곱 시 스터디에 늦은 것, 전날 보고를 하지 않고 지각한 것, 여자 동기들이 귀걸이를 차거나 양말을 신고 연습실에 들어온 것 따위였다. 매주 금요일마다 일주일간 우리가 저지른 잘못을 두고 얼차려를 받기도 했다. 우리가 쓰는 1층에서 기합을 받고 계단을 오르다 보면 2층과 3층의 같은 학번 무용과 친구들이 비슷하게 어기적어기적 계단을 내려오고는 했다. 아는 사람은 다 아는 예술대학의 풍경이었다.

심심하면 받던 얼차려는 아주 고역이었다. 내 체력은 아주 저질이었기 때문이다. 동기 서른 명 가운데 제일 무거운 몸무게와 그 무게에 매달려 가장 낮게 가라앉은 폐활량을 가졌었다. 어깨동무한 채 기합 한 세트를 거듭하다 보면 다리가 떨어져 나가는 듯했다. 그렇게 십수 분이 지나면 남자들은 여자들 사이사이로 들어가라는 지시를 받는다. 보통 여자들이 힘에 겨워하니 남자들이 받쳐주면서 나머지 이삼백 개쯤을 하라는 건데, 어째 나는 반대였다. 여자 동기들이 내 토르소를 전부 지탱하는 꼴이 되어서 정말 미안했었다. 몸도 불편하고 마음도 불편한 일. 그럴 때면 차라리 맞았으면 했다. 그랬다면 마음만은 편했을 텐데.

예술대학은 우리 캠퍼스의 가장 그늘진 구석에 있었다. 도덕이라는 잣대로 판단하면, 그리고 그 잣대가 객관과 이성으로 만들어진 거라면, 거기서 무람없이 내려오던 관습은 의심할 것도 없이 나쁘고 부도덕한 것이었다. 봄 내내 우리는 연습실의 엄혹한 공기와 권위적인 고학번들을 성토했다. 곰곰이 생각해보면 거기서 불같이 울분을 토해내던 것은 나뿐이었지 싶다. 그 누구도 우리에게 매일 청소를 시키거나 매주 금요일에 기합을 주거나 선배들의 촬영장에 차출해서는 안 되었다. 그 자명한 사실을 가지고 고등학교 일학년 남자애들에게 그랬듯 열을 올렸던 것이다.

블랙 코미디를 하겠다는 말을 항상 주워섬기고 다녔었다. 그 캐릭터에 충실하려고 그랬는지 특별히 무서웠던 선배들을 시니컬한 농담으로 까대고는 했다. '다나까' 말투를 시키고, 청소 상태를 검열한 뒤 다시 먼지를 닦이는 품이 특히 날카로웠던 선배들. 그들을 빈정거리는 웃긴 성대모사나 욕설은, 내가 그다음으로 이어나갈 철학개론과 역사학개론 레퍼토리의 두서없음과 지나친 날카로움을 상쇄해주었다. "누구도 다른 사람에게 강요할 수 없어. 칸트가 연습실에서 우리를 봤다면…", "브로드웨이나 웨스트엔드에서 기마 자세를 시키거나 누구를 패면서 연극하는 거 봤냐. 이게 다 일제강점기부터 내려온 군대식 관습이라고." 와, 적어놓고 보니 이런 말을 쏟아내는 사람이랑은 좀 떨어져서 걷고 싶었을 것 같다. 고등학교 윤리 교과서와 어릴 때 읽어놓은 사회과학서 몇 권이 그때까지도 내가 써먹을 수 있는 가장 그럴듯한 수사와 권위였던 게다.

그런 문화가 만연한 이유가 없는 건 아니었다. 긴장과 공포 속에 신입생들을 쥐어 잡는 것은 꼭 우리를 괴롭히기 위해서만은 아니었다고 생각한다. 이것은 진심이다. 누구도 가난한 선배들이 만드는 단편영화의 스태프가 되거나 연습실과 스튜디오에서 걸레질하는 것을 원하지 않는다. 비싼 등록금을 내고 온 대학생들에게 내일 새벽 여섯 시 콜 타임에 나와서 온종일 무보수로 붐 마이크를 들라거나 매일 연습실 거울을 박박 닦으라고 '설득'할 수는 없는 것이다. 논리적으로 따지면 그들은 그럴 의무가 없다. 신입생의 기꺼워함에만 의존할 수는 없기에, 그들이 무상 노동을 제공하지 않는다면 이 집단은 돌아가지 않을 것이었다. 공포로 1학년들을 추동하는 일이 가장 편하고, 쉽고, 합리적이었다(그러나 또 한편 생각해보면 여러 악습이 소멸한 지금도 학교는 잘만 굴러간다).

이것은 좋고 나쁨의 가치판단 대상이 아니었다. 좁은 세계에서 오랫동안 이어지는 전통이란 그런 것이다. 그러나 선배들이 이 모든 것을 수용하기만 한 것은 아니었고, 그들이 감당할 수 있는 선에서 조금씩 악습을 걸러내기도 했다. 나는 얼차려 시간을 없애려고 전전긍긍하던 선배들의 얼굴 역시 기억한다. 따지고 보면 이것은 아주 복잡한 문제다. 세상에는 다른 잣대도 있기 때문이다. '경험'이나 '적응력', '붙임성' 같은 것들 말이다. 이론적으로는 조금도 틀리지 않았다. 그러나 내가 관념론으로 연습실의 공기를 읽을 때, 예술고등학교나 작은 극단을 거쳐 온 친구들은 이 세계가 그렇게만 굴러가지는 않는다는 것을 알고 있었다. 그들은 내가 신나서 선배들을 까댈 때 내 말을 가만히 듣고만 있었다. 나는 그들을 이해할 수 없었다.

말 그대로 예술만 해오던 그들보다 조금 더 '안다'는 것. 혜화역의 새벽 공기를 맡으며 품었던 예술대학생이란 자긍심에는 그것도 포함되어 있었다.

기실 내가 딜레탕트에 지나지 않는다는 것이 대학 입학 이후 증명돼왔다. 나를 제외한 모두가 영화와 연극, 연기와 연출 자체를 사랑했다. 영화 하나를 수십 번씩 수백 편을 보았으며 누벨바그나 스콜세이지니 하는 감독들의 영화쯤은 모두 꿰뚫은 친구들, 늦은 나이에 연기의 길을 결심해 더는 도망갈 곳이 없었던 형과 누나들. 커튼콜 순간의 갈채를 안을 수만 있다면 지금의 고통이야 얼마든지 감당할 수 있는 사람들이었다. 나는 그들보다 진정성도 노력도 덜했다. 그때 내가 붙들어야 했던 것은 농담이라는 조그만 재능과

얄팍한 사회과학 지식 몇 줄이었다. 그들이 모르는 것을 안다고 생각하면 태연할 수 있었다. '칸트', '현대사', '군기의 기원'부터 '올바름'과 '정의' 같은 개념까지.

유년의 동네에서처럼 농담으로 친구를 얻을 수 있다고 믿었던 것과 그 시절 읽은 몇 권의 책으로 새로운 세계를 재단할 수도 있을 거라고 생각했던 것은 진심이었다.

솜이 누벼진 과 잠바는 일찍이 없어졌다. 야외촬영 과제를 나가 잠깐 벗어둔 사이 잃어버린 것이다. 대신 그보다 얇고 긴 예술대학 단체 점퍼를 걸치고 다녔다. 입어놓으면 축 늘어지는 옷이었다. 7만 원이란 가격 치고는 박음질이 너무 잘 풀어져 낭창거렸다. 그걸 무대 작업복이나 촬영 스태프 복장으로 입고 다닐 때였다. 그럭저럭 일 년이 지나갔다면, 내 어린 생각을 깨닫지 못하거나 그 점퍼의 품질이 가격에 합당한지 생각하지 않고 무난한 캠퍼스 생활을 보냈을 것이다. 하지만 누군가 다치는 사고가 있었고, 그것을 우리는 제대로 수습하지 못했다.

주체할 수 없이 화가 났지만 거기에 감정을 소모하고 싶지 않았다. 그 무렵 나의 세계에서 유난하던 것은 학교생활만이 아니었기 때문이다.

그즈음 부모님 사이의 관계는 거의 돌이킬 수 없을 지경에 이르렀다. 과수원에서 계시다 한 달에 한 번 올라오는 아버지와 집에 상주하는 엄마는 조금도 대화를 하지 않았다. 두 분 사이의 유일한 임시 공동연락사무소 같았던 나는 말하기 어려운 피로를 느꼈다. 두 분 사이가 데면데면한 것이야 하루 이틀 일이 아니었다. 명절에도 친가와 외가를 혼자 오가는 것이 벌써 몇 년 되었다. 그러나 내가 스무 살이 넘어 성인이 되자 현실적인 문제들이 떠오르기 시작했다.

예를 들면 그때 내 온몸을 지배하던 기저질환은 통학의 피곤이었다. 나는 집에서 학교까지 왕복 4시간씩을 오갔다. 그렇지 않아도 잠이 많은 성질에 학과 일정마저 과중했다. 아르바이트 할 시간도 없이 새벽부터 한밤까지 모조리 소진하는 일과에 기진해 항상 피곤하다는 말을 달고 다녔다. 부모님에게도 그랬는데, "그러니까 여러모로 힘든 데로 학교를 가서 그래. 가까운 데로 가라니까.", "네 엄마도 영주에 안 내려오면 혼자 힘들 텐데, 서울로 이사를 가야지. 방을 좀 구해봐라." 자취가 힘들다는 뻔한 집안 사정 속에 두 분이 내놓는 반응은 이런 식이었다. 엄마의 안타까움 어린 타박도 달갑지 않았지만 아버지의 해결책도 받아들이기 힘든 것이었다. 엄마는 서울로 이사를 할 수 없었다. 떠나온 지 벌써 십 년이 넘어 아무런 연고도 없는 서울에서 엄마가 할 수 있는 일은 말 그대로 '일'이었을 뿐이다. 아버지도 그걸 모르는 건 아니었다. 실제로 그건 일흔을 넘긴 아버지가 제시하는 아주 서투른 화해, 또는 여생을 정리하려는 시도였을 것이다. 그러나 엄마는 영주로 갈 마음도, 아버지와 다시 뭔가를 할 마음도 없었다.

아버지는 한 달에 한 번 나를 만날 때마다 엄마와는 대면하지 않고 나를 통해서만 당신의 말을 전했다. 엄마도 마찬가지였다. 내가 듣는 서로의 입장은 전혀 합의될 수 없는 것이었다. 이쯤 되면 괜히 응석을 부린 꼴이 된 것이다. 피곤을 호소했더니 더 큰 피로가 몰려오는 꼬라지였다. 집의 오랜 갈등에 비하면 통학쯤이야 아무것도 아니었다. 그것을 내가 감당하면 되는 거라면 그냥 그렇게 하기로 하고 입을 다무는 편이 나았다. 그러나 학교에서 하루 온종일 보내거나 스태프 일로 밤을 새울 때 아버지는 나에게 집 구하는 일의 진척을 물어보곤 했다. 집을 보러 다닐 시간이 있을 리 없었던 나는 얼버무렸다. 아버지는 그럴 때마다 일 처리가 지지부진하다며 화를 내셨다. 도리어 화가 나는 건 나였다. 이유도 퍽 정당했다. 하지만 그러면 아버지는 정말 할 말을 잃어버렸을 것이다. 그들이 내게 미안해하는 얼굴을 보는 것이 더 싫었다. 나는 학교 선배들에게 용감하게 대거리 한 번 해본 적이 없었으니 만만한 부모님에게 화풀이한다는 느낌으로 괴롭고 싶지 않았다.

또 한몫을 한 건 비어 있는 주머니였다. 나는 안정적인 아르바이트를 구할 여건이 안 됐다. 가끔 있던 과외와 주말 아침에 있던 학원 조교 자리가 유일한 일자리였다. 거기서 가져오는 돈은 실질적인 생활비의 절반이나 될까 말까였다. 휴대폰 요금이나 교통카드 대금을 제때 내는 법이 없었다. 요금이 이체되는 날 하루 전에 계좌에서 돈을 빼두어야 했다. 그렇지 않으면 월급의 절반이 한 날에 날아가곤 했다. 그때 생각하기로는, 그 시절만 좀 견디면 상황이 나아질 줄 알았다. 그러나 20대 내내 궁하지 않은 날은 거의 없었던 것 같다. 등록금은 면제였지만, 인생 수업료는 결코 싼 것이 아니었다.

기합을 준 선배 가운데 하나가 그 7만 원짜리 저질 잠바를 납품한 업체의 대표라는 소문이 있었다는 게 기억난다. 부디 풍문이기만 했다면 좋았을 징그러운 얘기였다. 그런 와중에 나는 버릇대로 작지만 분명한 얘기를 하다가 별안간 거대하고 흐릿한 얘기를 했다. "이건 악습이고 폐단이야. 일제강점기부터 내려온… 우리 이렇게 안 해도 연기하고 연출할 수 있어. 이런 문화는 모두 없애야 해. 하지만 안에서는 바꿀 수 없어. 우리가 다 같이 호소하면 충분히 설득력이 있어. 항상 에브리타임에서 우리 과 욕 먹잖아. 인사 크게 하고 쓸데없이 군기 잡는다고. 밖으로 이 사건을 꺼내서 우리가 똑같은 사람들이 아니라는 걸 보여줘야 해. 이제 인간의 얼굴을 한 예술을 해야 한다고. 고발을 하자." 이것은 반박할 수 없는 말이라기보다는 반박하기 싫은 말이라는 것을 인정한다.

내 의견은 별로 지지받지 못했다. 그것을 이해하지 못한 것은 아니었다. 내가 내놓는 말들이란 내 자신만 쉽게 생각할 수 있는 것이었다. 동기들은 나처럼 운 좋게, 또는 우연히 이 학교에 들어온 것이 아니었다. 일 년, 길면 몇 년 동안 기약 없는 입시를 준비하며 백 대 일에 준하는 실기 경쟁률을 뚫고 어렵사리 들어온 학과였다. 어딜 가나 거의 영(0)에 수렴하는 것이 연극영화과의 추가 합격률이다. 이 일 말고도 석연찮은 점이 적이 있었던 교수님을 이야기할 때 항상 "그래도 우리를 뽑아주신 분인데…"라는 말을 심심찮게 들을 수 있던 것은 그 때문이었다. 나쁘게 해석하면 주휴수당을 못 받는 아르바이트생이 "사장님도 힘드실 텐데"라고 하는 스톡홀름 신드롬이었고, 좋게 말하자면 이 길 말고는 다른 겨를이 없는 친구들의 간절함이 낳은 소산이었다.

나도 그것을 알았지만, 그때의 나는 그게 '어쨌든 틀린 것'이라고 생각했다. 그들을 설득하려고 했던 건 진심이지만 마음 한편으로는 진심으로 찬성을 얻기는 힘들 거라고 생각했다. 그래서 꼭 나오게 되던 어렵고 현학적인 말과 막연하고 큰 논리. 그것은 예술에 대한 진정성으로 가득 찼지만 단지 '을'의 입장에서 '병'까지 생각할 여유가 없다는 도덕적 결함을 안고 있는 이들에게 내가 우월감을 확보할 수 있는 하나의 편안한 방편이었다.

그 시기 SNS에서는 다른 학교의 무용과, 체육학과, 간호학과, 항공운항과 같은 곳에서도 비슷한 일이 벌어진다는 폭로가 잇따랐다. 남은 것은 우리뿐이고, 내가 그 중심에 서 있는 방아쇠인 것만 같았다. 그때 내가 확신에 가깝게 믿고 있던 것은 절대선 같았던 도덕이란 잣대였다.

또 하나는 분노와 거기서 나온 승부욕이었다. 논쟁에서 이기고 싶었다. 고발을 하자는 결론이야 뜻밖이었겠지만 어찌 보면 내 발언은 당연한 수순이었다. 거기 곧바로 동의해준 이가 거의 없었다는 것에 자존심이 상했다. 냉정하게 돌아보면, 그때 이미 교수님과 선배들이 아니라 보수적 입장의 동기들로도 분노가 향해가고 있었다. 그것은 내가 은근히 지니고 있던 선민의식을 굳게 해주었다. 나는 더욱 흐릿한 말을 머릿속에 훨씬 많이 채워 넣게 되었다. 막연하고 현학적이고 어렵고, 이성적인 듯 사실은 내 화와 우월의식에서 나온 것이라 종국에는 거부감을 돋우거나 이해하기 힘든 말들. 그것은 그들과 다르다는 지적 허영의 산물이었다.

모든 일이 확실하게 흐지부지된(형용모순 같지만 아니다) 것이 오월 말이었다. 있던 일을 다 옮길 수는 없다. 당사자들과의 구체적인 일화를 적지 않을 수 없기 때문이다. 결과만 놓고 보면, 나는 나름대로 노력했지만 아무것도 하지 않은 셈이 되고 말았다. 아니, 이렇게 적는 것도 비겁하게 느껴진다. 나는 정말로 '아무것도 하지 않았다.'

친하던 친구 하나가 이렇게 물었었다.

"정말 할 거야?"

대답하지 못했다.

그날부터 나는 그저 혼자 걷기 시작했다. 혼자 학교를 내려가자니 초여름 밤도 서늘했다. 어둑해져 조용한 학교를 지나 대명거리에 들어서면 밝고 흥겨웠다. 그 사이를 지벅거리자니 눈물이 나곤 했다. 큰길을 건너야 극장들이 늘어선 진짜 대학로가 나왔다. 골목골목을 이삼십 분 거닐다가 막차를 타곤 했었다. 하지만 그렇게 하고 싶지 않았다. 나는 고개를 돌리고 이 사건을 쳐다보지도 않으면서 얻을 당장의 안온을 더 사랑했다. 그것이 타고난 나의 성정이었던 것이다. 비극의 뿌리는 나의 여집합이었다. 그러나 비극을 비극으로 끝내고 만 것은 내 두 손과 성급한 가슴, 그리고 뒤늦게 식어버린 머리였다. 할 수 있을 것 같았던 일은 결국 그때의 내가 할 수는 없는 일이었다.

시간을 돌려 2016년 6월로 되돌아가더라도, 나는 의자를 박차고 나가 얼굴이 빨개지도록 말싸움 한판을 붙거나 고발장을 진짜로 접수할 수 있었을까? 아니었을 것 같다. 그것이 나를 눌러왔다. 자괴감을 피하기 위해 동기들을 원망하며 애써 잠을 청해보려던 밤도, 솔직히 많다.

유월이 되고 종강을 했다. 한바탕 도가니 같았던 시련이 일단락되었다. 나는 그날 이후 많은 이들과 서먹해졌다. 말싸움을 벌이던 동기들과 조금도 개인적인 연락을 하지 않았다. 영어 교양 과제를 도와 달라거나 미팅을 주선해 달라는 말도 없었다. 그들과 마주칠 때마다 서로 보이는 어색한 웃음만 남아 있었다. 합심해서 나를 차단한 이들이 있었던 것도 아니고 따돌림을 당한 것도 아니다. 그러나 분명히 느껴지는 것이 있었다. 내 농담은 조금도 달라지지 않았지만 거기에 웃어주는 사람은 허룩하게 줄어들어 있었다.

후일담 몇을 전해야겠다.

나는 결국 서울로 이사하지 않았다. 아버지의 성화에 밀려 영등포시장이나 후암동에 방을 알아보러 다녔지만 엄마 생각에 그만두었다. 아버지는 끝까지 나를 이해하지 못했다. 나 또한 서울 안에 사는 것이 간절했지만, 엄마 얘기를 방패 삼아 논쟁하고 싶지 않았다.

다음은 총회가 있고 일주일 뒤의 이야기다. 페이스북에 눈에 띄는 글이 올라왔다. 어떤 선배였다. "학과가 한바탕 시련을 겪었다. 많은 것이 바뀌었다. 더 좋은 변화이기를. 후배들은 그 전의 학교를 모른다. 우리가 겪은 무게도 생각해주기를 바란다." 동기들 가운데 '좋아요'를 누른 사람은 한두 명이었다. '화나요', '놀랐어요' 따위가 없던 시대였다. 그 선배는 환불을 요구하는 예대생들을 공공연히 비웃고 다닌다고 했다. 어차피 시간이 지나면 잊힐 일이라면서. 그 발언을 나에게 전하던 여자 선배의 얼굴이 아직도 잊히지 않는다. 경멸을 참지 못한 표정. 그는 싸구려 예대 잠바를 7만 원에 납품한 바로 그 선배였다.

시련이란 그런 것이었다. 누군가의 선함, 악함, 위기가 닥쳤을 때 가장 먼저 버리는 가치, 도덕의 잣대 따위가 모두 내보여졌다. 도가니에 우리를 쏟아 넣고 뒤흔든 결과 나는 나자빠졌고, 누군가는 살아남았다. 심지어 그것이 누군가에게는 시련도 아니었던 것 같다.

나는 악하지 않을지언정 비겁했다. 마음 한구석에서 그 선연한 사실을 거부할 수 없었다. 부정하기 힘든 건 또 있었다. 내가 준비되지 않은 얼치기 예술대학생이라는 것. 재능, 노력, 용기 모두 평균 이하였다는 사실을 받아들여야 했다. 그리하여 나는 다시 안온한 길을 선택하기로 했다. 아주 멀리, 내 유년을 받아들이고, 스무살 이후의 삶을 알지 못하며 종종 발견될 나의 허물쯤은 감싸줄 수 있는 곳으로. 재수학원에서 그랬던 것처럼.

내 날은 다했다.[23] 이것이 내가 내린 결론이었다. 자긍심 가득한 혜화동 거리에 더 마음을 둘 수 없어서 떠나기로 했다. 숨이 턱턱 막혀오는 그곳은 이제 내 세계가 아니었다. 축제의 물결, 노천극장, 경영관 앞 잔디밭, 1호선 첫차와 혜화역 1번 출구, 새벽의 셔틀버스, 연습실, 봄볕 아래 거닐던 대학로의 골목, 소담한 소극장과 빨간 벽돌의 대극장, 남은 표를 팔아대는 단원들, 갈맷빛 가로수들, 붐 마이크를 들거나 슬레이트를 치며 뛰어다니던 학교 앞 골목들, 선배들 몰래 모여들던 술집과 카페. 수백 번 앉았다 일어난 뒤에나 느껴볼 수 있었던 것들.

나는 불쾌한 기억으로 돌아보는 것이 아니다. 후회하는 것도 아니다. 다만 나는 즐기지 못했음을 안타까워할 뿐이다. 학교와 연극과 무대와 많은 사람들과 그 시절과 그렇게 일별하였음을 말이다.

몇 년간 학적만 유지한 채 거의 혼자서 학교를 다녔다. 물론 친한 동기나 후배들 몇과 만나긴 했지만, 강의 시간 사이에는 잠을 자거나 혼자 과제를 했다. 따로 누구를 만나는 일은 하지 않았다. 고독을 버틸 수 있었던 이유는 자기합리화였다. 정의롭지 못한 세계에 올라타 불의한 인간이 되느니 초연하되 외로운 인간이 되는 것이 낫다는.

그러나 얼마 안 되어 깨달았다.

나는 그 세계가 그리웠다.

11. 사당역과 동부이촌동 사이의 페이크 지식노동자

"그러나 아이들에게 물려주는 건 재산만이 아니다. 동부이촌동에서 여의도나 광화문으로 출근하는 부모들과 경기도에서 사당역을 거쳐 뿔뿔이 흩어지는 부모들이 진정 상속하는 것은 각각 다른 세계관이다. 그것이 계급 차이의 진짜 의미다."

"그런데 선생님, 동안이세요?"

"예? 동안이요? 얼굴요?"

"나이도 그렇고, 대학생이셔서 전문 선생님이 아닌 이미지다 보니 일단 너무 어려 보이면 엄마들이 좀 가볍게 본다고 할까요?"

"아~, 저 절대 스물둘로 안 보여요. 어떻게 면도라도 좀 덜 하고 갈까요? 한 서른마흔다섯 살 같을 텐데. 으항항항."

"어유, 웃음소리가 아주… 호탕하시네. 사진으론 그렇게 안 생기셨던데. 그러면 내일 한번 방문하세요. 그 집에 그렇게 얘기했거든요? 주소 보내드릴게요."

어리숙한 비즈니스용 웃음으로 그해에 얻은 첫 수업은 동부이촌동의 고3 여학생이었다. 중개업체가 알선해준 것이었다. 지금은 '김과외', '프람피' 같은 앱을 쓰지만, 몇 년 전만 해도 네이버 카페에 프로필과 연락처를 올려놓는 것이 가장 무난한 방법이었다. 면접은 밤 열한 시쯤 불쑥 걸려온 전화로 갈음하는 것 같았다.

그 시간에 온 전화를 유쾌한 기분으로 받을 수는 없었다. 내일 출근하라는 일방적 통보도 신경을 건드리는 것이었다. 첫 달 50% 수수료? 겨우 35만 원짜리 일에 괘씸하다는 생각도 들었다. 그러나 휴대폰 요금과 교통카드 대금 납기일이 임박한 것을 상기하면 겸허해졌다.

그리고 이 시장에 발을 담그다 보니 그것이 이 업계의 보편적 습성이란 것을 알게 됐다. 과외 중개업체, 학원 원장, 때로는 몰상식한 학부모들까지도. 누군가를 '을'로 취급할 때 나올 수 있는 첫 번째 행동양식이었다. 그리고 그런 제안을 처음 밀어내는 순간 수업이 성사될 확률은 현저히 낮아진다는 것도 깨닫게 됐다. 밀고 당기는 수 싸움을 하자니 나를 대체할 자원은 널려 있었다.

재수생 시절부터 운 좋게 시작한 과외와 학원 일이었다. 우연히 시작했지만 놓치고 싶지 않았다. 할 수만 있다면 매우 만족스러운 일이었기 때문이다. 대학생이 할 수 있는 다른 아르바이트 - 캐셔, 서버, 스타벅스 파트너, CGV 미소지기, 쿠팡 물류센터보다는. 과외로 수입을 얻기 전에는 그 평범한 노동이 아무렇지 않다. 그러나 인생의 법칙은 안타깝게도 역체감에 민감하다. 유선 이어폰을 쓰다가 에어팟을 써보면 생각보다 만족스럽지 않다. 그렇지만 에어팟을 쓰다가 유선 이어폰으로 돌아가려면 불편해 미쳐버릴 것이다. 다른 아르바이트 노동과 과외의 관계도 유사하다. 과외는 물류센터보다 거의 모든 면에서 낫기 때문이다. 그 이유는 다음과 같다.

먼저 시급이 세다. 나의 구직 철칙 첫 번째는 항상 '박리다매'였다. '한국지리'란 비주류 과목이 주력이었기 때문이다. 누가 영어 수학도 아니고 사회탐구에 돈을 쓰겠나? 그런데도 항상 한 시간에

25,000원~40,000원을 받았다. 다만 두 번째가 '불러주면 어디든 간다'였으므로 교통비를 생각하면 조금 적게 계산해야겠다. 집을 경기도 남부에 두고 서울과 신도시 곳곳을 쏘다녔으니까. 하지만 최저임금이 6,030원이던 2016년에도 그만큼 받았다는 걸 생각하면 큰돈임에는 분명했다. 과외비 시세가 몇 년 동안 제자리걸음이기는 해도.

두 번째, 육체노동을 하지 않는다는 것. 이런 일은 거의 없다! 인턴이나 사무보조가 있지만 둘 다 구하기 힘들다. 인턴은 경쟁률이 높고 스펙이 필요하다(스펙 쌓으려고 하는 게 인턴이거늘 염병할 그럼 어디서 스펙을 쌓으란 말인가? 그러나 일찍이 공모전과 다양한 대외활동을 해놓은 친구들은 잘도 인턴을 구한다는 걸 인정해야겠다. 다 노력의 결과다). 사무보조는 그보다 허들이 낮지만 취준생이나 대학원생 등으로 경쟁자 집합이 넓어지면서 통상 3개월 이상의 근속을 요구하므로 이것도 어렵다. 과외가 최고다. 나는 연차가 쌓일수록 요령만 느는 선생이었다. 수업 때 삼십 분은 잡설과 고민 상담, 삼십 분은 기출문제 풀이를 시켜놓고 휴대폰을 만지작대고는 했다.

세 번째, 혼자 할 수 있는 일이고 일하는 시간이 비교적 자유롭다는 것. 이건 약간 논쟁의 여지가 있다. 생각 외로 과외는 학생만 대하는 일이 아니다. 학생, 학부모, 중개업체, 학원에서 일한다면 원장이나 상담실장 같은 이해당사자들과도 맞부딪힌다. 그리고 수업 때 하도 말을 많이 하다 보니(반대로 학생이 하는 말이라고는 네, 모르겠어요, 엄마랑 얘기해볼게요, 숙제 놓고 왔는데요, 뿐이다) 다른 자리에서 입을 열기가 피곤해진다. 처음 과외선생을 하던 스무 살 때와 지금을 비교하면 내 수다는 많이 억제되었다. 그렇지만 일하는 시간의 유동성은 큰 장점이다. 일주일에 두 번이 계약 조건이라면 요일이 어떻든 두 번만 채우면 된다. 수업은 대부분 평일 밤이기에 대학생의 일정에 끼워 맞추기도 수월하다. 학교 일을, 나중에는 주말에 동아리 활동을 했었던 나는 이 같은 유연함이 꼭 필요했다.

그러나 정직해져야겠다. 지식노동자의 말석을 꿰찬 느낌, 그것이 무엇보다 마음에 들었다는 걸 말이다. 그건 말이나마 선생님 대접을 받을 수 있다는 것, 누군가를 가르치는 입장에 설 수 있다는 것, 아무것도 모르는 고등학생들의 존경을 받을 수 있다는 것으로부터 나온다. 슬랙스에 니트, 코트를 입은 채 브리프케이스 비슷한 가방으로 가정을 방문하거나 오른팔 소매를 걷은 채 학원의 칠판 앞에 서 있다 보면 그런 허영심이 샘솟지 않을 수 없다. 순진한 고등학생들의 동경 어린 시선을 쉽게 얻을 수 있는 위치라는 것도 이유다.

나는 '생활과 윤리', '윤리와 사상' 같은 과목을 가르칠 때, 등장하는 사상가들의 이력을 줄줄 외워주고는 했다. 이런 식이다. "존 롤스. 1921년 미국 발티모어에서 태어났어(볼티모어가 아니다. '발'티모어라고 하는 것이 훨씬 더 있어 보인다). 1943년 프린스턴을 졸업해서 공군 장교로 입대하지. 이 사람은 계속 군인을 할 수도 있었어. 그런데 시대가 그렇게 놓아두지 않았던 거야. 당대 미국 사회의 가장 큰 병폐가 뭐였을까? 그렇지 인종차별이지. 이 문제의식에서 롤스는 정의론을 발전시켜나가게 된 거야…."

출처는 가끔 읽던 교양서, 나무위키, 복수 전공하던 정치학 수업에서 주워들은 것들이었다. 내용을 뜯어보면 허울 좋은 관상용 잡지식이다. 사상의 핵심이나 출제 포인트와는 별로 상관이 없다. 그러나 중산층과 상류층 아파트의 공부방에서 쫄지 않는 방법은, 이렇게 지적 우월감과 심리적 보상을 확보하는 것이었다. 그리고 소년들은 현학적인 설명과 풍부한 지식으로 무장한 선생에게 쉽게 매료된다. 물론 그것은 보잘것없는 자신에게 내세울 수 있는 유일한 방어기제였다.

녁녁한 동네에서 돈을 버는 가난한 지식노동자.

70~80 년대 문학의 사변적 주인공처럼 스스로를 설정하는 것은 아주 매력적인 자기연민이었다.

시급을 제외한다면 몇 년 동안의 과외와 학원 강사 생활로 얻은 건 별로 많지 않다. 고등학생들의 동기를 부여하는 얄팍한 기술이 조금, 그리고 어떤 편견이 있다. 갈수록 견고해지는 서울과 그 주변부 지역 각각에 대한 스테레오타입이었다. 물론 표본은 매우 적다. 내가 만난 학생들이라야 동네마다 서넛이고 많으면 열 명이나 될까 말까 하다. 나의 선입견이 먼저 작용한 탓일 수도 있겠다. 하지만 아이들은 그들의 동네와 꽤나 닮아 있었다.

중계동 주공아파트에서 만난 학생은 수더분하지만 나에게 직접 전화해서 한 시간 넘게 상담을 할 만큼 절실했다. 위례신도시는 장난기 많고 밝고 구김살이 없었다. 그러나 수업 외 시간의 소통은 부모님을 통해서만 가능했다. 내곡동과 세곡동은 대체로 부모님들이 너무 바빴다. 오히려 아이들이 나를 붙잡고 수업과 상관없는 여러 상담을 청해 오는 통에 연민이 생기기도 했다. 봉천동과 신림동에 출근할 때는 익숙한 '옛날 서울' 풍경이 반가웠다. 분당은 구도심 이매동과 판교에 가까운 정자동이 달랐고, 같은 목동이라도 바깥쪽 신정동에 가까운 빌라촌과 하이페리온에 가까운 아파트 단지 아이들이 달랐다. 전자 쪽 아이들이 좀 더 순박했다. 상대했던 부모들로 논하자면 전자는 얼굴이 꺼멓고 잘 맞지 않는 셔츠와 무릎이 바랜 바지를 입은, 의지는 있는데 요령이 없어 조그만 학원 원장의 감언이설에 귀가 팔랑이는 아버지로 묘사할 수 있다. 후자는 집에 상주하며 조금도 화장하고 꾸미는 법이 없지만 봉투나 휴대폰을 꺼내는 가방만큼은 최소 MCM이나 프라다이며, 하루가 멀다 하고 카톡을 보내 다음 모의고사 점수를 운운하는 어머니라고 말할 수 있겠다. 그리고 정말 가끔 있었던 우리 동네 수원의 고등학생들에게서는, 내가 친구들에게서 보던 능글맞지만 착하고 꾸밈없던 그 모습을 발견하곤 해서 눈물이 날 뻔도 했다.

내게 잊기 어려운 에피소드 몇 개를 선물한 동부이촌동은 어땠을까. 꼭 그 동네가 어떻다는 것이 중요한 건 아니다. 다만 이것은 계급에 관한 얘기다. 그것은 내가 강 건너편 사당역에 훨씬 더 익숙한 인간이었다는 사실로부터 시작할 수밖에 없다.

경기도 남부에 사는 사람이 서울로 진입하는 방법은 빤한데, 크게 양편이다. 1호선이나 무궁화호를 타고 도심으로 가는 게 첫 번째다. 아침 출근길이라면 이쪽을 이용하는 게 안정적이다. 대체로 노선도의 시간대로 움직여주기 때문이다. 두 번째는 환승 결절점 사당역에 몰려와 지하철이나 버스를 갈아타고 다른 목적지로 흩어지는 것이다. 아주 옛날에는 서울의 관문이 남대문이었겠지만 지금은 사당이다.

내가 느끼기에는 서울역보다는 사당역에서 내리는 사람들의 얼굴이 좀 더 핍진하다. 이유는 모르겠다. 출퇴근길의 짧은 여행일지언정 기차보다는 버스가 더 피로하기 때문일까? 아니면 안산이나 화성처럼 경부선이 지나가지 않는 동네의 사람들까지 볼 수 있기 때문일까? 어쨌든 나는 거의 반생 동안 수원에서 서울로 '올라오는' 입장이었다. 서울 어떤 동네보다 많이 밟아본 만큼 이 동네가 정말 익숙하고 친근하다. 서울 그 어떤 동네보다 많이 밟아본 사당은 내가 어느 곳보다 많이 배회하고 사람을 많이 만났으며, 중학교 2학년 때 친하던 대학생 형에게 처음 술을 얻어 마셔본 곳이기도 했다. 대부분의 목적은 환승이었고 이방인 신분이기는 했지만.

사실은 사당역을 찾는 모든 사람이 이방인이다.

사당역은 복잡한 교통체증이 거의 24시간 내내 있다. 여기서는 버스든 승용차든 무슨 일로든 서울에 진입하려고 하거나, 반대로 강북에서 볼일을 보고 서울을 빠져나가려 하거나 해서 매일 굉장한 소음을 유발한다. 근처에서 끼니를 때우려고 하면 패스트푸드나 프랜차이즈 카페, 해물이나 김치찌개 따위를 안주로 하는 포차, 그도 아니면 평범해 보이는 호프집이 첫눈으로 들어온다. 일식은 사시미보다는 스끼다시가 찐하게 깔리는 보급형 횟집이 좀 더 흔하다. 사당에서 이수에 이르는 대개의 식당은 일견 '그럭저럭'인 것이다. 그것은 여기를 지나는 많은 사람의 대개가 주민이라기보다는 스쳐 가는 이방인이기 때문이다.

그런데 이곳의 밋밋해 보이는 밥집들은 제법 요리를 하는 편이다. 일단 10번 출구에서 이수역으로 가는 길의 왼편 골목에는 서울 시내 3대 김치찌개집 중 하나가 있다. 알고 보면 그 가게는 한강 이남에서 다섯 손가락에 드는 전집을 수줍게 마주 보고 있다. 뿐인가, 경문고등학교 뒷골목의 어느 선어 횟집은 유독 덴뿌라의 맛이 절륜해 역대 동작구청장들이 즐겨 찾았다 한다. 김밥만 취급하는 태평백화점 뒤의 노포도 명물이다. 아침에 정복을 입은 자들이 가끔 줄을 서는데, 방금 당직이 끝난 방배경찰서 경사들이다. 시립미술관 근처로 가면 포항 연근해에서 잡아 올린 산오징어를 시가로 내놓는 포차도 식객을 끈다. 일설에는 영일만에 매일 방류되는 포항제철 쇳물이 난류를 타고 오징어에 철분을 더해서 빈혈에 좋다고 한다. 보통은 넘어서는 밥집들이 오랫동안 자리를 지킨다는 사실은 그 동네의 근본을 지탱한다. 사당은 보기보다 만만한 동네가 아니며, 상술한 주접은 다 사실이다.

그러니 이곳의 이방인들 역시 그냥 이방인들이 아닐 것이라는 게 합리적인 추론일 것이다. 그들은 여기서 매일같이 출퇴근하는 일상을 보내고 있다. 아니, 그 하루하루를 '치러낸다'는 표현이 더 적확하다. 그들의 구성을 정밀히 알 수 있는 통계는 물론 없다. 측정하는 게 불가능하기 때문일 것이다. 하지만 바야흐로 인공지능의 시대가 아닌가? 이렇게 생각해볼 수는 있다. 통계 조사를 지시할 만한 높은 사람 중 아무도 그 비루한 인생들엔 흥미가 없을 것 같다는 것.

어쨌든 이들은 매일 아침 서울 시계(市界) 직전 남태령에서 삼십 분을 길바닥에서 내버리고 온다. 그들을 살펴보자면, 먼저 서울에서 젊은 시절을 보냈지만 지금은 수원이나 군포 따위의 위성도시들로 밀려난 중년들이 어림잡아 절반쯤 된다. 기왕 삶터가 옮았으니 일터도 그랬다면 좋았겠지만, 어쨌든 여기 오는 사람들은 그러지 못했다. 치킨집을 창업할 용기가 없었거나. 그리고 서울로 통학하는 대학생들이 또 그 절반쯤을 차지한다. 항상 잠이 부족하기에 이곳에 도착할 때는 렘수면에서 갓 깨어나게 된다. 이런 모습으로 지하철이나 버스를 다시 갈아타야 한다. 청년들 어디 갔냐고, 다 중동에 갔다고…. 아니다. 알고 보면 다 여기 있다.

나 또한 그 일군 가운데 하나였다. 다만 돈을 벌기 위해 사당역을 들르는 건 익숙한 일은 아니었다. 퇴근길을 거슬러 사당역을 거쳐 한강을 건너곤 했다. 학교에 가는 날 수업이 있었다면 좋았겠지만 여학생은 내가 학교에 가는 날만 다른 과외가 있다고 했다.

그 집에 처음 갔을 때 여럿이 낯설었다.

아파트는 동부이촌동에서도 제일 동쪽 끝에 있었다. 큰길가에서 들어가려면 H 맨션을 지나가야 했다. 오래된 5층짜리 아파트가 겹겹이 늘어선 단지였다. 너무나 잘 기억하는 아주 어릴 때 살던 개포동 주공아파트의 외양이었다. 옆으로 눈질하는 것만으로 갈색 창문틀, 좀 더 연한 갈색 공동현관문, 문 옆의 녹슨 우편함, 자갈이 박힌 바닥과 계단, 실외기가 드러난 베란다, 도색이 벗겨진 놀이터 평행봉, 아파트만큼 자란 나무들 같은 걸 떠올릴 수 있었다. H 맨션을 스쳐 지나 아파트 단지의 입구로 들어섰다. 강변답게 이름에 '리버'가 붙은 이곳도 익숙하기만 했다. 여기도 가끔 집이 경매에 넘어가서 용달차를 부르는 가족이 있을지 몰라. 담이 높지도 않고, 외부인을 경계하지도 않고, 겉보기로는 적당히 때가 묻어 있었다. 나중에 신사동이나 광장동의 고급 아파트에서는 단지 출입구서부터 경비원을 호출했던 경험이 있었다. 물론 보안을 강조하는 유행이 신축 아파트에 반영된 까닭이다. 그러나 그런 곳들에 비해 동부이촌동이란 곳은 이방인이 좀처럼 찾아들 이유가 없기 때문이기도 할 것이다.

낯익다는 게 외려 생경하던 까닭은 그 동네가 부촌인 걸 이미 알았기 때문이다. 그 전해 수지의 중산층 아파트 단지로 출근하거나 분당의 학원에서 유복한 미술·무용 전공생들을 만나보지 않은 것은 아니었다. 그러나 집 한 채의 가격이 10억을 넘는 동네는 처음이었다(이것은 2017년의 이야기다. 지금 그 집은 30억까지 호가한다. 새로운 동네에서 내 눈에 먼저 띄었던 것은 공인중개사 창가에 붙은 매매가였다). 모두 사람 사는 동네라고 치부하기에는 자격지심과 선입견이 너무 강했던 걸까? 왜 이리도 비슷할까? 배신감 들게.

학생의 집은 8층이었는데, 1층 엘리베이터 문이 열리는 순간 기분 좋은 냄새가 은은히 밀려왔다. 라일락 향이었다. 그런데 이건 정말로 낯선 것이었다. 낯익어서 낯선 것이 아니라 전혀 경험하지 못한 것이었다. 서민계급 아파트의 엘리베이터에서는 절대 좋은 향기가 나지 않기 때문이다.

집에 들어서니 여학생의 어머니가 나를 반겼다. 레깅스를 입었고 크롭탑 위에 짧은 저지를 걸치고 있었다. 맹세컨대 이걸 기억하는 건 내가 변태라서가 아니다. 그 후로 어떤 집에서도 볼 수 없었던 학부형의 복장이었고, 처음엔 그녀가 과외생인 걸로 착각했기 때문이다. 나중에 인스타그램 추천에 뜬 걸 봤더니 그녀는 여성 의류 쇼핑몰 사장이었다. 넓고 깔끔한 집이었다. 거실 통창 너머로 밤의 한강이 그림처럼 펼쳐져 있었다. 강변북로 왼쪽으로 방금 건너온 동작대교가 보였다. 오렌지색 가로등이 파란 구조물에 비쳐 있었다. 걸을 때는 몰랐는데, 내려다보니 생각보다 예뻤다. 지금 생각하니 좀 더 오랫동안 눈에 담을 걸 그랬다. 정말 그 아파트에 살지 않는다면 다시 볼 수 없는 풍경이었다. 그러고 있으려니 여학생 하나가 건너편(건너편!) 방에서 파자마(집에서 실제로 파자마를 입고 생활하는 사람은 처음 봤다) 차림으로 나왔다. 안녕하세요? 응 안녕, 저쪽 방으로 가면 되나요? 학생의 얼굴에서 말을 시작해 어머니를 보고 끝냈다. 아뇨, 저기는 침실이고 공부방은 여기예요. 오우 쉿! 너에게 배정된 방은 최소 두 개구나. 나는 수원에 겨우 하나 있고 그마저도… 빈정거림은 그만두기로 했다.

방에 들어가기 전에 어머니는 커피를 타준다고 했다.

"딸은 아메리카노? 선생님도 커피 드세요. 쓴 거 드실래요? 달달한 거 드실래요?", "아유, 저는 그럼 밸런스 맞게 단 거 먹겠습니다. 항항항", "어머, 웃음소리가 되게 특이하시네요." 이러한 주접으로 의심을 거두거나 호감을 살 수 있다면 언제든 오케이였다. 여학생을 맡을 때 남 선생이 꼭 달갑기만 한 것은 아니니까.

그러고 나서 그녀가 커피를 '만들었다.' 카페에나 있을 법한 은색 커피머신으로 직접 에스프레소를 내리는 것이었다. 미리 따라 놓은 찬물에다가 원액을 붓고 그다음으로 얼음을 넣었다. 물-에스프레소-얼음. 별것 아닌 것 같지만 스타벅스에서 엄격히 준수하는 시퀀스다. 나중에 스타벅스 파트너로 일할 때 선임 파트너가 단단히 교육시켰었다. 커피를 잘 모르지만 이유가 있을 것이다. 에스프레소는 공기 중에 10초 이상 두면 맛이 변한다는 것 정도는 배웠다. 추측하건대 그 때문이 아닐까. 아무튼 그때 이날을 떠올렸다. 그 어머님 참 근본 있게 커피를 내리셨구나, 하면서.

자, 그럼 '달달한 거'란 뭘까? 나는 대체 어떤 재료를 첨가한 배리에이션 커피를 대접받을 것인지 기대로 부풀었다. 설레발치기가 무섭게 내가 받아 든 것은 '맥심 화이트골드'였다. 어머니가 정수기의 뜨거운 물을 손수 쪼로록 받아 저어준 것은 물론이다.

"선생님 더우신가? 얼음 넣어 드릴까요?"

"괜찮습니다."

그러면 '달달한' 커피가 아니게 될 것이기 때문입니다. 물색없이 금방 털어 넣은 커피는 아주 익숙한 맛이었다.

나는 아직도 결론을 내리지 못했다. 커피 맛 모르는 애송이에게 주는 정당한 대접이라고 생각했던 것일지, 정말 그 집은 단 커피를 먹을 때 맥심을 먹는 것일지, 놀리거나 엿을 먹이려던 것일지를 말이다. 이번 달에는 17만 5,000원으로 안분지족하는 궁한 과외선생이라는 사실이 마음속에서 급격히 떠올랐다. 천만 원짜리 커피머신이 있는 집에서 믹스커피를 대접받는 기분은 묘했다. 그래, 커피는 맥심. 달달한 부잣집 맛을 누려보려던 심산을 안성기 씨가 놀리는 듯했다. 내가 너무 꼬아서 생각하는 것일까? 물론 그럴 것이다. 하지만 사는 세계가 다르다면 누구에게는 아무렇지 않은 현상이 또 다른 누구에겐 별난 것으로 느껴질 수도 있는 것이다.

분명한 선의에 뒤통수를 맞는 기분, 그것을 여기서만 느껴본 건 아니다. 그다음 해 겨울 평창동에서 한 달 동안 윤리를 가르칠 때였다. 내 역할은 말하자면 과외교사 권한대행이었다. 다음 교사가 구해지기 전 한 달 정도 수업을 해주면 됐다. 그 집은 교사 자격증이 있는 사람만 정식 과외교사로 채용한다는 것이 중개업체의 귀띔이었다. 믿어지는가, 고작 사회탐구 과외선생 자리에? 그러나 그곳은 범인(凡人)의 가늠을 아득히 뛰어넘는 부촌이었다. 안 그래도 가정부를 쓰는 집에서 못할 게 뭐란 말인가? 내가 여덟 번의 수업을 하고 받은 보수도 당시로서는 상상을 초월하는 수준이었다. 후불로 받았지만 시급 5만 원. 4주 만에 80만 원이 찍히던 휴대폰 팝업 메시지. 입금이 되자마자 점심으로 연어뱃살덮밥에 연어를 또 추가해 먹었었다. 입가심으로 들이켠 미소시루는 얼마나 달콤했던지. 그립다, 그게 바로 소확행인 것을. 다만 그날 집에 오면서 휴대폰을 떨어뜨렸다. 액정을 바꾸는 데 25만 원을 날렸다. 인생이란 새옹지마인가 보다. 아니면 시트콤이거나, 아니면 그냥 되는 게 없는 것이거나.

그 집은 〈기생충〉처럼 아주 으리으리하지는 않았어도 생경하기는 매한가지였다. 버스에서 내려 오르막을 십 분쯤 걸었다. 내려갈 때는 삼 분도 안 걸리던 길이었다. 사람 키만 한 담과 그에 걸린 초록빛 나무, 그보다 좀 더 연한 녹색의 마당. 다만 초인종은 여느 아파트와 비슷했다. 드라마는 역시 드라마일 뿐이었다. 20년 전이었으면 아아아악- 하는 부잣집 벨이나 사자 아가리에 걸린 문고리를 마주칠 수 있었을까. 세 번째인가 네 번째 그 집에 갔을 때였다. 수업이 끝나니 밤 열한 시였다. 버스는 끊겼고 택시도 좀처럼 올라오지 않는 동네였다. 이미 짐작한 바였다. 서울로 출퇴근하면서 막차 시간조차 계산하지 않는 이방인은 없다. 이런 일은 익숙했다. 나는 가능하면 하루에 많은 수업을 해결하려고 했다. 그렇게 해서 쉬는 날을 하루라도 더 만들려고 했다. 어차피 택시비도 없었다. 수중에 2만 원 정도 있었을까? 일하던 학원이나 가정에서 돈이 들어오려면 며칠이 더 남았었다.

대강 광화문까지 걸어간 뒤 근처 카페에서 밤을 보낼 작정이었다. 엄동 속이었지만 열을 낼 겸 빨리 걸으면 한 시간이면 될 것 같았다. 지도 어플리케이션을 켜고 방을 나섰다. 어머님이 뜻밖에 코트를 입고 나를 기다리고 있었다. 밍크였다.

“늦게까지 고생하셨어요.”“아유, 아닙니다. 하하.” 이때쯤 내 웃음소리는 별로 특이하지 않았다. 물색없고 가벼운 웃음이 생각보다 사회생활에 도움이 되지 않는다는 것을 체득했기 때문이다.

“여기가 워낙 내려가기 힘든 동네라 콜택시를 불러놨거든요. 저희가 자주 부르는 데에요.” 일이 그렇게 된 순간 내일모레 점심은 거를 수밖에 없다는 계산이 섰다. 내심 다행이기도 했다. 날이 너무 추웠다. 경복궁역까지라면 7,000원 안쪽으로 해결될 것이었다. 운이 좋다면 사당역 막차를 탈 수도 있었다. 밖에 나가 보니 정말 택시가 서 있었다. 밤이라 택시가 잘 안 보이는 것 같았는데, 바로 보니 도색이 까만 모범택시였다.

택시비는 만 원을 훌쩍 넘게 나올 것이다. 밖으로 나오는데 어머님이 어느새 총총 따라 나와 있었다. 팔짱을 낀 채 코트 섶을 바짝 당긴 그녀를 두고 택시를 보내기도 뭣했다. 택시에 오르면 묵혀 놓은 버거킹 기프티콘 따위가 없는지 찾아보기로 마음먹었다.

“추운데 얼른 들어가세요, 어머님.”

제발요. 택시에 오르니 룸미러에 기사님 치아가 환했다. 웃고 계셨다.

“수원 가시죠?”

“예?”

“장거리 콜 부르시길래 어딜 가시나 했는데 사장님이 수원 간다고 하시더라고요? 이 시간에 이 동네 잘 안 올라오는데, 멀리 간다고 하셔서….”

“수원 가면 안 되는데요.”

“네? 수원 안 가세요?”

"안 가는 건 아닌데 아무튼 안 되거든요?"

"수고하셨어요, 선생님. 조심히 가세요!"

어머님의 인사는 아말감 어금니만큼 환했다. 그 뒤로 택시가 미끄러져 갔다.

택시가 출발하자마자 나는 화를 내는 기사님을 달래느라 진땀을 뺐다. 경복궁역에 세워 달라, 목적지가 아닌데 잘못 알고 예약하셨나 보다… 실은, 아니 시발 제가 불렀습니까? 왜 저한테 그러세요, 라고 하고 싶었지만 참는 편이 좋을 것 같았다. 그러나 정말 수원까지 갈 수는 없었다. 그랬다간 요금이 10만 원은 우습게 넘어섰을 것이다.

생각해보건대 평창동에서는 막차가 끊어지면 택시로 귀가하는 게 당연한 상식이었으리라. 8,000원과 10만 원의 차이 역시 별것 아니었으리라. 택시를 타는 김에 모범택시를 부르는 풍모도 당연했으리라. 나는 아직도 그 집의 선의를 의심치 않는다. 그들과 내 '상식'의 차이를 절감하는 게 별로 유쾌한 일은 아니었지만.

그런데 동부이촌동은 평창동과는 성격이 약간 다르다. 내가 '맥심 사건'의 저의를 조금이나마 의심하는 이유는 그 동네를, 고작 몇 달이긴 하지만 겉핥아 보았기 때문이다. 평창동을 관찰할 시간이 없었던 건 아니다. 다만 내가 그 동네를 오가며 본 건 사람보다는 차량들이어서 제대로 뭘 볼 수가 없었다. 동부이촌동도 잘 사는 동네지만, 그나마 외부인이 범접해서 군상을 훑어볼 수 있는 곳이다. 나처럼 사람 구경 좋아하는 뜨내기에게 무람없이 노출되는 '인간미'가 남아 있다고 할까?

동부이촌동은 사는 사람은 많지만 조용하고 한적해 별 사건이 없는 동네다. 중년의 고관들이나 그들 비슷한 나이의 연예인들이 많이 거주하는 까닭이다. 서울에서 강남 3구와 함께 전직 대통령을 가장 많이 뽑아준 곳이다. 그건 그 아버지의 신화가 낳은 그녀의 가장된 신성성을 진지하게 믿었기 때문이 아니다. 그보다는 부동(不動)하며 안정을 좇는 중산층 이상의 보수적 본능 때문일 것이다(이 대목은 거기서 수업을 하던 2017년 무렵에 적어놓은 것이다. 오늘날 그 동네 아파트 가격이 갑절은 뛴 것, 그리고 주택 보유에 따른 종합부동산세가 만만치 않을 것을 생각하면 지금은 또 모르겠다). 그리하여 논현이나 청담과는 또 다른 분위기다. 여기는 오피스텔촌이나 시끌벅적한 번화가가 없으며, 젊은이들이 올 법한 고급 편집샵이나 프라이탁 매장도 없다.

조용하고, 평화롭다. 이것이 가장 먼저 들어오는 인상이었다. 그건 내가 이방인의 천국 사당을 거쳐 온 평범한 동네의 인간이었기 때문이다. 이렇게 지칭하긴 싫지만, '서민 동네'에서 익숙한 풍경이나 군상과 동부이촌동이 다른 점은 다음과 같다. 사실 사소한 것들이다.

먼저 강아지를 데리고 산책하는 여성들이 많다. 산책하기 좋을 만큼 길이 잘 뻗어 있고, 조금만 걸으면 한강공원이 나온다. 반면 서민 동네의 개 주인들은 좀처럼 산책할 여유가 없다. 스트레스로 왕왕 짖어서 옆집의 항의와 드잡이의 도화선이 되는 개만 존재한다. 더불어 중년 이상 남성들이 대단히 멋지다. 솔직히 '남자는 와인'이라는 표현이 아저씨들의 개수작이라고 생각했었다. 그러나 동부이촌동 아저씨들은 대체로 넥타이를 매는 법, 수염을 정리하는 법, 얼굴형에 알맞은 안경을 고르는 법 따위를 아는 게 아니라면 보일 수 없는 좋은 스타일들을 갖고 있었다. 런닝 바람으로 아파트 공동현관을 출입하고 그 앞에서 담배를 피워대는 광경을 여기서는 볼 수 없다.

아이들과도 잘 놀아준다. 나는 대개 퇴근 시간이 지나고 수업을 하러 갔다. 그러면 아파트 단지마다 아빠와 배드민턴을 치거나 함께 스케이트를 타는 어린이들을 볼 수 있었다. 건전한 중산층 가정의 표본 같아서 보고 있으면 저절로 미소가 났다. 아버지가 늦게 퇴근한대도 엄마와 있으면 된다. 여기라고 맞벌이의 비중이 마땅히 낮은 건 아닐 것이다. 그렇지만 본인의 자녀에게 쏟을 시간을 분배할 수는 있는 것 같다.

모두 밝고 친절한데 그렇지 않은 이들도 있기는 하다. 이런 동네에서 표정이 다르거나 퉁명스러운 사람들은, 대체로 부자가 아니라 부자 동네에서 일하는 서민들이었다. 내가 동부이촌동에서 겪은 불친절이나 거기에 준하는 태도는 그러했다. 편의점, 아파트 경비실, PC방, 테이크아웃 전문 커피숍에서.

부인네들이 한가한 낮에 모여 차를 마시는 데는 이디야나 빽다방이 아니었다. 대체로 스타벅스와 폴 바셋, 그리고 프랜차이즈보다 고급스러운 로컬 카페들이었다. '파리바게트'에서도 빵을 사지만 케이크를 살 때는 반드시 '파리 크로아상'이나 곳곳에 숨겨진 수제 케이크 전문점을 찾았다. 밤에 모이는 곳도 달랐다. 호프집은 없고 이자까야가 많았다. 종합시장에 있는 오래된 포차 같은 게 없는 건 아니었다. 그러나 그곳들마저 요새는 인스타그램으로 유명해졌다. 동네의 '바이브' 때문일까? 강 건너 잠바떼기 아저씨들은 자취가 없고 반테나 무테안경의 직장인들이 대개였다. 꼭 정종으로 회동하는 건 아니었다. 그러나 소주를 먹더라도 좀처럼 국물을 마시지 않았다. 참치 오도로나 새우 머리 튀김, 치킨 가라아게는 가격을 떠나 재료 맛을 살리는 훌륭한 안주다. 그 동네의 술꾼들은 내일 멀쩡히 가야 할 직장이 있어서, 덮어놓고 술을 먹는 사람들이 아니었던 거다. 교양인들이라 이 말이다. 무엇보다 내일도 입을 기지 바지에 국물이라도 튀어서는 곤란하다. 아, 그분들은 집에 다 스타일러가 있을 것이다. 장롱 옆에 옷을 '씻어 입는' 기계는 누군가에게는 사치품이지만 누군가에게는 생필품이다. 그렇지만 좋은 안주로 적당히 취하는 건 솔직히 부러운 일이었다. 빈곤한 대학생 입장에선 그랬다. 으레 술집에서 15,000원쯤 되는 간사이 오뎅탕이나 나가사끼 짬뽕에 그날 밤을 완전히 의탁하는 것이 그때쯤 대부분의 술자리였다. 누구나 졸아든 짬뽕에 물을 들이부은 뒤 가스버너를 다시 켜본 적이 있을 것이다. 첫차 시간은 오지 않을 것만 같고 숙주나물도 홍합도 국물도 줄어들지 않을 것 같다.

빈정댄 건 미안하지만, 나는 이촌동을 싫어하지 않았다. 이런 걸 관찰했다는 것이야말로 내가 그 동네를 좋아했다는 증거다. 그러니까 품위 있고 조용한 한강 이북 부촌 특유의 공기를. 과외 말곤 인연이 없는 곳인데도 굳이 찾아가 술을 마신 적도 많다. 참치는 무리였지만 가라아게나 연어샐러드 정도라면 비빌 수 있었다. 만날 학교 앞에서 대취하는 기분과는 술맛이 달랐다. 과외가 있는 날에는 일찍 출발해 커피를 마시다가 사위가 어둑해질 때쯤 한강변이 보이는 아파트로 걸어가곤 했다. 동부이촌동의 폴 바셋은 태평로나 강남역 지점보다 훨씬 조용했다. 부인들은 부드럽게 얘기하고 움직였다. 작은 웃음에도 입을 가리는 아주머니들 사이에서 노트북을 펴고 아메리카노를 홀짝이노라면 노력하지 않아도 여유가 충만한 기분을 느낄 수 있었다. 아니 여유라는 건 애초부터 작정해서 얻는 게 아닌지도 모른다.

그럴 때마다 테이블을 둘러싼 주민들의 대화를 엿듣는 걸 좋아했다. 그들은 일단 부촌답게 보수적이었다. 몇 년 전 용산 택지 개발이 좌절된 것을 매우 한스러워하며 이제는 고인이 된 현직 시장을 극히 싫어했다. 놀라운 것은 그의 탈모나 노안을 흉보는 말을 들어보지 못했다는 것이다. 어떻게 그럴 수 있지? 더욱이 그때는 대통령 보궐선거를 앞둔 민감한 시기였다. 물론 당연히, 누구라도, 누구에 대해서도 외모를 비하해서는 안 된다. 다만 집 근처 역전 순댓국집에 앉아서 느끼는 것과는 정반대 분위기였다. 이놈 저놈 하며 대선 후보들을 씹는 취한 아저씨들 중에 그들의 인신을 공격하지 않는 사람은 단 한 명도 없었다. 그건 정치 성향의 호불호와는 다른 얘기다.

또 이들은 대부분 중학생 이상 청소년의 부모이기도 했다. J고교와 Y고교의 면학 분위기를 종종 비교했고, 드물게 있는 강 건너 D여고의 학부모는 한숨이 잦았다. 나는 조금 께름칙했다. 누구도 수능특강을 끝까지 풀지 않는 변방의 일반계 고등학교를 졸업했으니까. 그러나 그들은 그럴 자격이 있는 것 같았다. 나 같은 대학생에게도 기회를 주는, 투자에 인색하지 않은 학부모들이었다는 사실을 생각하면 말이다. 몸 편히 벌어먹는 일은 실로 감읍할 일이었다.

드러나는 건 분명했다. 계급의 차이였다. 어떤 동네는 왜 어떤 동네보다 잘살까? 이런 물음에 대답이 되어주는 것이다. 물론 돈 많은 부모를 지닌 자식이 보통 더 잘살 것이다. 그러나 아이들에게 물려주는 건 재산만이 아니다. 동부이촌동에서 여의도나 광화문으로 출근하는 부모들과 경기도에서 사당역을 거쳐 뿔뿔이 흩어지는 부모들이 진정 상속하는 것은 각각 다른 세계관이다. 그것이 계급 차이의 진짜 의미다. 왜 어떤 동네의 아이들은 다른 동네의 아이들보다 구김살이 없고 여유로울까? 자신감이 넘칠까? 따르는 친구가 많을까? 예의범절을 잘 지킬까? 이러한 의문을 해소할 수 있는 유력한 독립변수가 바로 계급의 차이라는 것이다. 수업하러 다니는 내내 그걸 실감하는 건 슬펐다.

계급의 격차는 아주 단단한 바위가 양편을 가로막는 것과 같다. 학력위조 과외선생 최우식이 줄기차게 들고 다니던 수석처럼. 사실 평창동 집집의 담벼락은 차라리 우리를 단념하게 만든다. 하지만 동부이촌동을 출입하는 동안에는 정말로 동네 사람이 된 듯한 착각에 빠질 수도 있다. 내가 몇 달 동안 과외선생을 할 때 그 계급의 차이는 매우 깨끗한 유리 같았다. 마치 없는 것 같더라는 말이다. 그러나 깨는 것은 불가능했다.

하지만 내가 진정으로 슬펐던 것은 그 세계에 들어갈 수 없다는 것만은 아니었다.

“경비 아저씨, 나한테 혼나는 꼴 보고 싶어요?” 이것은 정말 말이 많았던 전 법무장관의 아내인 J교수가 기자들에게 던진 신경질이다. 기자들은 물론 기다렸다는 듯이 그 발언을 기사화했다. 많은 사람이 충격적이라는 투로 댓글을 달았다. 보통 사람들은 경비원에게 시비를 걸거나 욕을 할지 몰라도, ‘혼을 낸다’라고 발상하지는 않기 때문이다. 자식이나 강아지, 또는 하인에게 그럴지는 몰라도. 하지만 정경심 교수의 반응은, 아 실명을 적어버렸네, 당연한 거다. 그것은 그녀가 악하고 표독스러운 사모님 캐릭터라서가 아니다. 그녀는 '혼내는' 편이며, 경비 노동자는 '혼나는' 편이다. 그것이 그들의 상식이다. 그것은 당연하다. 주인은 하인을 혼낼 수 있다. 주인이 하인에게 채찍질을 좀 했기로서니 주인네의 매너와 성품을 의심하는 사람은 없다. 스턴트맨의 얼굴이 카메라에 잡히면 욕을 먹지만 주연배우는 모공 하나까지 잡아내야 한다.

어느 날은 수업이 일찍 끝났다. 주전부리나 몇 봉지 사서 집에 갈까 했다. 용산역 쪽으로 걷다가 지하에 있는 큰 식료품점으로 들어갔다. 젤리와 수입 과자를 골라 계산대 앞에 줄을 서고 있을 때였다. 캐셔의 손이 조금 느려 줄이 길어졌다. 앞에 서너 명이나 있을까 했는데 십오 분은 족히 기다린 것 같다. 주부들이 그악스럽거나 성질 더러운 아저씨들이 있는 동네였다면 욕이 날아들 법도 했다. 내 앞에 팔짱을 낀 아주머니가 있었다. 그녀는 아주 교양 있는 말투로 이렇게 얘기했다. "일을 좀 빨리 못 하시겠어요?"

욕을 들어먹는 것과 '일을 빨리 못 하냐'는 말을 듣는 것, 무엇이 더 모욕적일까? 모르겠다. 어쨌거나 충격은 그때 다 받았다. 그래서 정경심 교수의 그 말은 전혀 새롭지도 놀랍지도 않았다. 나는 그날 그 동네가 지닌 세계관의 정체를 새롭게 정립할 수밖에 없었다. 일하는 자에 대한 그 교양 있는 지청구는 그 세계에서 자연스러운 것인지 몰랐다. 첫 수업 때 받은 뜨거운 믹스커피가 다시 떠올랐다.

물론 그 뒤에도 나는 꾸준히 맥심을 대접받고 있었다. 적어도 내가 단 커피를 좋아한다는 것이 당연한 사실로 여겨지는 것 같았다.

과외에서 가장 어색한 순간은 수업을 다 마치고 돌아갈 때다. 몇 초의 침묵이 필연적일 때가 있다. 닭갈비를 먹을 때, 직원이 마주 앉은 사람들 사이로 끼어들어 철판에 밥을 볶아줄 때처럼.

숙제 해오구,

다음 주 화요일 일곱 시에 보자.

이런 말을 다 마치고 나서 신발을 신는 십여 초. 허리를 굽혀 뒤꿈치를 욱여넣느라 피가 쏠리는 데 걸리는 시간이다. 시뻘개진 얼굴로 도어록을 한 번 더듬으면 마중 나온 어머니나 여학생이 보다 못해 문을 열어주곤 했다. 문이 닫히고 혼자 엘리베이터를 기다리고 있자면 이유 모를 아주 긴 한숨이 쏟아졌다.

엘리베이터를 탈 때는 아홉 시나 열 시가 넘어 있다. 1층에 다다른 문이 열리면 할머니 몇 분을 마주칠 때도 있었다. 낯익은 분을 볼 때도 있었고 처음 보는 무리일 때도 있었다. 분리수거를 하고 돌아오는 이들도 있었고 담소를 나눈 듯 핸드백을 팔에 걸치고 들어오는 이들도 있었다. 그러나 모두가 밝은 표정이었다. 그들끼리가 아니라 혼자 내리는 나를 마주치는 얼굴이. 종종 안녕하세요, 하고 인사를 받는 것은 당황스러웠다. 보통 동네의 아주머니나 할머니들은 그러지 않는다. 코트를 입고 각진 가방을 어깨에 걸친 낯선 남자를 보면 일단 위아래로 훑어볼 것이기 때문이다. 그러나 경계가 아닌 친절로 이방인을 대하는 일은 거기에서는 당연했다. 물론 그 친절에는 넘을 수 없는 선이 있는 것도 당연했다.

정말로 슬펐던 건 그 모든 당연함 때문이었다.

회의감 때문에 그 동네의 과외를 그만둔 건 아니다. 지식노동도 노동일 뿐이며 좋은 일자리라면 마땅히 추구하니까. 나는 해고당했다. 동아리 뒤풀이에서 소맥 몇 잔을 말아먹고 간 수업 때문이었다. 캔커피 세 캔 가글로 무마될 줄 알았지만, 술 냄새가 너무 심했기 때문이다. 고소를 안 당한 게 다행이니 아주 덤덤히 수용했다.

스물하나에서 스물넷까지의 나날 가운데 삼분의 일은 수면으로 보냈다. 또 삼분의 일은 학교와 술과 가끔 사랑으로 착각하던 감정 소모, 또는 나만 사랑이라고 생각하던 감정 소모로 채웠다. 나머지 33.3%는 과외와 학원 수업, 그리고 여러 중산층 이상의 동네로 가는 대중교통 안에서 보냈다. 평창동, 위례신도시, 세곡동, 목동, 분당, 판교, 잠실, 방배동, 학동, 그리고 동부이촌동…. 다시 말하지만 나는 이러한 여유로운 동네 특유의 공기를 좋아했다. 분명히. 그리고 그 일원이 되어보고 싶은 마음이 없었던 것도 아니다. 그걸 단념해서 슬퍼하지도 않았다.

다만, 내가 지금 그립게 생각하는 것은 그저 평범한 우리 동네와 이방인으로 가득한 사당역이다. 억척스럽고 경박하고 피곤하고, 어떨 땐 얼른 벗어나 서울에 자리를 잡고 싶게 하는 모습. 아차 싶으면 막무가내인 아줌마들과 뻔뻔한 아저씨들, 저녁 짓는 냄새가 경계 없이 퍼지며 아직 일하는 엄마 아빠를 두고 자기들끼리 무릎이 까져가며 거칠게 몰려 노는 어린아이들. 버스 줄이 남은 김에 퇴근의 피로를 김치찌개와 매운탕과 빨간 뚜껑 소주에 녹이는 가장들, 통학이 고될지라도 마음만은 편한 경기도 외곽으로 돌아가는 가련한 청춘들. 평생 서울 시내에 아파트를 장만할 수 없을 사람들.

그래, 모든 것이 보기 좋은 것은 아니다. 그러나 그것은 내가 어쩌다 올라탔지만 얼마든지 사랑할 수 있는 모습이다.

12. 세상과 불화하는 자, 멋지게 젊음을 허비하다

"코난 오브라이언은 이렇게 얘기했다. '사람들은 자신이 잘 모르는 것을 조롱한다.' 좀 더 정확히 말하자면, 사람들은 잘 모르지만 매력적인 분야에 근거 없는 자신을 갖는다."

어쩐지 세상과 불화하는 것 같은데, 늦었지만 지금이나마 화해할 수 없을까?

살다보면 이런 생각이 들 때가 있다. 광고 기획을 공부해본다면 그 가능성이 있는지 확인할 수 있다. 보통은 비관적이다. 실제로 깨달을 수 있는 건 이런 것들이다. 취향, 선호, 이념, 사상. 모든 것이 우리 세대와 좀 동떨어져 있다는 것. 버리기도 바꾸기도 어려운 것들이다. 그런 건 모두 몸속 세포처럼 나를 하나하나 구성하고 있기 때문이다.

그리하여 트렌드의 아웃사이더로서 동시대의 소비자들에게 건넬 콘셉트와 아이디어를 만들기란 너무나도 어렵다는 것. 두 해 동안 학회에서 마케팅을 공부하며 깨달은 것은 그뿐이다. 트렌드와 친해지기는 어려웠다. 누가 만드는지 모를 트렌드를 벌써 누리는 세상 사람들을 쫓는 건 더 어려웠다. 아, 깨달은 게 하나 더 있다. 사실 사람들이 좇는 것은 유행 그 자체가 아니다. 유행 그 자체를 이미 누리고 있는 힙스터들의 모습이다. 한참 마케팅을 공부한다고 법석일 때 선배들 여럿의 조언을 구하곤 했는데, 유명 대행사에서 인턴을 하던 공모전 동료에게 들었던 얘기 가운데 이런 게 있었다.

"열 명 중에 여덟, 아홉 명이 느끼는 게 트렌드일 것 같나. 그렇지 않다. 그건 그냥 현재다. 열 명 중에 선도하는 한두 명이 하는 게 트렌드다."

나에게는 그 말이 이렇게 들려왔다. 그 '한두 명'에 들지 못하거나, 적어도 그들을 이해하려는 노력이 부족하다면 광고를 그만둬라. 생각해보면 함께 광고 기획을 지망하던 동료들은 대부분 나와 달리 그 '트렌드'가 몸속에 잘만 스며들었다. 물론 광고업에 종사하는 모두가 그럴 수는 없다. 또 다른 선배가 들려준 얘기 중에는 이런 것도 있었다. 나처럼 아웃사이더의 향기가 풍겨오는 비범한 인물이었던 걸로 기억한다.

"싫어도 알아야 해. 이 업을 하려면. 이번 반기, 이번 분기, 이번 달, 이번 주에 어떤 게 트렌드인지, 요즘 애들은 무엇을, 누구를 좋아하고 찾는지 다 조사한다고. 자, 봐봐. 입사했을 때부터 쭉 정리해놓은 거야. 내가 2013년에 입사했거든? 그때는 엑소를 모르면 안 됐어. 너 시우민 초능력이 뭔지 아냐?"

"모르겠는데요, 물?"

"결빙이야, 임마. 물을 만들어내는 건 수호야. 하지만 물이 없으면 능력을 잃어버리겠지? 그래서 수호가 꼭 필요해."

SM 엔터테인먼트가 만든 세계관에서 엑소는 단순한 아이돌 그룹이 아니다. 기억과 초능력을 잃고 지구에 떨어진 외계인들이다. '시우민'과 '수호'도 단순히 그룹 멤버가 아니라 외계에서 온 초능력자들이다(그래서 'EXO'다). 이들이 힘을 되찾아가는 과정이 이들의 무대와 활동이라고 보면 된다. 이런 기획이 있다는 걸 알고는 있

었지만 여고생들을 빼면 이 디테일을 꿰고 있는 인간은 처음이었다. 학원 조교 시절, 선배와 비슷한 나이였던 선생님은 엑소가 50명인 줄 알고 있었다. 아니 무용단이에요? 라고 비웃으며 나보다 두 살 어린 고3 여학생들과 까르르 웃던 기억이 난다. 그렇게 생각하니 등골이 서늘해졌다. 이건 마치 노인정에서 최신 유행을 전하며 으쓱해하는 꼴 아니었나.

물론 자기성찰을 목적으로 광고를 공부하기 시작한 것은 아니다. 스물둘, 생각해보면 진정 하고 싶은 게 없었던 것 같다. 그때 선택한 건 꿈에도 꿔본 일 없는 광고 동아리였다.

나름대로 궁리를 하지 않은 건 아니다.

우선 급했던 건 혜화동을 떠나는 것이었다. 대학로에 대한 거부감은 혐오라기보다는 '자격 없음'을 느끼는 것에 가까웠다. 가기만 하면 가슴이 답답해졌다. 그때쯤부터 나는 학교에 갈 때 혜화역을 통하지 않고 안국역부터 북촌을 거슬러 올라가는 후문 쪽을 택하고 있었다. 휴학을 할까도 생각해봤다. 그러나 숨 막히던 1학년 시절을 떠올리면 억울했다. 그러잖아도 일 년 유예되었던 20대 초반을 즐기고 싶었다. 그렇다면 서울 어딘가에 달리 발붙일 곳이 필요했다.

그리고 수면 밑에 가라앉았던 조급함이 있었다. 뭔가 하긴 해야 한다. 빠르면 전문대를 마치고 취직했거나, 3학년에 벌써 인턴을 하는 친구들도 있었다. 인생의 행로를 그들처럼 가야겠다고 생각한 건 아니다. 그러나 간신히 아르바이트 자리를 찾아다니며 생활전선의 고달픔을 뼈저리게 깨닫고 있을 때였다. 월급을 모아 적금을 붓고 차를 사는 친구들의 모습을 보는 건 나를 조금 초조해지게 만들었다. 허울로라도 진로를 탐색해야 했다. 학과와 멀어졌다는 건 연극과 영화에 대한 공부를, 또 그것을 공부하는 가장 쉬운 루트를 포기한 것이었다. 다만 막연한 의무감은 남아 있었다. 글을 쓰고 싶다. 그러나 어떤 글을 쓸 것인지 몰랐다. 희곡도 좋고 시나리오도 좋다. 난 항상 뭉뚱그려서 생각하는 버릇이 있었기 때문에 희곡이나 드라마 극본은 비슷할 거라고 여겼었다. 시나리오 작법 책을 대여섯 권 읽고 난 지금은 크게 부끄럽다.

아무튼 이럴 때는 새로운 것에 끌리게 된다. 거들떠보지도 않던 학교 대자보 게시판이나 학교 커뮤니티 홍보 게시판을 뒤져보다가 눈에 뜨인 것이 광고학회였다. 코난 오브라이언은 이렇게 얘기했다. "사람들은 자신이 잘 모르는 것을 조롱한다." 좀 더 정확히 말하자면, 사람들은 잘 모르지만 매력적인 분야에 근거 없는 자신을 갖는다. 카피라이팅이라면 자신 있지, 글이니까. 신촌 일대의 학교에서 토요일 두 시마다 세미나를 열었던 학회. 그러나 거기서 내가 가장 잘한 건 동이 틀 때까지 이어지던 음주였다. 가장 자신 있던 것도 마찬가지로 밤새 술을 마시고 떠드는 것이었다. 나는 아주 오래 전부터 그랬듯, 센스와 주책 사이를 줄 타는 농담으로 신입생 대표에 선출되었다. 나이도 학년도 제각각이었던 학회원들은 남학생 열다섯에 여학생 마흔여섯이었다.

재밌는 건 동아리의 오래된 규정이었다. 밤 열 시까지는 뒤풀이에 남아야 한다는 것이었다. 나야 술 마시는 게 아무래도 좋았기 때문에 상관없었다. 그러나 신입생 61명을 데리고 지속가능한 규칙은 아니었다. 어라, 어딘가 익숙한 규율과 그 뒤를 쫓는 군상들이었다. 주말 알바를 구하지 못해 전전긍긍하는 아이들, 뒤풀이에 참석하지 않으면 집행부가 전하는 눈치들.

약간의 문제의식이 떠오르긴 했지만 아무래도 좋았다. 나는 이번에야말로 신입생이 된 듯한 기대로 부풀었다. 지하 술집 입구에서 열없는 눈으로 담배를 피우는 OB들을 뒤로한 채. 아직 특권은 내 것이었다. 젊었다는 말이다.

물론 그것은 그 좋은 젊음을 멋지게 허비하는 방법이었다.

13. 유아인과 가장 나쁜 형태의 자기연민

> "하층계급 남성도 마찬가지다. 일터에서 외모를 꾸미는 노동에 시간을 쓰지 않아도 되는 건 부정할 수 없는 권력이다. 그러나 그가 은행 대출 창구나 채권추심원의 방문 앞에서도 강자라고 할 수 있을까? 군대에서 다친 친구가 제대로 된 치료를 받지 못하고 전역하는 꼴을 보았다면 스스로를 강자라고 여길 수 있을까? 인간사가 그렇게 딱딱 떨어지지 않으며, 있는 그대로만 사고할 수도 없다는 것은 알고 있다."

고향에서 그리운 얼굴을 찾는다거나 길에서 옛 연인을 마주친다는 클리셰는 우리 이야기에는 좀처럼 없다. 우리는 처음부터 돌아갈 곳이 없었던 세대다. 이 넓은 서울에서 우연을 가장하지 않고 옛사랑을 만나기란 힘들다. 지나간 이들의 근황을 확인하려면 카톡 친구 목록을 스크롤하면 된다. 무료한 날 보게 되는 프로필 사진과 상태 메시지로. 물론 차단당하지 않았을 때의 얘기다.

생각나는 몇이 있다. 이를테면 유럽을 여행할 때 베를린에서 만난 한국인이 떠오른다. 호스텔에서 만난 그는 취리히의 비정부기구에서 일했는데 재계약을 기다리며 유럽을 여행하는 중이라고 했다. 유엔에서 인턴을 한 적도 있다고 했다. 계약이 불발되면 어쩔 거냐고 물었었는데, 유럽에 다른 자리는 많다는 것 같았다. 다음 날 탈 지하철 요금만 겨우 있던 나는 맥주 두 병과 다음 날 조식을 그에게 얻어먹었다. 햄 없은 베이글에 누텔라를 덕지덕지 바르며 그의 말에 일리가 있다고 생각했다. 의도하지 않았지만 생각보다 그 사내의 근황을 간편하게 알아볼 수 있었다. 성씨가 'ㄱ'으로 시작했기 때문이다. 그의 프로필을 확인해보니, 한국으로 돌아와 투어 가이드와 '국제 행사 코디네이터'를 하고 있었다. 어쩐지 막연해 보이는 후자와는 달리 전자 쪽에 일거리가 더 많을 것 같았다.

신입생 때 들었던 교양 스피치 수업의 교수님도 생각난다. 나에게 각별한 관심을 보여준 분이었다. 나는 매일 피로한 얼굴로 들어와서도 발표할 때는 임기응변으로 대강 해냈었기 때문이다. 그는 초빙교수라는 이름의 비정규직 강사였다. 2학년 때 별안간 그에게서 문자가 왔다. 수업이 폐강 위기에 처했다며 홍보를 부탁하는 내용이었다. 어쩐지 월요일 아침처럼 모두가 싫어하는 시간대에 배정되던 그의 수업이었다. 돌이켜보면 내가 수강할 때 필수 교양이었음에도 서른 명 정원에 절반이나 들을까 말까 했다. 교수님은 결국 그 학기에 수업을 하지 못했다. 그의 최근 프로필 몇 장은 낚시나 등산 사진이었고, 예닐곱 번째부터가 학교에서 강의하는 사진이었다. 몇 년간 고정된 상태 메시지 'Amor Fati?'는 그대로였다. 그는 니체로 독일에서 박사 학위를 받았다.

그런 시대다. 누가 어떻게 살고 있는지 손바닥으로 훤히 들여다볼 수 있다. 물론 프로필에 못난 셀카를 올리는 사람은 없고, SNS 피드에는 보기 좋은 구석만 올라온다. 그러나 정확히만 해석한다면 그 너머를 어렵지 않게 볼 수 있다. 일견 놀기에 열중하던 친구들이 어느 날 신입사원 연수 사진을 올렸을 때 더럭 당황했다면, 너무 순진했던 것이다.

스쳐간 인연들의 침잠을 확인하고 씁쓸함을 느끼는 것, 또는 인싸들의 유쾌발랄한 소식에 질투하는 것만이 오늘날의 새로운 표상은 아니다. 이 시대 인간관계의 시작과 끝은 모두 SNS 안에서 일어나니까. 카톡 몇 줄로 하는 이별 통보, 구(舊)남친 사진을 염탐하다 잘못 누른 '좋아요'로 파생되는 온갖 나비효과 따위, 친밀의 형성, '인싸'와 '아싸'의 판별, 인연의 맺고 끊음 같은 것이 모두 인스타그램 안에서 일어난다. 그 안의 가장 직관적 행동양식, 팔로잉과 언팔로잉만으로도 감을 잡을 수 있다. 나를 팔로잉하는 것은 서로가 인간관계의 가장 넓은 동심원에 진입했다는 것을 의미한다. 관계를 진지하게 생각하든 그렇지 않든 인스타 팔로잉 정도는 주고받게 된다. 하지만 언팔의 의미는 그렇게 가볍지 않다. 언팔은 '당하는' 것이다. 알림이 뜨는 팔로잉과 달리 언팔은 조용히 이루어진다. 언팔은 단순히 나의 게시물을 보지 않겠다는 의미가 아니다. 상대방이 언젠가 배신감을 느낄 걸 알고도 저지르는 짓이기 때문이다. 그리하여 팔로잉의 함의가 느슨한 것과 달리 우리 세대에서 언팔의 동의어로 가장 적절한 것은 절연, 아니 손절이 되겠다.

내가 여럿에게 뜻밖의 손절을 당하게 된 것은 유아인의 애호박 사건 때문이었다.

이 사건의 사실관계를 정확히 알지 못하는 사람이 많다. 정리부터 하는 게 좋겠다. 발단은 어떤 트위터 사용자가 유아인에 대해 평한 것이었다.

"20미터쯤 떨어져서 보기엔 좋은 사람인 것 같다. 친구로 지내라면 조금 힘들 것 같음. 막 냉장고 열다가도 채소 칸에 애호박 하

나 덜렁 들어 있으면 가만히 들여보다가도 나한테 혼자라는 건 뭘까? 하고 코찡끗 할 것 같음”(이 글의 인용문은 모두 그대로 옮긴 것이다.)

유아인은 이 글에 이렇게 반응했다.

“애호박으로 맞아봤음?(코 찡긋)”

다음 날부터 유아인은 여성혐오 폭력남으로 조리돌림을 당했다. 그리고 지금까지도 누군가에게는 ‘한남’이자 여성혐오자의 상징이 되어 있다.

먼저 유아인의 성격을 촌평했던 이가 남성인지 여성인지 불분명했다(익명의 트위터 이용자는 대부분이 여성일 것이라는 선입견에 기초한 것은 아니었을까?). 그러니 이것이 젠더 문제인지도 의문이었고 페미니즘 논쟁이 될 일이 아니었다. 유아인의 반응이 과격했다면 그것을 문제 삼으면 되었다. 며칠간 이어진 설전에서 그의 몇몇 발언이 문제가 되었지만, 전부 유아인과 남성에 대한 혐오 표현에 응수한 것이었다. 맥락은 인터넷에 날라지지 않고 거친 표현만이 취사선택되어 옮겨졌다. ‘폭력을 당했다’는 것이 그 트위터 이용자인지 유아인인지 점점 모호해졌다. 유아인은 유명인이라는 이유로 본인의 성격을 예단하는 트윗을 받아들었다. 그리고 애호박 트윗 이래 수천 명에게 모진 욕설과 혐오 발언을 들었다. 나에게는 그를 불구대천의 여성혐오자로 부르며 ‘자살해라’ 따위의 폭언을 하는 것이 더 인간에 대한 혐오로 보였다.

물론 그렇다. 세상은 권력을 가진 편과 그렇지 못한 편으로 나뉜다. 성벽을 넘어 싸울 수도 있고 그렇지 않을 수도 있다. 하지만 강약을 가르는 선이 있다는 것에는 누구나 동의할 수밖에 없다. 그렇다면 남성이 강자, 여성은 약자다. 바꿔 말하면 남성이 역사적 가해자이고 여성은 피해자의 편이다. 이를 부정할 사람은 없다. 약자는 선하고 강자는 악하다는 관념이 언더도그마일 수 있다는 건 차치하고서라도 말이다. 뉴스의 어지간한 이슈에서 건물주, 가해자, 남성보다 세입자, 피해자, 여성의 입장을 강조하는 것은 그들이 절대선이어서가 아니다. 전자 쪽의 목소리는 이미 많이 들려왔던 것이다. 목소리를 잃어버린 약자의 목소리에 귀를 기울이려는 것이며, 이 '기울어진 운동장'의 균형을 맞추기 위해서인 것이다.

그러나 인간의 정체성은 성별로만 규정할 수 없다. 권력의 잣대는 너무나 많다. 성별은 중요하고 섬세하게 다뤄야 할 잣대다. 그러나 부(富), 학벌, 외모, 다수와 소수, 인종, (좁은 의미의) 정치적 권력 같은 것도 있다. 모두가 이 사회에 작용하는 권력의 기준이다. 한 사람은 복수의 계층을 가진다. 가난하고 학벌도 보잘 것 없는 노동계급 남성과 사무직에 종사하는 부유한 여성 둘 가운데 권력을 가진 사람은 누구일까? 둘 가운데 누가, 언제나, 어디서나 절대적인 강자이거나 약자라고 단언할 수 있는가? 사회에서 더 인정받을 사람은 부유한 여성이다. 그러나 인적 드문 밤 골목에서 약자 입장에 서는 것 역시 그녀일 것이다. 성범죄에 노출되는 것, 그리고 분명 느껴지는 차별이나 불쾌한 시선을 견뎌내야 하는 것도 그녀일 것이다. 하층계급 남성도 마찬가지다. 일터에서 외모를 꾸미는 노동에 시간을 쓰지 않아도 되는 건 부정할 수 없는 권력이다. 그러나 그가 은행 대출 창구나 채권추심원의 방문 앞에서도 강자라고 할 수 있을까? 군대에서 다친 친구가 제대로 된 치료를 받지 못하고 전역하는 꼴을 보았다면 스스로를 강자라고 여길 수 있을까?

인간사가 그렇게 딱딱 떨어지지 않고, 있는 그대로만 사고할 수도 없다는 것은 알고 있다. 그러기란 어렵다. 예를 들어 나는 빈자의 입장에 서 있다. 그래서 '어떤 면에서는 강한 빈자'나 '어쩔 때는 약한 부자' 같은 개념을 매끄럽게 상상하기는 어렵다. 그것은 스스로에 대한 연민과 방어기제와 같다. 자연스러운 것이다. 체크카드 잔액과 자신감은 동기화되어 있는 것 같단 말이다. 잔액을 계산할수록 자괴감에 빠져든다. 하루하루가 민감하고, 계획에 없는 일(이란 주로 지출이니까)을 겪는 것이 살얼음판 같다. 그럴 때 자기의 어느 단면이 강하다고 생각할 수는 없다. 돈이 권력인데 무슨 설명이 더 필요한가. 삶 대부분을 그렇게 지내왔다면 계급에 얽힌 문제를 객관적으로 바라볼 수는 없는 것이다. 여성들도 비슷할 것이라 짐작된다. 여성이라는 위치에 서 있다면 남성을 어떤 부분에서든 약자라고 궁리하기는 어려울 것 같다.

유아인을 공격한 이들이 여성이라고 치자. 그렇다면 그들이 유아인의 트윗에 민감해 한 원인은 여성이기 때문에 겪었던 뿌리 깊은 차별과 고통 때문이라고 할 수 있다. 그건 엄중한 사실이다. '애호박으로 맞아봤음?'이 정말로 무의식에 새겨진 트라우마를 자극했을 수도 있다. 그 발언이 여성혐오성 발언인가는 논의가 필요하다는 생각이 들기는 한다. 인터넷의 여성 여론 가운데서도 의견이 분분했기 때문이다. 그러나 이 또한 남성이 가지는 오만일 것이다. 여성이란 집단은 일단 약자다. 그리고 약자 집단이 지닌 정신적 외상이 있다면 그건 겪지 않은 자들이 이성으로 어찌할 수 있는 영역이 아니기 때문이다. 여성이기 때문에 어려움을 겪었던 개개인의 상처는 더 말할 것도 없다.

유아인이 남성이란 권력을 가지고 있는 것은 분명하다. 하지만 그 트위터 논쟁의 구도가 오로지 '남성과 여성'은 아니었던 것도 분명하다. '절대 다수의 트위터 이용자 대 유아인'이기도 했고, '절대 다수의 트위터 이용자와 그들의 편에 선 이른바 진보 지식인들 대 유아인'이기도 했으며, 바꿔 말하면 '단체로 유아인의 인신을 공격하고 〈사도〉와 〈완득이〉의 영화 별점을 깎는 이들 대 유아인'이기도 했다. 목소리 큰 다수의 공격을 받는 소수의 입장이었다고 볼 수도 있는 것이다. 단지 누군가 약자라는 이유로 그 모든 것을 옹호하는 건 납득하기 어렵다. 물론 '모든 것'에는 조직적으로 그를 정신병자로 매도하는 댓글과 트윗을 달고 그를 옹호하는 쪽도 비난하며, 그가 출연한 영화의 네티즌 평점을 깎는 것이 포함된다. 이것은 또 다른 폭력일 수밖에 없다. 약자를 자임했을지는 몰라도 어느새 다수라는 권력의 편에 서 있었던 것이다. 유아인이 그렇게 한풀이의 제물이 되는 것은 답이 아니었다.

유아인 죽이기가 여성인권을 위한 험난한 과정이라고 여겨졌다면 더욱 문제다. '우리가 세우려는 이상세계는 그것을 만드는 과정에 이미 구현되어 있어야 한다.' 애호박 사건은 이 나라의 수많은 권력관계 중 성별에만 천착해온 과정의 하나였다. 결과는 무엇이었을까? 트랜스젠더 한 명이 비난을 못 견뎌 여자대학 입학을 포기하는 일이 생겼다는 것뿐이다. 2020년 대한민국에서 말이다. 타깃이 유명인에서 성소수자로 바뀌었을 뿐 양상은 똑 닮았다. 이것

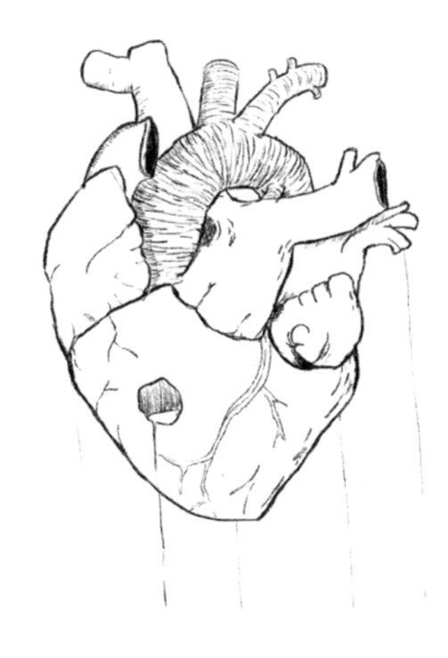

이 약자를 자처하는 자기연민의 결과라면, 가장 나쁜 형태로 나아가고 만 것이다.

유아인이 한창 폭격을 당하던 그때, 나는 인스타그램을 통해 그를 옹호한 뒤 학회의 여학우들 몇에게 언팔을 당했다. 댓글이 달리지도 않았고 욕설이 박힌 DM을 한 사람은 없었지만 말이다. '손절'은 그렇게 부드럽게 이루어졌다. 언팔로잉은 팔로잉과 달리 알람이 오지 않아서 그걸 모르고 지나칠 수도 있다. 그러나 그걸 금방 알아차린 것은 허룩하게 줄어든 팔로워 수 때문이 아니었다. 개중 한 명이 나를 저격하는 글을 써 올렸기 때문이다.

그녀는 강성 여성주의자였지만, 페미니즘을 지지한다는 사실 때문에 그녀를 다르게 대한 적은 없었다. 언제나 '주의'는 문제가 아니다. 이념을 위시해 헛짓거리를 정당화하는 '주의자' 일부가 문제지. 얘기는 가끔 나누는 사이였지만 그녀 또한 좋은 사람이었다. 평상시의 언행이 비논리적인 것도 아니었다. 이성을 붙잡으려고 의식하면서도 결국은 감정의 지배를 수용하는 나보다 훨씬 지성인에 가까웠다(이게 바로 내가 사회과학에 관련된 일이나 사회성 짙은 활동을 직업으로 삼는 걸 단념한 이유이기도 하다. 내가 기자가 된다면 균형 있는 기사를 내보낼 수 없을 것이고, 정치를 한다면 결정적인 순간 선택을 피하고 잠적할 것이다). 더욱이 나는 성별에 관한 문제를 논쟁하고 싶지 않았고 논쟁에서 이길 자신도 없었다.

다만 그녀의 성향에서 약간의 모순이 비치는 것을 발견할 수는 있었다. 처음 커피를 마셨을 때 그녀는 아버지에 대한 증오를 드러냈다. 자세한 사연은 기억나지 않지만, 별로 친하지도 않던 나에게 가족사를 꺼내든 것이니 그 감정의 깊이를 짐작할 법하다. 나도 철(이 지금보다 더)없던 시절 아버지의 옛 사연을 뜬금없이 꺼내들어 술자리의 싸해지는 분위기를 조장하곤 했었다. 하기야 이 나라 가부장제가 부여한 원죄란 부계유전이 아니던가. 그리고 아버지에 대한 미묘한 감정이 남 얘기로 들려오지만은 않았다. 내 양가감정과 그녀의 일방적 미움(적어도 그때 들려준 얘기만으로는)은 결이 다를 것이니 감히 '공감'한다고 하기는 뭐했다. 아버지에 대한 아들의 감정과 딸의 감정은 근원부터 다르며, 내가 절대 쉽게 재단할 수 없는 영역이다. 다만 그 마음의 발현을 이해할 수는 있었다. 얘기하다 보니, 그녀는 유럽에서 반년 동안 지낸 적이 있다고 했다. 돈은 어떻게 모았어? 라고 물었더니 모두 아버지가 대준 비용이라고 했다.

비슷한 시기 광고대행사에서 주최하는 공모전에 참가한 일이 있었다. 큰 광고학회의 장점은 현업에 있는 선배들의 인맥이다. 그 공모전은 공개경쟁이 아니었고, 선배들 덕에 텅 빈 포트폴리오로도 어찌어찌 예선 없이 참가하게 된 것이었다. 대행사가 맡은 상품은 L사의 공기청정기 신제품이었다. 주어진 과제는 헤드카피를 짜는 것이었다. 타깃은 3040 주부였다.

두 명이 한 팀으로 네 팀이 모였다. 우리는 대행사가 준 대외비 자료를 받아들었다. 제품을 사용해본 외벌이 가정주부 15명의 인터뷰 영상과 설문이 담긴 실제 타깃층의 FGI(Focus Group Interview) 자료였다. 대학생들이 구경도 못해볼 실제 자료를 토대로 '대학생의 참신함을 가미해' 아이디어를 짜 와서 현장에서 두 시간 동안 만든 카피로 경쟁하는 형식이었다. 핵심은 '먼지'였다. 두 시간여에 걸친 엄마들의 토의는 거의가 중국 발(發) 미세먼지에 관한 내용이 대부분이었다. 창문을 열 수는 없고, 그렇다고 환기를 안 할 수도 없다. 특히 어린 자녀를 둔 엄마들의 불안은 컸다. 밖에 내보내는 것이 무섭다, 집에 오면 공기청정기 앞에서 옷을 털도록 한다. 중국 박쥐발 전염병이 만연한 지금 생각하면 이마저 참으로 아름다운 시절이었다.

정말 유익한 대회였다. 현업에 종사하는 AE들이 팀마다 붙어 아이디어 회의부터 카피 도출까지 도와주었기 때문이다. 나야 '글'이라면 근거 없이 몸이 달아오르곤 해 의욕적으로 이런저런 카피를 짜 갔다. 크게 고쳐야 하거나 아예 반려되는 것이 대부분이었지만.

나는 '먼지'가 불안요소이니 이 단어를 직접 넣는 게 어떻겠느냐고 했다. 그건 반응이 괜찮았다. '먼지'란 우리말이 조금 직선적인 듯 해 '더스트(Dust)'라는 영어를 사용해 카피를 만들었다. 그건 단어가 좀 어렵지 않나? 옆 팀을 도와주던 여성 AE의 반응이었다. 우리 팀을 봐주던 분도 이렇게 말했다. "타깃을 고려하면 단어 선택이 어렵다. 에어(Air), 홀(Hole), 프레시(Fresh) 같은 건 주부들이 알아듣는다. 그런데 더스트는 한 번에 와닿지 않을 것이다." 나는 바로 수긍하고 다른 카피를 다듬었다.

정말 카피라이터가 될 수도 있겠다는 생각을 하고 있을 때였다. 그래서 오, 정말 커뮤니케이션이란 어려운 거구나, 단어 선택 하나에도 카피의 힘이 달라지나 보다, 이렇게 교훈을 주는 유익한 에피소드로 여겼었다. 그다음 주 동아리 뒤풀이에서 공모전이 어땠냐고 물어오는 사람들이 많았다. 그때 나는 그 '더스트' 에피소드를 풀어놓았다. AE들이 막 코치를 해주는데, 내가 생각도 못한 걸 지적해 주시더라고…. 한데 돌아오는 반응은 뜻밖이었다.

"그 사람 누구야? 진짜 '빻았다'", "남자 AE들 '빻은' 사람들 많아요…."

어떻게 여성 주부들이 그 단어를 모른다고 단정할 수 있느냐는 것이었다. 대화 주제는 자연스럽게 광고업계와 한국에 만연한 여성혐오로 바뀌었다. 그러나 집단적 성토는 결국 현상보다는 대상이 될 구체적 외집단이나 인물 개개를 찾게 된다. 그리하여 '한남' 같은 단어들이 등장했다. 나머지 여성들이 일주일 동안 겪은 '한남' 사례를 결산하는 자리가 되었고, 오빠는 한남 아니죠? 하면 까르르 웃음이 터지기도 하는, 그런 식이었다. 예닐곱 명쯤 앉은 테이블에 남자는 나를 포함해 둘뿐이었다. 그러다 누군가 내게 "그 말 한 거 남자죠?"라고 물었다. 내가 그 AE들은 여성이었다고 말했다. 그러자 분위기는 일단락되었다.

그로부터 얼마 뒤 나를 저격하고 손절한 그녀 역시 그 자리의 일원이었다. 그리고 그 구성원들은 애호박 사건 때 SNS로 유아인을 격렬히 성토했다. 그 가운데 나중에 트랜스젠더 입학 거부 사태에 대해 언급하는 친구는 없었다.

테이블에는 소주병이 두 병인가 남아 있었다. 얼마 지나지 않아 동내고 일어났다. 담배는 못 피우니 단것이 먹고 싶었다. 초코우유 아니면 딸기우유, 아니면 베지밀 B. 솔직히 말하면 정말 그 AE들이 남성이었기를 바랐다. 그랬다면 그것은 이 나라에 만연한 여성혐오를 대표하는 하나의 에피소드가 될 법도 했으니까. 그리고 나 또한 한 사람의 남성으로서 입을 닥칠 순순한 마음이 발했을 것이니까.

내가 이 일을 선명히 기억하는 데는 두 가지 이유가 있다. 사실 남성 성토의 장이 벌어지는 건 익숙한 일이었다. 남자들은 그 집단에서 소수였기 때문이다. 그런 말을 들어야 하는 남성들은 그냥 허허실실 웃고들 있었다. 티 나게 얼굴이 빨개지는 사람이 나 말고도 또 있었을까? 그 광경에 자라난 오기 때문인지, 나는 술자리 끝에는 꼭 남자들을 테이블로 모아놓고 누구도 끼어들 수 없는 우리만의 농담으로 왁자하게 웃곤 했다. 그럼에도 유달리 울화를 참기 힘든 일이었다는 것이 첫 번째다. 그리고 젠더 이슈나 이 사회에 만연한 여성혐오와는 전혀 관계없는 또 다른, 사소하고 개인적인 문제가 나를 괴롭히던 시기였다는 것이 두 번째다. 객관적으로 보자면 그 문제를 술자리 울분의 독립변수로 삼기에는 아무런 상관관계도 인과관계도 없었지만 말이다. 그러나 어디 인간사가 그렇게 딱딱 떨어지던가? 나 역시 있는 그대로 사고할 수 없게 만드는, 나쁜 형태의 자기연민을 온몸에 감고 있었다.

그때쯤 나를 성가시게 했던 것은 건강보험 고지서였다. 뜻밖에 내 앞으로 한 달 19만 원이 청구되기 시작한 것이다.

갑자기 과중한 보험료가 부과된 이유는 대강 세 가지였다. 일단 학원에서 일하던 것이 소득으로 잡혔다. 나는 3.3%를 납부하는 프리랜서로 근로계약서를 작성했다. 직장을 다니다 퇴사한 거라면 보험료가 자동으로 변경되지만 이 경우에는 지위가 변하지 않는다고 했다. 두 번째는 월세로 살던 아파트 때문이었다. 시세가 많이 올랐다. 우리 집은 아주 좋은 임대인을 만나서 십 년간 집값이 두 배 가까이 올랐음에도 월세를 더 내지 않았다. 월세 임차인이라도 건강보험료는 전세로 환산해 산정하는데, 대폭 올라버린 전세가가 기준이 되어버린 것이다. 마지막은 내 가족관계였다. 아버지가 시골로 내려간 이래 우리 집은 엄마와 나, 2인으로 이루어진 가구였다. 그런데 두 사람 다 직장이 있는 것으로 간주된 데다 엄마와 나는 가족관계증명서상 동거인이었을 뿐 가족이 아니었다. 보통이라면 내가 '피부양자'가 되어 보험료가 대폭 깎였어야 했다.

19만 원이면 국밥이 몇 그릇이야. 집에서 버스로 30분 거리에 있는 공단을 찾았다. 소명을 하면 된다고 했다. 그럼 어떤 게 필요한가요? 네, 고지서, 임대차계약서, 소득증명서면 되겠네요.

다음 날 서류를 다 떼어갔는데 담당공무원이 고개를 갸우뚱했다. 처리가 왜 안 되지? 그가 지나가던 다른 이를 불렀다. 뻘쭘하게 앉은 나를 앞에 두고 공무원 둘이 모니터에 달라붙었다. 생각해보니 나와 엄마의 특수한 동거관계를 말하지 않았었다. 그걸 말했더니 필요한 서류 몇 가지를 더 일러주었다.

이틀 동안 관공서를 세 번씩이나 간 것은 기적 같은 일이었다. 나는 공공기관이 열려 있을 때 통학을 하거나 수업을 듣거나 아르바이트를 했기 때문이다. 엄마가 올 수도 없었다. 엄마가 일하는 시간은 나보다 길었다. 운 좋게 학교 건학기념일이 끼어 있어 주중에 시간이 비었을 때였던 것으로 기억한다. 이틀 동안 오후 두세 시나 되어서 공단을 찾았던 나는 당황했다. 허나 감히 어떻게 자신을 연민하랴. 아쉬운 쪽이 누군데 아침 일찍 나갔어야지.

납입일은 다가오는데 집 근처로는 시간이 나지 않을 듯했다. 그렇다면 시간을 어떻게든 쪼개야 했다(매사에 아쉬운 쪽이 되는 사람의 행동양식 중 하나는 뒤늦게 경우의 수를 계산하는 것이다). 다음 날 세 시간 공강이 있었다. 학교에서 가장 가까운 공단은 명동의 중구지사였다. 혜화동에서 명동이라면 변수를 고려해도 여유롭게 다녀올 수 있었다. 하지만 처리는 또 불발되었다. 이번엔 내가 아버지 쪽 건강보험증에 올라 있다는 게 문제였다. 삶이 불확실성과의 싸움이라지만, 한 번에 좀 알려주면 안 되는 걸까.

이쯤 되니 짜증이 났다. 가끔 동사무소에서 꼭 직원들에게 역성을 내는 할머니들을 볼 수 있다. 아저씨도 많고 아줌마도 많지만 제일 흔한 건 할머니들이다. 이것은 별로 잘살지 못하는 동네 주민센터의 특징이기도 하다. 레퍼토리도 비슷하다. 왜 안 되냐, 저번에 직원 누가 된다고 했는데, 떼 오라는 거 떼 왔는데 무슨 소리를 하는 거냐. 마구 소리를 지르는 꼴을 나는 정말 싫어했었다. 그런데 그 할머니들이 이해되기 시작했다. 담당자가 바뀔 때마다 가족관계에 대한 사족을 붙이고, 가져오라는 서류는 하나씩 늘어나고, 또 다음에 언제 올 수 있을지 머릿속으로 달력을 펼쳐봐야 한다면 속이 멀쩡하기는 힘든 거다.

솟구치는 자기연민이 또 다른 촉매제 하나, 예컨대 창구 직원의 퉁명스러운 말투 같은 것을 찾아 화학반응을 일으켰다면 나 또한 고함을 칠 수도 있었다. 얼굴이 뜨거워지는 건 느낄 수 있었지만, 다행히 그러지는 않았다. 공무원들에게는 잘못이 없었으니까. 굳이 잘못을 찾자면 미리 필요한 서류를 따져보지 못했던 나에게 있었다. 그렇게 사고체계가 돌아간 것을 정말 다행으로 생각한다. "왜 나한테만 그래!"라고 저절로 생각하게 될 땐 이미 가망이 없다. 또 어떤 서류가 필요하다고 한 것 같은데 여기서부터는 기억이 잘 나지 않는다. 그 뒤로 두 번 더 공단을 찾은 끝에 간신히 17,000원 쯤으로 보험료를 깎았다.

이건 내 콤플렉스를 제대로 건드리는 일이었다. 짐짓 덤덤한 척 살아가던 나의 현주소를 다시금 일깨워준 사건이었기 때문이다. 복잡한 가족사는 걸림돌이 되고 있었고, 나중에 환급받을 수도 있을 19만 원이 당장 빠져나가면 안 될 정도로 돈이 없었고, 주중에 동사무소 한번 찾을 시간도 없었다. 그렇다고 바쁜 시간 동안 돈을 많이 버는 것도 아니었다. 이 사실에 담담할 만큼 수양이 충분한 것도 물론 아니었다.

그런 심리 상태로 돌아와 앉은 토요일 술자리에서 듣는 소리가 '한남'이어야 한다면, 이를 어떻게 받아들여야 할까? 객관적으로, 건강보험 고지서로 겪은 건 단지 조금의 불편과 귀찮음이었다. 그러나 그것은 내가 가난하고, 모든 면에서 여유롭지 못하고, 화목하고 정상적인 가족 안에서 살지 못하고 있기 때문에 겪은 일이라고 생각해버렸다.

동아리의 일원들은 대부분 중산층 이상의 여성 대학생들이었다. 유달리 여학생이 많았던 이유는 별로 명확하지 않다. 그러나 계급으로만 따져본다면 그들은 주말 알바를 하지 않아도 되고, 매주 토요일 밤새워 술을 마시고 택시로 귀가할 만큼 주머니에 여유가 있는 친구들이었다. 뭐라고 할까, 항상 자신감에 넘치고 자신의 선택과 능력에 대한 확신이 있어서 왠지 그게 수상쩍고 의심스러운 사람들 있지 않나. 분명히 밝힌다. 그것은 내가 어정쩡한 태도로 살고, 모이기만 하면 목소리가 커지고, 이 사회의 문제란 문제는 다 일으키는 골치 아픈 하층계급 남성이었기 때문에 드는 자격지심이었음을 말이다. 그러니 나는 그 분위기를 마음속으로 빈정대는 데 그치지 않았던 것이다. 건방진 중산층 여자애들, 니네가 뭘 알겠냐, 돈이 없어봤냐, 시간이 없어봤냐, 빌어먹을 건강보험 고지서 때문에 보름 동안 손을 벌벌 떨어봤냐?

내가 유아인을 옹호하는 말을 굳이 SNS에 올려놓은 건 그 고약한 자기연민으로부터 나온 울분 때문이었다.

솔직히 페미니즘에 대해 말하려면 말문이 막힐 때가 있다. 나는 대한민국이 아니었다면 태어나지 않았을 수도 있기 때문이다. 2000년대를 앞두고도 남아를 선호하는 유교 근본주의가 만연했던 시기, 그런 문화가 가장 강했던 경상북도 시골에 할아버지가 살았다는 것, 하필 장남이었던 아버지, 보통 성깔이 아니면서도 그 성정을 죽이고 살아오는 게 당연했던 우리 엄마. 이 독립변수 가운데 하나라도 없었다면 나는 태어나지 않았을지도 모른다.

대신 나는 반년 동안 지낼 유럽 생활비를 무람없이 보내줄 부모를 갖지 못했다. 우리 부모님은 내가 서울 시내에 구할 자취방의 보증금을 지불할 수 없다. 주말 아르바이트를 하지 않아도 될 만큼 용돈을 매달 보태줄 수 있느냐면 그것도 아니다. 누군가 권력의 한편에서 우월하다는 이유로 공격의 대상이 되어야 한다면, 나도 부유한 부모가 있거나 편의점 알바를 해본 적이 없는 누군가를 비웃을 수 있어야 한다. 나는 하루아침에 집에서 쫓겨났던 트라우마가 있으며, 돈 그 자체가 모든 갈등의 원인이라는 것을 이해하고 있고, 그런 사람에게 두 번의 기회는 좀처럼 없다는 것을 경험을 통해 잘 알고 있기 때문이다.

이러나저러나 나는 많은 경우, 나에게 닥친 불행을 가정사와 계급 탓으로 돌리곤 했다. 많은 경우의 많은 경우, 내가 노력하지 않거나 오래된 도피벽으로 기회를 놓친 결과였지만 말이다. 내 가족사와 가난 때문에 남성으로서의 원죄를 거부하거나 억울한 심정을 논리적으로 타당하게 여기는 것은 그것이 처음도 아니었고 마지막도 아니었다.

14. 스물셋은 밥솥에 무엇이 들었는지 모른다

"부동산 중개사는 야트막한 큰길 오르막을 지나 난간 없는 골목의 계단을 세 번이나 갈아타야 나타나는 집을 보여줬다. 뜻밖에 고난도 런지를 거듭하다 보니 덩치 큰 남자 셋의 숨이 가빠졌다. 기민한 중개사 아주머니는 뒤돌아보며 웃었다. "건장하신 분들이라 이 정도 오르막은 다닐 만하시죠?" 아니요…, 편한 길만 다니니까 살이 찐 거죠…."

어떤 사람은 밥솥 같다. 풍선은 누르면 터지고, 냄비는 불 위에 조금만 오래 둬도 탄다. 하지만 밥솥은 열과 압력에도 멀쩡하다. 수증기를 빼주는 추가 있어서 터지지 않는다. 둘 중에 하나다. 열과 압력을 견뎌내거나, 적당한 시점에 추를 건드려 스트레스의 줄기를 어딘가로 돌려놓거나. 진실이 뭐든 폭발하지 않고 맛있는 밥이나 해내면 그만이다.

상수동의 쓰리룸에 처음 발을 들여놓던 날, 가장 마지막으로 옮긴 짐은 형들의 전기밥솥이었다. 빨갛고 동그랗고 앙증맞지만 용량이 제법 컸다. 결코 가볍다고는 못할 밥솥이었지만 겨드랑이에 끼고 나른 밥솥은 아주 가볍게 느껴졌다. 장롱 두 개를 옮기는 데 두 시간을 소모한 다음이었기 때문이다.

나는 짐이랄 게 없는 처지였지만 몇 년 자취를 하다 살림을 합치게 된 형들은 아니었다. 용달차는 길고 좁은 골목 초입에 짐을 부려놓고 떠났다. 자동차가 들어갈 수 없는 골목이었다. 다른 건 그렇다 치고, 셋이서 온 힘을 다해야 겨우 허리 위로 들 수 있는 장롱 두 짝이 문제였다. 바퀴가 달린 사무실 의자에 장롱을 아슬아슬하게 걸쳐놓고 밀고 끌었다. 골목을 건너가는 동안 하수구 뚜껑에 바퀴가 걸리고, 앞에서 균형을 못 잡아 장롱이 쓰러질 뻔도 했다. 1층 현관에 도착하니 3층까지 이 물건을 올리는 것도 일이었다. 그렇지 않아도 덩치가 컸던 우리에게 오래된 다세대주택 계단은 몸뚱이 하나 구겨 넣기에도 좁았다. 계단참이 나올 때마다 짐을 내려놓고 각도를 비틀었다. 손이 난간에 찧기고 숨을 몰아쉬기를 몇 번이나 거듭했다. 장롱을 가장 큰 방에 밀어넣고 나니 또 다른 형이 쓸 장롱이 하나 더 남아 있었다. 요령이 생겼지만 이미 너무 많은 에너지를 소모한 탓에 시간이 더 걸렸다. 아직 쌀쌀한 삼월 말, 검은 후드티 밑에서 땀이 비 오듯 했다.

이사가 대강 마무리되고, 형들은 집에서 가져온 보리를 섞어 밥을 했다. 반찬으로 뭐가 놓였는지는 기억나지 않지만, 갓 지은 밥 냄새만은 선명하다. 구옥의 쿰쿰한 곰팡내를 씻어내는 단내였다. 어린 날 저녁께를 떠올리게 하는 그 익숙한 달큰함.

밥을 한술 떴는데 이물질이 씹혔다. 쌀겨인가 했는데, 검은 깨처럼 생긴 것이 아주 불쾌한 모양이었다. 그것만 골라내고 다시 한 숟가락을 떴다. 이번에는 단단한 이물감이 느껴졌다. 모래가 되어가는 작은 돌 같았다. 앞으로는 그냥 햇반을 사 먹기로 했다.

언제부터인가 처음 보는 사람에게 사는 지역부터 묻는 버릇이 생겼다. 어느 동네가 나오더라도 대강은 아는 척을 할 수 있다. 몇 년간 과외 자리를 주는 곳은 어디든 마다하지 않았던 덕분이다. 정작 서울에 살지도 않았으면서.

학원을 합쳐 세어보니 열아홉 동네, 자치구로는 열한 개. 그만한 경력으로 이 대도시의 모든 곳을 안다고 할 수는 없다. 그러나 세 가지 경우의 수를 벗어나는 지역은 별로 없다. 과외를 하던 동네거나, 그 옆 동네거나, 옛 여자 친구들이 살던 곳이거나. 목동이요? 몇 단지 쪽이세요? 제가 3단지 쪽 학원에서 일했었어요. 어, 창동 사세요? 저 중계동에서 과외했었는데. 연희동 살아요? ×× 아세요? 거기 규동 진짜 맛있는데. 어떻게 아냐고요? 예전에… 예, 그랬었네요. 상수동과 그 일대가 나오면 이따위 주접이 더욱 강렬해진다. 합정 ○○○ 아세요? 거기 리코타치즈샐러드를 꼭 먹어봐요. 상수요? 몇 번 출구 쪽이요? 4번 출구 앞에 버X골에서 한번 스쳤겠는데. 자연 마포구와는 연고가 없어 보이는 나에게 되물음이 날아들곤 한다. 어떻게 그렇게 잘 아세요?

"아, 거기 잠깐 살았어요."

"자취하셨어요?"

"그런 셈이죠…."

"그런 셈?"

"남자 셋이서 고양이 네 마리 데리고 살았거든요. 그것도 자취라면…."

"학교랑 멀지 않아요?"

"한 시간은 걸리죠…."

"그런데 왜 상수동에서 자취하셨어요?"

꼭 전 연애를 생각할 때만 말꼬리가 흐려지는 건 아니었다.

친한 형 S가 상수동 쓰리룸의 유일한 밥통의 주인이었다. 그에게 연락한 것은 스물셋이 되던 해 2월이었다. 1월 말이 마감이던 방송사 드라마 공모전을 단념하고 몇 주가 지난 뒤였다. 아닌 게 아니라 드라마는 써본 적도 없는 분야였다. 두 달씩이나 매달렸는데 대본을 반도 못 썼다. 그래도 한글 파일 20페이지는 넘었다고 자위하다 보니 문득 오래 묵은 불안이 피어올랐다. 일 년 동안 매주 신촌을 쏘다니며 술로 지새우던 밤에는 안 보이던 열패감이었다.

가망 없는 일에 별안간 집착한 까닭이 있다. 그로부터 두 달 전, 학교 공연이 예정되어 있던 내 창작극이 무산되었기 때문이다. 두문불출하던 내가 멋진 작품을 내놓으며 학교로 돌아갈 기회였지만, 멋지게 엎어져 버렸다.

못 쓴 작품이었다. 주제가 뭐냐는 배우들의 물음에 중언부언했던 기억이 난다. 그래도 반짝이는 대사들이 좀 있었다. 그게 허술한 플롯이나 회수되지 않는 복선 같은 치명적인 단점을 가려준 덕에 연습에는 돌입할 수 있었다. 그리고 이것이 입시생들이 보러 오는 학교 방학 워크숍에 오를 것이라고 진심으로 믿었다. 그러나 머지않아 다른 작품을 찾게 됐다는 전화를 받았다. 과외 수업에서 퇴근하고 있을 때였다.

학교 사람들은 연출을 맡은 후배의 잘못이라고 말해주었지만 나는 고개를 저었다. 기왕 내가 쓴 것이니 내가 연출하는 것이 좋았을 것이다. 우리 학교에서 좀처럼 없던 창작극이기도 했다. 하지만 나는 그러겠노라고 말하지 못했다. 자격지심이었다. 내가 학교에서 벗어난 지 너무 오래된 게 면구했기 때문이었다. 내 딴엔 당연한 양보였는데 작품에 처음부터 의구심이 많았던 후배 입장에서는 떠맡은 셈이었을 거다. 우리 둘의 소통이 원활하지도 않았기에 파행은 예정되어 있었는지도 모른다. 방학에도 서울 이곳저곳으로 출근하던 나는 연습실에 잘 가지 못했고, 결국 전화로 통보를 들어야 했다. 조금은 억울하기도 했다. 다음 해 여름쯤을 생각하고 간단한 트리트먼트만 내민 것이 겨울방학으로 당겨졌기 때문이다. 그러나 어쨌든 망한 작품이었고, 그 망한 작품이 바로 내 것이었다. 결국 신입생 여름의 일을 매조지 하지 못한 업이었다.

의욕에 넘쳐 활동하던 광고 동아리의 분위기도 내 것은 아니었다. 아직도 광고가 뭔지 감이 오지 않았다. 조그만 공모전에서라도 상을 받은 적이 없다. 그동안 얻은 건 팀원이 만들어 온 기획서를 그럴듯하게 프레젠테이션하는 능력, 그리고 디자인과 친구들 어깨너머로 배운, PPT를 예쁘게 만드는 잔기술뿐이었다.

학교에서 실패한 내 반골 기질이 불쑥불쑥 고개를 디미는 것도 문제였다. 세미나가 끝나도 밤 열 시까지 뒤풀이에 남으라는 규칙 때문이었다. 지금 돌이켜보면 그 규칙이 이해가 안 되는 것은 아니다. OB들이 놀러 올 자리를 제공하고, 그들과 술을 마셔주고, 그렇게 동아리와 연이 이어진 OB들이 인턴 채용을 주선해준다. 대외활동을 통해 큰 회사 인턴이라도 한번 하면 본전 이상이다. 이게 곧 인프라이기 때문에 동아리의 경쟁력과도 이어진다. 그런 식으로 학회가 돌아갔다.

그러나 일 년이 지나면 남는 신입생은 절반이 안 되었다. 나간 이들의 반절은 주말 알바를 사실상 할 수 없는 구조 때문에 돈이 궁해서, 반절은 세미나보다 뒤풀이가 더 중요한 분위기 때문에 동아리를 탈퇴했다. 주객이 전도된 일이었다. 나는 거의 빼놓지 않고 새벽까지 뒤풀이에 남는 멤버였다. 그러면서도 격하게 수정을 요구했는데, 그때까지 남은 사람들은 그런 내 우격다짐에 고개를 주억거리면서도 마음으로는 동의해주지 않았을 것이다. 그런 분위기는 나에게도 느껴졌다. 친하게 지내던 사람들이 운영진으로 들어가기만 하면 태도가 바뀌고는 했기 때문이다.

그런데다 그해 개강 무렵이 되자 일자리도 끊겼다. 친구의 동생이나 친구 동생의 친구 같은 인맥은 다 소진됐다. 학원은 풀타임 조교들을 구했고, 단발성 과외도 거의 없었다. 중개업체들에 연락을 돌려봤지만 영어나 수학이 아닌 다음에야 마땅한 자리가 나오지 않았다. 통학에 하루 네 시간을, 동아리에 주말 전부를 소모하고 있었으니 구할 수 있는 다른 아르바이트도 없었다.

잘하는 것, 좋아하는 것, 돈이 되는 것. 세 가지 모두를 충족하는 일을 진로로 삼을 수 있으리라 믿었다. 그러나 스물둘에서 스물셋으로 넘어갈 때, 하나라도 확신할 수 있는 것은 남아 있지 않았다. 답답한 마음에 그냥 뭐 하고 삽니까, 그런 전화를 했다.

뉴캐슬 팬 사이트 정모에서 알게 된 S였다. 어려운 시절 연락하면 선뜻 만나주던 형이었다. 그즈음에는 뷰티 분야 스타트업의 창업주가 되어 있었다. 그날도 구구절절 내 넋두리만 했다. 나는 얘기하고, 형은 들어주고. 언제나 그랬다. 나는 좋지 못한 근황이라면 무슨 일이건 좀처럼 주변에 말하지 않는 편이었다. 좀 힘에 부친다, 또는 힘들다, 이런 생각이 들 때 누군가에게 의지하는 게 꺼려지기도 했다. 그러나 내심 누군가를 간절히 원하고 있기도 했다. 그는 그런 내게 유일한 상담 창구였고, 자기중심적인 은유로 말하자면 압력솥의 하나뿐인 배출구였다.

생각해보면 그렇다. “힘들다”라고 말하는 사람은 많은데 “내가 누군가를 힘들게 해”라고 하는 사람은 없다. 아니 그러면 누가 누굴 힘들게 하고 있단 말인가? 자기연민을 빼고 바라보면 우리의 힘든 일이란 실은 별로 힘든 일이 아닐 수도 있다. 적어도 나는 그랬던 것 같다. 객관적으로도 정말 어려운 일이라면 원인과 책임이 통상 나에게 있기 마련이다. 힘든 일을 맞닥뜨릴 때 그게 전자에 해당한다면, 진실을 멀리하고 혼자서 고난을 감당하는 스스로의 모습을 바라보는 것이 좋다. 자기연민이란 마조히즘은 인생을 견뎌내는 힘을 주니까.

후자일 때도 가까운 이들에게 속을 털어놓을 수 없는 건 매한가지였다. 친구들이나 여자 친구들에게는 쪽팔려서였고, 부모님에게는 어차피 해결될 일도 아닌데 속이나 썩이고 싶지 않았기 때문이다. 연극이 엎어졌고, 광고 공부는 손에 안 잡혔으며, 오래된 근성이 또다시 솟아나 고립되는 와중에 남들 다 하는 알바 하나 제대로 못 구하는 것. 이 주제들은 전부 내 책임이 과반을 넘었다. 나는 내 능력 부족을 남들에게 보이고 싶지 않았고, 남 탓 못하는 푸념에 스스로 찔리기도 싫었다. 하지만 S형은 힘든 일, 말 못 할 일에 격려와 조언을 아끼지 않는 든든한 형이었다. 일 년에 한두 번 보는 사이였지만 왜, 어떤 경우엔 절친보다 치부를 더 많이 공유하는 사람이 있기도 하다. 인간관계의 동심원에서는 조금 바깥에 있지만 그런 말이 술술 터져 나오는 사람. 그 형이 그랬다. 혼자서 어려움(또는 자기연민)을 삭이다 못해 찾게 되는 존재. 그러니 그는 압력이 절정에 이를 때 수증기를 빼주는 고마운 사람이던 것이다.

그러니까 네가 우리 회사에서 인턴을 하면 어떨까? 그때는 미처 눈치채지 못한 S 특유의 말투가 있었다. 이러저러하니 이렇게 하면 어떨까, 너에게도 좋지 않을까? 내 결정을 기다리는 말이었다. 형을 알게 된 후 십 년 만에 처음 들어보는 얘기였다. 내가 나름대로 영상 이론을 배웠고(학부에서 촬영 기초를 배웠다), 역시 나름대로 기획 공부 경험이 있으니 본인 회사에서 마케팅 인턴을 하라는 것이었다. 피부과 홍보 영상의 촬영과 편집, 그리고 뷰티 정보를 제공하는 SNS 페이지 관리 따위를 하면 된다고 했다. 공강 날 오든 수업을 마치고 오든 자유고, 최저임금 보장이라는 조건이었다. 하나 더, 서울에서 같이 살면 어떨까? 본인도 풍족하지는 않은 살림이니 또 다른 창업주와 살림을 합친다고 했다. 쓰리룸을 구해보자, 네가 거기 들어와서 한 달에 20만 원만 내면 어떨까? 우리도 좋고 너도 좋지 않을까?

그들이 좋은 바야 아무래도 상관없었다. 형은 내가 몇 년 동안 절실하게 원하던 것을 제안하고 있었다. 통학 생활과 고질적 빈곤 문제로, 둘 중 무엇이 각각 인과라고 잘라 말할 수 없는 것들이었다. 하루 중에 집에서 자는 시간과 음주로 밤을 보내는 시간, 광역버스로 집과 서울을 오가는 시간이 거의 비등하다는 걸 깨달은 지 오래였다. 돈도 없고 시간도 없는 두 가지 결핍. 서로가 서로의 원인이고 결과인 이 망할 결핍. 그것을 한꺼번에 해소할 방법이 생긴 것이다. 그리하여 더 망설일 것이 없었다. 우리는 같이 살기로 했다.

이태원이 그렇게 기막히게 높은 언덕을 뒤로 만들어진 동네인 줄은 몰랐다. 보광동의 쓰리룸을 구경하고 내려오는 길은 아주

가팔랐다. 부동산 중개사는 야트막한 큰길 오르막을 지나 난간 없는 골목의 계단을 세 번이나 갈아타야 나타나는 집을 보여줬다. 뜻밖에 고난도 런지를 거듭하다 보니 덩치 큰 남자 셋의 숨이 가빠졌다. 기민한 중개사 아주머니는 뒤돌아보며 웃었다. "건장하신 분들이라 이 정도 오르막은 다닐 만하시죠?" 아니요…, 편한 길만 다니니까 살이 찐 거죠….

신기했다. 오를 때는 이십 분이던 게 내려올 땐 오 분이나 걸렸던가. "보세요. 내려올 땐 금방이죠?" 그러나 모르는 소리. 몸뚱이가 크면 클수록 내리막에서 헛디뎠을 때 굴러가는 비거리가 길다. 어딘가 부러질 확률도 비례해 올라간다. 그 집을 단념한 것은 오르막이 아니라 내리막에서였다.

중개 어플리케이션으로 봤을 때는 그냥 '공기 좋고 리모델링해 깨끗'이란 설명이 전부였다. 방 세 개, 1000/80. 말도 안 되는 조건을 충족하는 서울 시내의 흔하지 않은 집이었다. 몇 번의 실패와 강북 미개발지 탐험 끝에 희망을 안고 찾아간 곳이기도 했다. 턱없이 높은 기준으로 집을 구하다 보니 우리는 재개발이 미뤄지는 낡은 주택가의 구옥을 보러 다니고 있었다. 신길, 북아현동, 보광동이 그랬다. 그렇지 않으면 높은 언덕에 위치한 곳이었다. 충정로, 청파동, 만리동이었다.

주제에 집을 까다롭게 고른 것은 아니다. 애초부터 우리가 본 집들은 사진으로도, 그 밑에 달린 중개사의 설명으로도 그럴싸한 곳들이었다. 그러나 서너 번 방을 본 뒤로 중개 어플의 설명을 곧이곧대로 믿어서는 안 된다는 것을 알아버렸다. 꼭 허위매물만을 말하는 것이 아니다. 이를테면 이런 것이다.

경치가 좋다 = 집이 언덕에 있다
야경이 멋지다 = 집이 언덕에 있다
산책하기 좋다 = 집이 언덕에 있다
주변에 편의점이 있어 편리 = 동네의 랜드마크는 편의점뿐
지어진 지 좀 되었지만 = 준공년도가 1976년
공간 활용 괜찮습니다 = 좁다
혼자 살기 최고 = 매우 좁다
금액 대비 상태 양호 = 각오하고 보러 와라
1층 같은 반지층 = 계단 위에 변기가 있지만 어쨌든
버스 정류장이 가깝다 = 근처에 지하철역이 없다
교통이 편리하다 = 근처에 지하철역이 없다('지하철역 5분' 같은 구체적인 언급이 없다면 대개 이런 경우다)
남자분이면 괜찮다 = 후미진 골목길이나 가파른 오르막인데다 지은 지 오래되었으며 화장실 타일도 몇 개 떨어져 있지만, 그 정도야 무던하게 지낼 사람을 찾는다(못 믿겠다면 당장 직방을 켜서 용산구의 구옥들을 검색해보라. 다섯에 하나는 그런 설명이 나오는 집이다).

가장 기가 찼던 것은 '마을버스 종점 인근이라 교통이 편리하다'였다. 야, 정말 너무한 거 아닌가? 싶었지만 이 정도면 솔직한 축이었다.

상수동의 쓰리룸은 우리가 본 마지막 집이었다. 공인중개사들의 이런저런 감언이설을 물리치고 서울 이곳저곳을 오르락내리락한 끝에 발견한 거짓말처럼 좋은 조건이었다. 말도 안 되는 보증

금과 월세도 우리 조건에 부합하고 언덕에 있지도 않으며, 형들이 차를 댈 수 있는 공간과 내가 탈 지하철역까지 가까운 곳이었다. 인스타그램에서 조용한 술집과 심야식당으로 유명해지기 시작하던 골목이 집 앞이었고 거기서 십 분만 걸으면 한강으로 나갈 수 있었다. 조금 오래되었고 비슷한 방향에 있는 K대 경영관의 스타트업 사무실과 우리 학교에 가기에는 조금 멀긴 했다. 그러나 예전을 생각하면 이만큼도 감사할 일이었다.

K대 경영관의 공유사무실에 출입증을 찍는 날들이 이어졌다. 상수역에서 6호선을 타고 가는 날도 있었고, 학교를 마치고 들러 형들과 함께 퇴근하는 날도 있었다. 어느 쪽이건 즐거웠다.

처음 출근하자마자 건네받은 건 명함이었다. '마케팅 인턴'이란 직함과 이름. 그 위에는 내 일러스트가 그려져 있었다. 증명사진에서 따온 깔끔한 곡선이었다. 뒷면에는 회사 로고가 빗살 모양으로 연속해 배열되어 있었다. 텍스트만 덜렁 있는 평범한 명함이었어도 감읍했을 터, 너무 예뻐서 말을 잇지 못했던 기억이 난다. 회사 일을 전담하는 디자이너가 무료로 만들어줬다고 했다. 놀랐다. 이것이 청년 사업가들의 연대, 뭐 그런 건가? 누끼(사물의 윤곽선)만 딴

거라지만 그래도 품 없이? 나중에 듣기론 그에게 일 년 동안 준 어플리케이션 디자인 비용이 회사 전체 지출의 절반이 넘었다고 한다. 뭔가 이상하다 싶었지만 창업의 세계는 그런 것이려니 했다. 그래, 예쁜 게 중요하지.

어쨌거나 그 명함을 케이스에 끼운 목걸이 출입증으로 출근하기 시작했다. 2층의 절반을 통째로 쓰는 스타트업 캠퍼스엔 모두 여덟 개의 업체가 있었다. 데스크가 네다섯 개 모여 있으면 회사 하나. 사무실을 가로질러 작업용 아이맥이 놓인 우리 데스크에 앉아 있노라면 치열한 사회인 세계의 중심에 있는 듯했다.

물론 앉아만 있었던 건 아니었다. 나날은 바쁘게 흘러갔다. 뷰티 분야 어플리케이션의 선두주자가 되는 것이 우리의 목표였다. 고객은 피부과 예약과 화장품 구매를 하고, 병원은 홍보를, 기업은 상품 판매로 수익을 낼 것이었다. 사업계획서의 분석대로라면 규모가 몇 조원이나 되는 잠재적 시장에서 일등을 하기에 우리가 아주 작은 회사란 걸 몰랐던 건 아니다. 하우스메이트 형 둘, 마케팅 담당 여성 이사, 그리고 인턴 하나로 된 스타트업. 그러나 출근 첫날 S 형에게서 우리의 비전을 듣고 나니, 그것이 정말 실현 가능한 무언가처럼 느껴졌다. 경쟁자들의 허점은 명확했고, 우린 그 허점을 채운 완벽한 플랫폼이 될 것이었다. 형이 말하는 경쟁자들이 이미 스타트업 수준을 훌쩍 넘어선 중견업체들이라는 사실 또한 알고 있었지만, 이미 웅장해지는 가슴을 어찌할 수는 없었다. 뷰티 분야 앱의 TOM(Top Of Mind)가 되려면 해야 할 것이 많았다. 한 목표를 향해 함께 뛴다면 정말 가능할지도 몰라! 이런 생각을 했었다.

첫 과제는 앱에 접근할 수 있는 고객을 유치하는 거였다. 피부과 병원의 홍보 영상을 찍어주고 그 영상을 독점 공개하는 아이템을 시도했다. 고객들이 우리 앱을 통해서만 피부과를 선택하도록 하려는 것이었다. S형의 친구이기도 했던 또 다른 대표 형은 화장품으로 유명한 기업에서 근무했던 경력이 있었다. 그 인맥이라면 분기 내 예닐곱 군데 정도는 금방일 거라고 했다. 정말로 머지않아 첫 영상을 찍을 피부과가 섭외되었다. 피부과에서 원장을 인터뷰하고 그 영상을 편집했다. 병원이 여는 평일 낮이었고, 그래서 수업은 빼먹었을 것이다.

결과물은 그저 그랬다. 전공 수업을 가르친 촬영 이론 교수님은 그저 그런 분이 아니었지만, 나는 그저 그런 태도로 수업을 들었었다. 딴에는 몇 번 경험을 거치면 점점 나아질 거라 생각했는데 창업주들이 자신했던 피부과 인맥은 한 군데가 끝이었다.

아쉽지만 다른 일도 많았다. 주말에는 회사가 참여한 창업 스쿨에 참석해 중견기업 회장이나 청년 사업가들의 강연을 들었다. 창업 스쿨의 커리큘럼을 마친 우수한 팀에게는 경쟁 PT 기회가 주어진다고 했다. 순위에 들면 상금과 지속적으로 지원 사업에 참가할 기회를 준다고도 했다. S형은 발표까지는 갈 수 있을 거라 장담했지만, 석 달 뒤 일정이 모두 끝나고도 그런 기회는 오지 않았다. 사실 지금 그 경험은 내용보다는 이런 느낌으로 기억된다. 역시 목걸이 사원증을 걸고 유명한 회사의 깨끗한 강의장에서 케이터링 메뉴로 나온 드립 커피와 로투스 과자를 씹었던 것. 세상의 중심에 있는 것만 같은 그런 느낌적인 느낌이었다.

평일 사무실에서는 여성 이사와 함께하는 일이 더 많았다. 어플리케이션 런칭 전 페이스북 홍보 페이지를 개설하고 카드뉴스를 만들었다. 그녀와 20대, 30대 여성을 타깃으로 한 콘텐츠를 만든다고 애를 썼다. 서로 낄낄거리던 기억이 선하다. 31세 직장인 여성의 에피소드로 카드뉴스를 만드는데, 우리가 구할 수 있는 무료 이미지는 흑인과 백인이 섞인 외국인밖에 없었다. 흑인 여성의 얼굴 밑에 '김영미(31)'라는 텍스트를 달고 나니, 웃음을 참을 수 없었다. 그렇게 시간을 보내다 보면 형들이 출근했다. 형들은 생계를 위한 다른 부업을 해야 했거나 때로는 그냥 게을렀다. 서너 시에 도착한 형들은 담배를 피웠다. 같이 나가 바람을 쐬고, 매점에서 커피 한잔을 마시고 돌아와 일한 것을 브리핑하면 저녁때가 되었다.

작은 회사라는 건 단순히 인력이 부족하거나 사무실을 남들과 공유한다는 의미가 아니었다. 사업에 필요한 자금이 궁하다는 의미였다. 그 덕에 우리는 어플리케이션 런칭 따위는 접고 일단 정부나 기업의 지원금 사업에 매달렸다. 인턴인 나까지 기획서를 붙잡고 PPT로 내용과 디자인을 수정했다. 어쩌랴, 우린 스타트업이니까. 오히려 그런 환경이 나를 들뜨게 했다. 우린 한 목표를 향해 함께 뛰고 있었으니까! 사업계획서에 적힌 시장 규모는 수조 원, 내년 말 예상 매출액은 수억 대였다. 어찌 들뜨지 않을 수 있을까.

그러다 보니 봄부터 초여름까지가 훌쩍 지나갔다. 치열하게 산다는 것, 정확히는 치열하게 사는 '느낌.' 이것이 지난겨울까지 있던 어두운 면을 가려주고 있었다. 연극 실패, 인간관계에서 저지른 똑같은 실수 같은 것들 말이다. 어딘가 두루뭉술하게 불길한 예감은 있었지만 나에게는 무엇보다 구체적인 사물이 있었다. 아이맥, 드립 커피, 명함, 목걸이 출입증, 상수동의 자취방.

밥이란 모름지기 맛이 있어야 한다. 뚜껑을 열어봤을 때 그럴싸한 결로는 모자라기에 하는 말이다. 쌀을 대충 씻어도 첫 냄새는 달아서, 희뿌연 훈김의 세례 속에서 금방 황홀하기 쉽다.

스물네 살의 봄이던가, 여름이던가. 사람들과 조금씩 멀어져 왔다는 걸 실감하던 어느 날 누군가 해준 말이 있다.

"밥 한술을 떴는데 돌이 씹혔다고 하자. 그럼 그걸 빼고 다시 먹겠지? 그런데 두 번째 숟가락을 떴는데 또 뭐가 씹혔어. 이제 어떻게 해야 할까? 그 밥솥은 그냥 버리는 거야. 밥솥에 돌보다 밥이 더 많아도, 그냥 버린다고."

내 밥솥에 든 건 정말 무엇일까? 이걸 생각하지 못하고 있었다. 나는 제대로 된 밥을 짓고 있었던 것일까? 지금 와서 생각하면, 남들이 나라는 밥솥을 포기하는 시점이 있었던 것 같다. 돌멩이가 정말 두 개밖에 없을 수도 있는데, 나를 얼마나 잘 안다고? 돌이 얼마나 들었는지 남들은 알게 뭔가? 내 비루한 밥솥을 사수해선 안 되었던 것 같다. 다시 쌀을 박박 씻고 밥을 안쳐야 할 시기였다. 그러나 나는 상수동이라는 새로운 동네와 스타트업이라는 탈출구로 김을 확, 빼버렸다.

창작극이 실패하고 몇 달 뒤, 그 소식을 들은 예전 연극 선생님이 대본을 한번 보자고 했었다. 하루 뒤엔가 나에게 건넸던 얘기가 기억난다.

"의외다. 너, 사람 사이의 대화를 잘 못 쓰는구나?"

15. 혁명이 일어나지 않는 유일한 독립변수

> "가난한 사람들의 화를 누그러뜨리는 건 더 쉽다. 삶이 팍팍할수록 작고 확실한 위안을 사랑하게 되는 것이니까. 그렇지만 확실히 해두자. 모르핀을 원하는 건 우리지, 무슨 지배계급이 아니다. 만국의 노동자여, 20대여, 건방진 중산층을 제외한 모든 빈곤한 청년들이여 단결하라. 그대가 잃을 건 쇠사슬뿐이지만 얻을 건 온 세상이리라…. 그러나 뿌링클을 포기해야만 쇠사슬을 끊어낼 수 있는 거라면, 그건 고민해볼 일이다."

나는 취향을 쉽게 바꾸지 않고, '최애' 치킨의 변천사 역시 역동적이지 못하다. 치킨이라면 그저 메이커를 가리지 않던 어린 날도 있었다. 그러나 열한 살 때 이사 온 아파트 단지의 유일한 치킨집이 B사였다는 이유만으로 황금올리브에 꽂혔다. 이후 십 년 가까이 메뉴를 바꾸지 않았다. 여보세요? 몇 동 몇 호인데요…. 네, 한 마리 갖다 드릴게요. 그러고 보니 통신사 광고기획서에 써먹었으면 좋았겠다. 짧은 통화로 전해지는 마음.

스무 살 때 '뿌링클'이 출시된 이후 지금까지 오 년, 나의 배달의민족 주문 리스트는 변하지 않고 있다. '뿌링클, 콜라 1.5L'. 일 년에 한두 번쯤의 빈도로 '족발 中' 따위가 있으나 그것은 필경 엄마 찬스였으리라. 기왕 '大'를 시키라는 엄마를 내가 말렸을 것이다.

최애 치킨마저 지고지순한 것은 무엇일까. 삶의 무수한 선택지 앞에서 딱 한 가지 과자만 고르는 심정으로 살았기 때문일까. 그건 아닌 것 같다. 그간의 주문 리스트를 확인해보면 한 달에 두 번은 치킨을 먹었다. 다른 메뉴에 도전할 기회는 매우 충분했다.

여전히 내가 아무도 노래하지 않는 로큰롤을 듣는 것은 다른 음악이 별로일까 겁나서가 아니다. 휴대폰 음악 어플리케이션의 '최근 들은 음악' 목록에 십 년째 〈공항 가는 길〉(마이 앤트 메리, 2004)이 빠지지 않는 건 그저 그 노래가 내 취향을 저격하는 명곡이기 때문이다. 뿌링클도 비슷하다. 적당히 달고, 짭짤하고, 그런 만큼 금방 물리기도 해 시간을 두고 먹을 수 있고, 여럿이 시켜 먹을 때 제안하면 반대표가 별로 나오지 않는다. 나의 입맛과 조건에 아주 잘 들어맞는 데다 보편적 취향 또한 충족하는 탁월한 치킨일 뿐이다.

내게 있어 치킨은 합리적이고 이성적인 판단을 할 수 없는 재화다. 이를테면 나는 맥도날드에서 점심을 먹을 때 6,700원짜리 세트를 7,400원으로 업그레이드하는 걸 망설인다. 겨우 700원 차이지만 한 끼 식사가 7,000원을 넘는다는 게 부담스럽다. 쇼핑할 때도 마찬가지다. 정말 맘에 드는 니트가 57,000원이라고 하자. 좀 더 찾아보면 디자인은 비슷한데 어딘가 좀 싼티 나는 28,000원짜리 합성섬유 니트가 나타나기 마련이다. 적립금을 쓰면 24,500원…. 대부분 나는 후자를 선택했다. 그 차액이면 세트 업그레이드가 몇 번이람? 그러나 내가 700원을 더해 감자튀김 라지 사이즈를 먹는 일은 없었다. 이런 식의 선택에서 만족보다는 후회가 좀 더 컸던 것 같다. 그리고 지금까지 거의 매사가 그래왔다.

그런데 뿌링클은 다르다. 한 마리에 17,000원, 콜라를 추가

하면 19,000원, 배달료를 추가하면 2만 원을 넘는다. 한 달 동안 순간의 만족감을 팔아 700원을 아낀다. 그러나 자제력을 잃은 어느 날 밤, 30일어치 인내심을 치킨 한 마리와 바꿔먹는 것이다.

또, 나는 일주일 동안 교통비를 내는 대신 걷거나, 사려던 새 책을 포기하고 중고서점을 뒤지거나 해서 푼돈을 아낀다. 그러면 꼭 주말쯤 술 약속이 생겨서 술값에 4~5만 원을 훌렁 써 버린다. 2차 갈 돈이 충분했던 일은 별로 없었고 빌려서 마신 적이 많다. 못 갚고 잊어버린 술값이 몇 년간 좀 쌓여 있을 것으로 짐작한다. 이 책이 성공해 인세를 받으면 꼭 갚으리라. 아마 앞으로도 갚기 힘들겠지만.

이것은 엄청나게 비합리적인 소비다. 단, 그저 좀 느슨하고 대책 없는 소비 패턴과는 궤가 다르다. 물론 나는 걷기가 취미라고 허세를 부리면서도 택시에 익숙해져 버렸다. 스타벅스 포인트를 만 원 단위로 충전하는 데 전혀 감각이 없다. 교통카드는 어차피 후불이므로 광역버스 한 번에 2,800원씩 빠져나가는 걸 체감하지 못하기도 한다. 하여 나는 체크카드 지출이 저절로 계산되는 가계부 어플리케이션을 사용하는데, 이 앱의 인공지능은 사용자에게 다음과 같은 따끔한 코멘트를 날린 바 있다. "카페에 엄청난 돈을 쓰고 있네요", "12월 1주차 택시비 지출이 56,000원이네요. 차라리 차를 사지 그러세요?"* 이건 단순히 내가 느슨하게 소비하는 비합리적 경제주체이기 때문에 생긴 일들이다. 정기적으로 치킨을 먹어야 하고

* 어플리케이션 '뱅크샐러드'였다. 안 좋은 피드백이 있었는지 오늘날 이렇게 뼈를 때리는 서비스는 없어졌다.

술값으로 진 빚이 밀려가는 이유와는 다르다는 말이다.

그리하여 이런 변명도 어쩌면 보편성을 띨 지도 모른다.

꿈꾸었던 것들이 품에서 빠져나갈 때, 나만 빼고 모두가 갖고 있는 것을 가지지 못한다고 느낄 때 우리는 당황한다. 자취방, 안 빌려도 되는 주말 술값, 인턴십, 공모전 수상, 정규 아르바이트가 내 것이 아니라면 달리 어디에 의지할 수 있을까. 그럴수록 나의 노력 부족을 인정하고 자기계발에 매진해야 하는 걸까? 그렇다 해도, 그 가운데 나를 위한 작은 보상은 있어야 하는 것 아닐까? 잠깐이라도 세상사를 모두 잊고 치킨에 집중하는 것으로 미치지 않을 수 있다면, 한 달에 몇 번 뿌링클을 영접하는 것쯤은 어쩌면 합리적일지도 모른다.

여름이 되었다. 상수동에서 살면서 스타트업의 막내 인턴이 된 지 석 달이 지났다. 3개월 동안 받은 돈은 모두 47만 원이었다. 최저임금 7,530원에 일한 시간을 곱하고 천 원 단위를 올림한 4월분 월급이었다. 그나마 20만 원은 형들과 분담한 월세 명목으로 제했으니 실제로 입금된 돈은 27만 원이었다. 5월에도 6월에도 비슷한 시간을 출근했다. 가끔 수업을 빠졌고, 자주 밤늦게 퇴근했다. 형들이 오후에 출근했기 때문에 나도 늦게 남아 있어야 했다. 5월부터는 적은 돈이나마 받지도 못했다. 그래서 4개월이 좀 넘는 인턴 생활 동안 내가 받은 보수는 27만 원이 전부였다. 형은 항상 자금난으로 고생이라는 말을 했다. 그와 나는 함께 자주 걸었다. 퇴근한 늦은 밤, 터덜터덜 걸어가다 보면 어느새 한강이었다. 할 수 있는 여가는 그게 거의 전부였다. 집 앞엔 힙한 술집도 심야식당도 많았다. 홍대거리와 접한 시끄러운 곳이 아니라 당인동 주택가의 소담한 골목이었고, 그곳이 입소문을 타던 시기였다. 하지만 상수동에 사는 동안 그중 어느 한 군데를 무람없이 들어갈 수 있던 적이 없었다. 돈도 돈이고 시간도 시간이었지만 너무 피곤했기 때문이다.

여름 초입 강바람은 습도가 낮고 농도가 옅었다. S형은 또한 항상 희망적인 전망을 말했다. 당인리 발전소를 지나 양화대교까지 걷는 동안 그는 - 나중에 생각해보니 - 지지부진한 레퍼토리를 읊었다. 나에게 돈을 빌려가 갚지 않는 A교수 건이 곧 해결될 것이다, 그것만 되면 숨통이 트일 것이다, G약품 임원과 다음 주 미팅을 할 것 같다, 투자를 제안할 건데 너도 같이 가면 어떨까? 너에게 좋은 경험이 되지 않을까?… 그때는 그럴 듯했다. 바로 강 너머 여의도의 야경이 멀거니 보였다.

함께 A교수의 위선을 비난하고 G약품 임원이 구두로 약조했다는 엄청난 액수로 미래를 상상하다 보면 중요한 것을 잊어버렸다. S형이 그 교수의 돈을 갖고 얘기한 지 3개월이 다 되어간다는 사실, 공중파 TV CF 에 팡팡 돈을 쓰는 G약품의 사세(社勢), 그에 반해 2018년 상반기 동안 그 어디에서도 인정받지 못했던 우리의 IR 덱(사업계획서), 두 달째 수입이 없는 나와 그 원인 따위였다. 분명 녹초 같은 꼴로 집에 들어와 쉬지도 않고 떠난 산책이었는데, 돌아오면 어느덧 가슴이 부풀어 있었다. 새벽이 가까운 시간이라 그랬던가.

과제에 바쁜 이 나라 대학생들은 밤을 새우다 하늘이 파래오는 걸 보고 야릇하게 차오르는 혈기를 느껴본 적이 있을 것이다. 오늘 안으로 제출할 수 있겠는데? 실상 아무것도 안 되어 있어도 무엇인가 될 것 같은 그 설레는 기분.

그것으로 버텼다. 그렇지만 그것이 당장 닥쳐든 궁핍까지 해결해준 것은 아니었다.

"세계 혁명은 결국 일어나지 않았어요."

그 학기에 들었던 '정치학 개론' 막바지였다.

"사회주의가 세계를 지배하지 못한 이유는 여러 가지가 있어요. 그중 하나는 마르크스와 엥겔스의 생각처럼 노동자와 자본가의 사이가 벌어지지 않았다는 것이죠. 노동계급의 불만이 임계점을 넘어서는 순간이 혁명의 시발점인데, 똑똑한 유럽의 정치가들은 노동자들의 원성이 폭발하게 내버려두지 않았죠. 그 직전에 그들에게 무언가를 줬어요. 복지란 개념이 그렇게 생겨난 것이죠. 강아지를 굶기면 주인을 물어요. 그런데 죽지는 않을 만큼 하나씩 먹이를 던져주면 주인 말을 잘 듣더라는 거죠."

정치학의 계보를 훑어보는 수업이었다. 삼월 초 북아현동과 보광동을 돌아다닐 땐 홉스와 로크였다. 상수동 생활에 지쳐갈 무렵에는 거의 마지막 주차로 마르크스, 트로츠키, 로자 룩셈부르크 같은 사회주의 이념가 서너 명을 2주에 걸쳐 다루고 있었다. 훑어본다더니 노트북으로 내용을 받아쓰면 수업 한 번에 열서너 장이 나오던 강의였다. 그러나 불필요한 사족도, 이해하지 못할 설명도 없었다. 교수님은 나와 정치 성향이 조금 달랐지만 정말 탁월하게 강의했다. 나중에 보니 내가 학원에서 하는 강의 스타일이 그를 따르고 있기도 했다. 그는 학생들에게 시니컬하기로 유명했다. 그런 그가 했다는 얘기를 중간고사 다음다음 수업 때 들었다. "이용규는 중간고사 점수는 A+인데, 결석이 세 번이라서 지각 한 번만 더 하면 F

라고 전해주세요."

상수동으로 이사하던 날이 중간고사 다음 주 수업이었다. 쿨하게 결석하고 두 시간 동안 장롱을 옮겼었다. 1학년도 아니고 3학년 1학기였는데 참으로 한심한 짓이었다.

종강을 앞둔 유월 중순, 교수님은 수업 내내 혁명가들의 실패를 납득시켰다. 왜 사회주의가 '망했나?' 독립변수는 뭐였을까요? 교수님이 제시한 건 당연히 하나가 아니었다. 하지만 다른 변인은 떠오르지 않는다. "죽지 않을 만큼 무언가를 주었기 때문에" 빼고는. 이의를 제기하고도 싶었다. 나는 『자본론』을 중2때 읽은 적이 있기 때문이다. 하지만 그건 그야말로 글자를 읽었을 따름이다. 차라리 중학생이었다면 호기를 부려봤을 수도 있겠다. 인간은 그런 존재가 아닙니다, 오히려 합리적인 선택을 하는 노동자라면 계급 외(外) 투쟁으로 관심을 돌리지 않을까요…. 이성적으로 선택한 계급투쟁이 뜨거운 감성으로 폭발한다면…. 하지만 대학교 3학년씩이나 되어놓고 그러기엔 근 몇 년간 읽은 책이 손에 꼽힐 정도라는 사실이 떠올라 단념했다.

그때쯤 누구를 만나건 실실거리며 지껄이던 말이 있다.

"돈을 벌고 싶은 게 아냐. 그냥 돈이 있었으면 좋겠어."

대책 없는 넋두리보다 실없는 농담이 술자리에선 더 유익한 법이니까.

진심이기도 했다. 돈이란 시간을 팔아 버는 거라던데, 어찌된 게 돈도 시간도 내다 버리고 있었다. 유월, 뜻밖의 무급 인턴이 되어버린 지 석 달째에 접어들었다. 거의 굶은 강아지나 다름없던 처지에 누군가 던져주는 복지 혜택을 강력히 희망하고 있었다. 문간에 누가 치킨이나 한 마리 안 놓고 가나?

삶이 정말 이상하게 흘러가고 있을 때 그걸 눈치채기란 어렵다. 뭔가 잘못됐다고 생각할 법도 한데 그때는 떠오르지 않는다. 그저 어영부영 살아진다. 나는 내 처지를 따져보거나 S형에게 임금 체불 문제를 따져볼 궁리를 하지 못했다.

대책 없이 나날에 몸을 맡긴 채 학교, 사무실, 상수동, 학회를 오갔다. 4월 이후 고정수입은 단 천 원도 없었다. 꼬박꼬박 빚이 쌓였다. 교통카드 대금은 대개 한 달, 휴대폰 요금은 두 달씩 미납되었다. 가끔 주말 학회 세미나를 빠지고 백화점 식당가에서 열두 시간 일했다. 토요일만 일하면 9만 원, 일요일까지 일하면 18만 원이었다. 그것으로 일주일을 연명했다. 수수료 10%는 얄궂게도 수요일이나 목요일쯤 빠져나갔다. 희한한 건 하루를 일하나 이틀을 일하나 남는 돈은 비슷했다는 거다. 수수료 9,000원이 인출되면 금요일에 만 원쯤 남았다. 18,000원이 빠져도 기껏해야 2만 원이 남았을 뿐이다. 돈을 두 배로 벌었지만 빌린 술값을 갚거나 밀린 요금을 냈기 때문이다. 똑같은 소비습관으로 일주일을 사는데 잔고는 거기서 거기였다. 금요일 저녁의 통장 잔액은 만보기 어플의 그날 걸음 수와 비슷하거나 적었다. 금요일에는 압박감에 식사를 걸렀다. 그럭저럭 참다가도 밤만 되면 결국 배가 고팠다. 그럴 때 내가 고를 수 있는 길은 두 가지였다.

부정적인 감정은 손을 잡고 오는 법이다. 일단 끊기기 직전인 휴대폰으로 충동적 술 약속을 잡는 경우가 있었다. 허기는 고독의 친구니까. 술이나 한잔하자! 주머니에 3만 원쯤 있으니 일단 1차는

함께 낼 수 있을 테고, 2차는 술기운에 빌려 다음 주쯤 갚으면 되리라. 2018년 여름 금요일 밤, 나에게서 별안간 전화를 받았다면 모두 이러한 경우였다. 물론 오는 약속도 거절하지 않았다. 주말 밤을 보내며 빌린 술값이 쌓여만 갔다. 일당으로 술값을 갚고 금요일에 돈이 모자라니 술 생각이 났다. 부드럽고 절망적인 악순환이었다. 카드값을 돌려막듯 매주 술값을 빌리고 갚았다. 그다지 넓지 않은 내 인맥 탓에 이것도 금방 한계에 도달했다. 다행이라면 다행이었다. 음주를 통한 상실감 보상은 유월쯤부터 불가능해졌다.

그보다 조금 저렴하고 오래된 것이 역시 소소하고 확실한 행복, 뿌링클을 시켜 먹는 길이었다. 이것은 외로움보다 근심이 깊어질 때 선택하는 편이었다. 지금 삶이 어디로 흘러가는가를 검토하는 건 그다지 내키지 않는 일이었다. 그럴 때 치킨을, 몇천 원쯤 더 쓸 수 있다면 맥주 두어 캔도 먹을 수 있다면 모든 것을 잊을 수 있다. 치맥이란 배부름–졸림–잠듦이라는 현실 도피 알고리즘으로 이어지는 도입부였다. 하지만 술값이 떨어짐과 동시에 이마저 어려워졌다.

고작 몇 시간짜리 마약이나 다름없는 술과 치킨을 참았다면, 적어도 교통카드 대금이나 휴대폰 요금 둘 중 하나는 온전히 낼 수 있었을 거다. 하지만 그러지 못했다. 건강한 소비란 건강한 심리상태에서 나오는 거니까. 배고픔은 순간의 허기가 아니라 나를 눌러오던 온갖 압박의 일각이었다. 그 압박에 대한 보상체계가 끊어진 뒤 찾아온 온갖 금단증상들은 심각했다. 뿌링클이라는 모르핀이 간절했다. 하지만 치킨을 누가 문 앞에 놓고 가는 것도 아니요, 치킨값 21,000원은 어디서도 저절로 생겨나지 않는 돈이었다.

단지 돈이 없다는 것만으로 사람은 대단히 옹졸해질 수 있다. 빈 지갑은 그저 지갑이 아니다. 무의미한 통장 잔고는 단순한 숫자가 아니다. 온몸을 휘감는 토템과도 같은 것이다. 술에도 치킨에도 의지하지 못했기 때문인지는 몰라도 상수동에선 웃을 일이 줄어들었다. 밖으로 개선의 여지가 없던 생활이 인내를 시험했다. 속에서는 울화와 좌절감이 끓어올랐다. 회복을 위해서 건강하게 대응할 면역력은 바닥나 있었다. 교수님의 정치학 이론으로 말하자면, 물질적 여유란 행동으로 보이는 여유의 제일 유의미한 독립변수였다. 더불어 그해 여름 서울은 관측 이래 가장 더웠다. 이는 훌륭한 매개변수였다.

형들은 더러움에 대한 역치가 지나치게 높았다. 엄마의 결벽을 물려받아 청소가 습관인 나와 정반대였다. S형은 12평짜리 쓰리룸에서 고양이 네 마리를 키웠다. 지금도 유기묘를 데려온 S형의 선함을 존경한다. 귀여웠다는 것도 인정한다. 거실 의자와 주방 싱크대는 물론 마룻바닥 곳곳에 털을 묻혀놓는 건 웃음으로 무마할 수 있었다. 그러나 결코 웃어넘길 수 없는 일도 많았다. 발수건에 오줌을 싸놓을 때부터였다. 내가 질색하자 S형은 평생 발수건을 써본 적이 없다고 했다. 그걸 꼭 써야 하는지 생각해볼 필요가 있지 않을까? 그러는 형은 본가에 내려가 오랫동안 오지 않는 일이 잦았다. 내 출근이 점점 의미가 없어진 건 그렇다 치더라도, 고양이를 두고 간 것이 문제였다. 배설물이 쌓였고, 그 친구들의 화장실은 거실에 있었다. S형이 집에 있을 때도 내가 몇 번 재촉해야 겨우 한 번 화장실을 치우는 수준이었다. 고양이 배설물 냄새는 아무리 맡아도 익숙해지지 않았다. 그건 살림집에서 나야 하는 냄새가 아니었기 때문이다.

쓰리룸의 창이 북으로 나 있다는 걸 여름이 되어서야 알았다. 열대야에 홑이불은 땀띠만 났다. 누운 장판에 허벅지가 쩍 달라붙었다. 거실에 그나마 바람이 통했지만 문을 열어놓을 수는 없었다. 유유히 들어와 옷과 이불에 털을 묻히고 떠나는 고양이들 때문이었다. 검은색 투성이인 내 옷들에 가장 많이 몸을 비비는 건 '라떼'란 이름의 하얀 친구였다. 쓰리룸엔 당연히 에어컨 옵션이 없었다. 백화점 일당을 받자마자 선풍기를 사 왔다. 강 건너 영등포 이마트에서 가장 저렴하던 '브랜드 없는' 선풍기였다. 땀이 찬 대퇴부 햄스트링을 교대로 말릴 수 있었다. 그런데 선풍기는 뜻밖에 두 대가 되었다. 여유가 생겨서는 아니었다. 주말 동안 수원에 내려갔다 왔는데 선풍기에 온통 하얀 털이 묻어 있었다. S형이 말없이 쓰고 갖다놓은 건데, 선풍기를 캣타워 삼아 몸을 비빈 라떼 덕이었다. 거실에 똬리를 튼 라떼란 놈의 볼때기가 참으로 얄밉게 통통했다. 얘 진짜 닉값 하네요. 농담이라고 했지만 표정은 썩은 채였다. 이거 그냥 형이 쓰세요. 이 말은 농담이 아니었다. 형은 다음 날 새 선풍기를 사주었다.

어느 날 집주인의 전화를 받았다. 수도세 3만 원을 달라는 것이었다. 다세대주택은 종종 주인집에서 수도세를 모두 내고 세입자들이 현금으로 이를 갹출한다. 나는 이런 관행을 잘 몰랐다. 동거인들에게 물어보고 전화 드릴게요, 하고 끊으려는데 주인아주머니가 답답해했다. 그 두 사람이 지금 한 달째 전화를 안 받는데 뭘 물어봐요? 형들은 집주인의 전화를 피하고 있었고 내가 그 전화를 떠안은 거였다. 그 뒤로 하루에 서너 번씩 독촉 전화를 받았다. S형은 돈이 없다고 했다. 형은 매주 두 번 이상 자차로 경기도 남부에 있는 본가를 오갔다. 기름값만 해도 3만 원이 넘었을 텐데 그땐 따지지 못했다. 나는 정말로 돈이 없었다. 3만 원이 아니라 3,000원도 가물거리는 마당이었다. 보름여가 흘렀다. 피부과 홍보 영상을 편집하다 새벽에 잠이 들었다. 아침 일곱 시인가 전화가 울렸다. 집주인이었다. 벌컥 소리를 지르고 말았다.

"어쩌라는 거예요, 돈이 있어야 줄 거 아니에요!" 전화 너머로 집주인이 말을 못 잇던 게 생각난다. 그러거나 말거나 잠에 빠져 창밖이 파랗게 어두워질 때쯤 일어났다. 후회했다. 언성을 높이는 버릇은 아버지에게서 물려받고 싶지 않았던 단 하나였다. 주인아주머니가 다시 나에게 전화하는 일은 없었다. 아직도 그 수도세가 어떻게 해결되었는지 모른다.

실수라고 하긴 어렵다. 집주인에게만 성질을 돋운 것도 아니었다. 비슷한 시기 간신히 잡힌 과외 시범 수업이 있었다. 면목동에 사는 여학생이었다. 학생은 만족시켰는데 그 아버님이 나를 탐탁지 않게 봤다. 내가 대학생이라는 걸 알고 이것저것 트집을 잡았다. 대학생 선생들이 대체로 불성실해요, 남자 선생들이 여학생이랑 수업하면 좀 껄떡거리던데, 같은 말은 참을 수 있었다. 본래 아쉬운 사람들은 벌어먹기와 빌어먹기란 획 하나 차이라고 생각해야 편안한 것이니까. 액수가 문제였다. 중개업체의 설명으로는 40만 원짜리 수업이었다. 그는 다시 대학생을 들먹이며 30만 원으로 하자고 했다. 요새는 과외도 잘 없잖아요? 그때 나는 눈앞에 있던 연필깎이를 집어 던져버렸다. 연필을 쓰지 않는지 연필깎이는 찌꺼기 없이 깔끔하게 부서졌다. 그럼 30만 원으로 하자는 놈 구하세요. 뒤도 안 돌아보고 집을 나왔다. 다행히 도어록은 버튼만 누르니 열렸다. 버벅일 것 없이 도망치듯 아파트를 내려왔다. 속 시원함은 잠시였다. 격노하면 물건을 던지는 버릇, 이 또한 아버지의 것이었다. 다리에 힘이 풀렸다. 이제 이 회사에서는 절대 수업을 구할 수 없을 것이다. 30만 원은 연필깎이와 함께 허공에 날아갔다. 그래 봐야 돌아갈 곳은 열대야 속 고양이 똥 냄새가 진동하는 쓰리룸뿐이었다.

곤궁은 감정 조절을 어렵게 했다. 그렇지만 내 본성이 그렇지 않다고 변명할 수는 없다. 여유가 있었으면 좀 달랐을 텐데… 따위로 생각한 적이 없는 건 아니다. 수도세 까짓 거 그냥 낼 수 있었다면 이성을 잃을 일도 없었을 텐데. 하지만 진정 지갑이 여유로운 시절은 내 생에 거의 없었다. 평생 토템 탓만 하며 산다면 주변에 아무도 남지 않을 것이다. 여유, 포용, 배포 같은 인간다운 미덕은 힘들고 어려운 일에 몰려 있을 때 발해야 의미가 있는 것이다.

형이 마냥 무책임하기만 했던 건 아니다. 궁하기로는 그도 마찬가지였다. 다만 그의 집이 부유하긴 했다. 매달 수백만 원의 용돈을 받을 수 있지만 가족과 얽힌 모종의 이유로 그것을 거부하고 있다고 했다. 어쩌라는 거야, 라고 생각하지 않은 게 아니다. 내가 돈을 못 받아야 형의 독립심이 지켜진다는 건가? 곡절이야 무어건 셋이 합쳐 치킨 한 마리 못 시키던 날들이었다. 월급 얘기를 할까 말까 망설이던 차, S형이 이런 얘기를 꺼냈다.

"파주 운정신도시에 있는 영어학원에 안면을 터놨는데, 장사가 안 돼서 강의실을 놀린대. 월 35만 원만 주면 강의실 하나를 마음대로 쓰게 해주겠대. 나는 영어를 하고, 너는 고등학생들 사회탐구로 한번 해보면 어떨까?"

"파주? 너무 멀지 않아요?"

"파주라지만 일산에 가까운 파주고, 상수에서 외곽순환도로 타고 안 막히면 30분이면 가. 내가 차로 태워다주면 되지 않을까?"

거기서 강의를 하고 돈을 번다는 건 애초에 불가능한 일이었다. 우선 너무 멀었다. 상수에서 파주까지 30분이란 건 새벽에나 가능했다. 상수에서 서울 안 K대로 출근하는 길도 막히면 한 시간을 훌쩍 넘긴다. 더구나 대중교통으로 두 시간 가까이 걸리는 파주였다. 차로 가려면 형과 나의 시간이 완벽히 들어맞아야 했다. 학생들이 우리가 편한 시간에 뚝딱 맞춰줄 리도 없었다. 전혀 모르는 지역에서 맨몸으로 수업을 유치하는 일도 문제였다. 형은 맘카페를 이용하거나 현수막을 달고, 리플렛이나 전단지를 만들어 홍보하자고 했지만 다 뜬구름 잡는 소리였다. 한두 달 새 낯선 동네에 입소문을 낼 재간이 있는 것도 아니었다. 그냥 말도 안 되는 얘기였다. 하지만 형의 의지가 확실했다. 며칠 뒤 밤에 파주로 향했다. 학원과 주변 상권을 답사하고 전단지를 붙였다.

"이거 봐, 운정까지 30분 걸리네."

새벽 세 시, S형의 차로 자유로를 달렸다. 우리 말고는 다니는 차가 없었다. 창문을 열면 격하게 퍼덕이는 굉음이 후련했다. 창틀에 팔꿈치를 올려놓고 바람을 맞는 것이 좋았다. 간만의 기분 전환이었다. 전날 혼자서 만나본 원장은 성공 가능성에 회의적이었다. 나도 동의했기에 무거운 마음으로 돌아왔었으나 이 순간이 합리적 걱정을 다 날려버렸다. 형은 동네 곳곳에 뿌릴 리플렛을 만들자고 했다. 내가 디자인 툴을 써서 3단 리플렛을 만들었다. 광고를 공부하는 동안 눈높이는 생겨서 리플렛은 어지간한 프랜차이즈 학원 홍보물 정도 구색은 됐다. 리플렛에는 나와 S형의 경력이 대단히 과장되어 들어가 있었다. '분당과 수지를 평정한 사회탐구 특급 강사'가 나를 수식했다. 물론 내가 쓴 거다. 마지막 장에는 전화번호와 함께 '교육그룹 프로메테우스'로 방점을 찍었다. 교육그룹이라니, 합쳐서 과외와 얼치기 파트타임 강사 노릇 몇 번에 불과한 사실상 백수 그룹이 실체인데 말이다. 지금 봐도 모양은 그럴싸한 것이 그 시절 우리 처지를 상징하는 물건 같다. 디테일은 되는 게 하나도 없는 비극인데 큰 그림만은 기가 막힌 희극인 거다.

학원과 약속한 날짜가 다가오고 있었다. 강의실을 사용하는 게 일주일 뒤부터였다. 빨리 인쇄를 해야 했다(어디에 어떻게 배포한다는 계획도 없었지만). S형에게 전화해 입금을 부탁했다. 형은 몇 시간 뒤 돈을 보냈다. 그런데 어쩐지 머뭇거리는 목소리였다. 그게 마음에 걸렸지만 금방 잊어버렸다.

열흘 뒤, 공덕오거리에 스타벅스 파트너 면접을 보고 오는 길이었다.

“평소에 스타벅스를 자주 이용한다면 이유가 있을까요?”

“와이파이가 정말 잘 되더라고요. 노트북 하러 자주 갑니다.”

이따위 대답으로 합격을 했다는 게 용했다. 부끄러움도 모른 채 버스에서 졸고 있는데 진동이 왔다. 끊기기 전에 전화를 허겁지겁 받았다. 칠월이 되자 결국 휴대폰이 정지되었고 수신만 가능했기 때문이다. 교통카드와 휴대폰 요금이 모두 밀렸고 동시에 갚을 길은 없었다. 그리하여 다음과 같은 명제에 직면했다. 무직의 23세 휴학생이 사람 구실을 하는 데 휴대폰과 교통카드 중 무엇이 더욱 필요한가? 바꿔 말해 둘 중 무엇을 포기해야 하는가. 마침 주제넘은 연애를 시작한 지 한 달째였다. 그렇지만 나는 휴대폰을 단념했다. 발신자는 내 ‘사수’였던 스타트업의 여성 대표였다.

유월 말일, K대 캠퍼스의 사무실 계약 기간이 끝났다. 우리 회사는 지원 사업은커녕 다음 사무실도 구하지 못했다. 상수동이 임시 오피스가 되었다. 쓰리룸의 거실에는 안 어울리게 거대한 적갈색 중역용 데스크가 있었다. 쓰리룸에 입주한 지 얼마 안 되어서 주워온 것이었다. 집 앞 골목에는 뮤지션들의 아지트로 유명한 Y카페가 있었다. 그 앞에 버려진 것을 발견하고 셋이 이고 왔었다. 책상에는 의자가 네 개 딸려 있었다. 이건 합정역 근처 빌딩 앞에 버려진 것이었다. 멀쩡한 물건이 있다는 소식을 전하자 형이 곧장 차를 끌고 나타났다. 무거운 책상을 밀고 끌 때나 의자를 자동차에 테트리스 하듯 구겨 넣을 때 우리는 킬킬거렸었다. K대에서 뺀 짐과 사무용 컴퓨터 따위를 그 책상 위에 올려 놓았다. 사무실이 된 쓰리룸에 ‘출근'한 여성 대표는 아연했다. 이유야 안 물어도 뻔했다.

우리는 결국 파주에서 한 푼도 벌지 못했다(나중에 그 근처 학원에서 잠깐 일한 적은 있었다). 기껏 리플렛 1,000장을 인쇄했는데 S형은 학원 이야기를 꺼내지 않았다. 대신 나에게 다른 일을 권했다. 여느 날처럼 집 앞을 산책하던 밤이었다. "우리가 피벗을 할 거야. 당분간은 마케팅 인턴이 할 일이 없을 것 같아. 새 아르바이트를 구해 보면 어떨까? 여의도나 공덕의 외국계 회사에서 어드민을 많이 구하거든. 사람인이나 잡코리아를 찾아보면 돼. 그걸 알아보면 어때? 월급도 센 편이고 집에서 다닐 수도 있고."

이로써 인턴 생활이 끝났다. S형의 회사에서 인턴 노릇을 하는 게 어려울 거라는 짐작은 하고 있었다. 하지만 뭘 어떻게 따질 새도 없을 거라고는 생각하지 못했다. 일방적인 해고 통보였지만 그때는 의미를 부여하지 못했다. 형이 새로운 일로 화제를 돌린 덕분이다. S형 특유의 화법이었다.

"그게 뭐예요? 제가 졸업자도 아닌데 사무보조도 아니고 그런 게 될까요?"

"아니야. 어차피 비정규직이라서 수시로 구해. 일이 어렵지도 않고."

상대방이 잘 모르는 일을 모호하지만 자신 있게 권하는 것도 형의 화법이었다. 스타트업도, 파주 학원도, '어드민'도 그랬다. 형 말대로 사람인과 잡코리아에서 채용 공고를 확인했다. 나에게는 지원 자격조차 없었다. 어드민이란 직종은 단순 사무보조가 아니라 관리직이었다. 스타트업 인턴 경력이 전부인 대학생을 채용하는 곳은 없었다. 현실을 파악하자마자 중소기업 사무보조와 프랜차이즈 카페 아르바이트로 눈길을 돌렸다.

된다더니 이게 뭐야? S형이 권한 건 정말 하나도 되는 게 없었다. 그 사실을 깨달으면서도 형에게 싫은 소리를 하지 못했다. 가능성 없는 분야에서 시간을 낭비한 건 그의 권유 때문이었다. 그러나 결국 그것을 선택한 건 나였다. 지금도 그 형을 탓할 생각은 없다. 다만 누군가는 이 일련의 에피소드들을 '가스라이팅'이라고 평했다. 그 여성 이사였다. 나에게 전화하는 일이 거의 없던 이였다. 전화를 받자마자 뭐 하나만 물어볼게요, 라기에 대단히 긴장했었다.

"용규 씨, 집 청소를 잘 안 하나요?"

저요?

"빈도로 따지나 들인 시간으로 따지나 제가 제일 많이 하죠. 그런데 요즘에는 수원에 있을 때가 많기는 해요. 그런데 청소해봤자 하루 이틀 만에 고양이털이 풀풀 날려서…."

"그건 너무 잘 알아요. 얘기를 듣다보니 좀 이상해서요."

버스에서는 내린 지 오래였다. 전화를 끊고 보니 통화 시간은 두 시간이 넘었다. 첫 한 시간 동안 들은 건 S형이 나에 대해 그녀에게 했던 이야기들이었다. 그 이사는 나에 대해 부정적 감정이 생길 뻔했다고 했다. 집 청소를 잘 안 한다, 본가에 내려가서 잘 오지도 않는다, 일을 열심히 하지 않는다, 파주 학원 일에 대해 무책임하다, 인쇄하자고 돈을 달라는데 자기 돈인 양 한다…. 다 본말을 자른 얘기들이었다. 그녀에게 처음부터 곡절을 다시 설명해야 했다.

두 번째로 들은 건 형의 개인사에 관한 기막힌 거짓말들이었다. 인턴을 시작할 때쯤 회사를 나간 여성 창업주와 얽힌 것인데 그 내용이 너무 민망하고 한심해서 여기 옮길 수도 없다. 그다음은 형이 회사 구성원들에 관해 이런저런 뒷담화를 했다는 것이다. 앞뒤가 다른 것이야 그렇다 해도 사실이 아닌 것을 퍼뜨리는 것이 문제였다. 그녀에게 내 얘기를 하던 것과 똑같이. 대상은 주변 여러 사람이었고 거기에는 예전의 여성 창업주도 포함되어 있었다. 하지만 그는 스타트업에 남은 이사와 연락을 주고받는 사이였다. S형이 전했다는 이야기는 우리가 알고 있는 사실과 달랐다. 대표가 나에게 연락한 것은 형이 전하는 내 이야기도 그랬으리란 짐작 때문이었다. S형을 거치면 사실도 말도 왜곡되었다.

마지막으로 공유한 건 내가 느낀 걸 그녀도 똑같이 느끼고 있었다는 것이다. 뭔가 이상한데 S는 아무렇지 않다는 것, 그래서 잘못된 건 스스로라고 여기게 되는 것. 그동안 S형 탓이라는 생각을 누르고 있었던 건 그가 최소한 좋은 사람이라는 확신 때문이었다. 그러나 이제 그게 아니라는 걸 알게 되었다. 형은 임금을 제대로 지급하는 상사도, 믿음직한 동료도, 온전한 인간도 아니었다. 전화를 끊고도 강변을 배회했다. 일곱 시였다. 햇빛이 아직도 창창했다. 지겹도록 기나긴 여름이었다.

얼마 안 되어 이사는 회사를 그만두었다. 그녀가 업무 톡 방에 남긴 작별인사에 S형은 아주 예의 바르게 행운을 빌어주었다. 그리고 곧바로 옛 여성 창업주에게는 그를 비꼬는 카톡을 보냈다고 했다. 메시지 캡처를 봤다. 그녀가 이사에게, 이사가 나에게 차례로 보내준 것이다. 배신이나 원망 같은 감정은 나중에 다 쏟아냈다. 한편으로 형이 우습기도 하고, 주제넘지만 불쌍하게 느껴지기도 했다. 그리고 조금은 슬펐던 것 같다.

원래 가난은 눈에 잘 띄지 않는다. 집이 그럴듯하게 생겼다고 해서 그 가정의 소득분위를 단정할 수는 없다. 갈색 원목 가구로 온통인 집이야 중산층은 넘어설 확률이 높겠지만 패브릭 소파가 있고 LED TV가 있다고 해서 궁핍하지 않다고 할 수는 없는 것이다. 쿠팡에는 10만 원보다 적은 돈으로 살 수 있는 소파도, 55인치나 되면서 30만 원밖에 안 하는 중소기업 텔레비전도 많으니까. 나도 이런 집들을 얼핏 보면 아, 건방진 중산층인가라는 대상 없는 증오가 떠오를 때도 있지만 말이다. 지금 우리 집에는 소파가 없고 TV 크기도 55인치보단 못하니까.

궁핍은 눈에 보이지 않는 곳에서 드러나는 것이다. 오늘 20대 가운데 가난해 보이는 사람은 없다. 옷을 기워 입고 양말에 구멍이 난 20대는 아예 존재하지 않는다. 그렇게 나다니는 이는 인간 취급도 못 받을 테니까. 이를테면 궁핍은 그들의 시간 계획표에서 나온다. 아침에 일어나 지하철을 타고 거의 매번 아침을 거르고 때로 점심까지 거르며 수업을 듣고 아르바이트를 한다. 늦게 귀가해 공모전을 준비하고 주말 아침에는 스터디에 출석한다. 여유가 없고, 세상에 맺힌 것이 많고, 상실감과 박탈감에 빠진, 이것이 오늘 우리들의 정신이다. 시간을 쪼개는 법이나 최선 아닌 차악에 만족하는 법, 성공보다 실패하지 않는 법, 그럴듯한 외양이라도 갖추는 법 따위를 모색하는 데 익숙하다. 시간을 팔아 돈을 번다고 자조하지만 알고 보면 둘 다 박탈당한 것이다.

물론 세상에는 이렇게 살지 않는 청년들도 많다. '이렇게 사는' 20대가 '이렇게 살지 않는' 또 다른 20대의 단면을 SNS로 지켜보는 것은 상실감과 박탈감을 가열히 촉매한다. 거참 쉽게 사네, 건방진 중산층들. 물론 우리가 바보는 아니기에 인스타그램은 걔네 인생의 전부가 아니고 그들도 대단히 노력하며 산다는 걸 잘 안다. 하지만 그런 감정이 한번 들면 되돌리기 어렵다. 젊음이 그들의 궁핍을 젊은 날 잠깐의 해프닝으로 웃어넘기는 것은 어려운 일이다.

요는, 우리가 그 상실의 감정을 어디서 보상받는가 하는 것이다. 뭔가 다른 게 필요하다. 합리적인 소비로 돈을 모으는 건 우리를 위로하지 않는다. 사실 우리는 냉동 앞다리살 10kg와 양상추 열 근, 정부미 한 가마를 쟁여놓고 그것만 까먹으며 살아도 된다. 탄수화물-단백질-지방 균형을 그럭저럭 지키며 두세 달 식비를 아낄 수 있을 것이다. 푼돈이나마 모을 수 있겠지만 우리는 그러지 않고 다음과 같은 질문을 던진다. 그 돈으로 뭘 어쩌지? 우리는 역시 바보가 아니기에 부동산과 주식 시장을 보고 '현타'를 맞았기 때문이다. 노동 소득으로는 집을 살 수 없다는 것을 깨달았기 때문이다. 힘 빠지는 오늘은 선명하고 미래는 누구도 보장해주지 않는다. 어른들은 좋은 얘기만 하지 우리 대신 싸워주지는 않을 것이다.

버스비 2,000원에 벌벌 떨면서 철마다 무신사 도메스틱 옷과 프라이탁 가방에는 너그러우며, 수제 맥주 8,000원에 흔쾌하고 숙취 해소 드링크 5,000원에 기꺼워하며 때로는 주말 모텔비 7만 원을 긁는 까닭, 휴대폰 요금 낼 돈도 없는 주제에 돈을 박박 긁어 뿌링클을 시켜놓고 집 앞 편의점으로 걸어 나가 맥주를 사오는 까닭이 이것이다. 마케팅업계에서 만들어낸 말을 빌리자면 '나심비', 또는 '시발비용'이겠지만 진실은 내적 품위 유지, 사치품으로 상실감 보상받기라 해야 옳다. 세상에 대한 원망을 완화하는 분노 억제제라고 할까?

이건 올바른 것일까? 당연히 아니다. 그러나 이것은 분노를 억제하고 심리적으로 세상에 적응하기 위한 본능적 행동이다. 분노와 스트레스를 삭여, 아낀다면 일주일 치 식비가 될 수도 있는 돈을 오늘 당장 치맥과 술값으로 바꿔먹는 것이다.

이것이 바로 혁명이 일어나지 않는 이유다.

누가 그랬던가? 부자들을 설득하는 것보다는 가난한 사람들을 화나게 하는 게 더 쉽다고. 하지만 교수님의 해설처럼, 가난한 사람들의 화를 누그러뜨리는 건 더 쉽다. 삶이 팍팍할수록 작고 확실한 위안을 사랑하게 되는 것이니까. 그렇지만 확실히 해두자. 모르핀을 원하는 건 우리지, 무슨 지배계급이 아니다.

만국의 노동자여, 20대여, 건방진 중산층을 제외한 모든 빈곤한 청년들이여 단결하라. 그대가 잃을 건 쇠사슬뿐이지만 얻을 건 온 세상이리라…. 그러나 뿌링클을 포기해야만 쇠사슬을 끊어낼 수 있는 거라면, 그건 고민해볼 일이다.

16. 페이크 지식노동자의 연애

"하지만 나는 근본적으로 솔직하지 못한 사람이었다. 나를 내보이는 것이 두려웠다. 어디부터 어디까지 나를 보여줘야 하는지도 몰랐다. 복잡한 내 사고를 납득시키기 위해 내 오래된 콤플렉스부터 설명해야 할까."

유리잔에 무엇이든 담을 수 있듯이 사랑을 채울 수 있는 내용물에는 여럿이 있다. 레드와인, 샴페인, 소주, 아메리카노, 아인슈페너, 유자차. 또는 믿음, 집착, 연민, 과시, 유희, 소유욕. 글라스에 소주를 담는다고 소주잔이 되지는 않고 소주잔에 커피를 채운다고 찻잔이 되지는 않는다. 기대에 부풀어 섣불리 채우는 건 쉽다. 그러나 알맞은 사람에게 알맞은 감정을 투사하는 건 어려운 일이다. 그렇다 해도, 정말 무엇으로든 투명한 잔을 물들이며 어떻게든 시작하는 것이 사랑일까? 짧은 경험으로 머리를 굴려봤자 다 헛일이겠지만 지나간 인연들이 채워주었던 것은 무엇이었을까 종종 생각한다. 주로 '동경'인 것 같다. 내 착각일 수도 있겠지만.

언젠가부터 나에게 그런 마음을 채우며 다가오는 걸 빨리 알아챌 수 있게 됐다. 과외선생 경력 때문이다. 사회탐구 과외선생은 의지와 무관하게 중산층 이상의 여자아이들을 많이 만나게 된다. 백 명 남짓 한 표본이지만 그들에는 유의미한 공통점이 있다. 아는 게 많고, 자신 있게 말하고, 종종 듣기 좋은 말을 해주는 사람에게 쉬이 끌린다는 점이다. 성급하게 생겨난 동경을 다시 애정으로 쉬이 바꾼다. 수업하는 여학생들과 사랑에 빠진 적은 없었다. 하지만 누군가를 만날 때 익숙한 눈빛을 만나는 일은 많았다. 나를 보던 여학생들과 비슷한 그것. 스무 살이 넘었던들 아직 진짜를 옳게 가릴 만큼 상처받지는 않았던 친구들이었다. 나서서 말하는 데 익숙하고 또래보다는 성숙해 '보이는' 아우라 때문이 아니었을까 생각한다.

나는 그렇게 오는 사람을 애써 막지 않았고, 그렇게 시작하는 사랑 또한 거부하지 않았다. 그럴 때마다 유비에게 이끌려 세상으로 나아가는 제갈량의 나르시시즘에 이입하는 것이 오랜 버릇이었다. 얻을 것은 별로 없고 수고롭기만 할 나와의 연애. 그걸 스스로 선택하는 게 고맙기도 애처롭기도 했다. 하지만 한발 물러나 마지못한 양 받아들이는 모양이 좋았다. 먼저 좋아한 건 내가 아니니까. 언젠가 "너는 누울 자리를 잘 보고 다리를 뻗는 것 같아"라던 썸녀의 말을 부정하지 못했다. 그것이 상처를 감내하지 않고도 관계를 시작하는 방법이었다. 마지못한 척하면서도 외로움에 기꺼워하며 연애에 뛰어드는 것. 책임을 피하는 본능이 내 자존심의 한계였으니, 이걸 정말 부끄럽게 생각한다.

그러나 나는 결코 그녀들이 투사하는 내 모습을 충족하지 못할 것이었다. 나는 생각보다 아는 게 별로 없고, 감정 기복이 심하며, 대화하는 법을 잘 모른다. 사랑이 싹틀 때부터 솔직할 수 있었다면 좋았을 것이다. 하지만 나는 근본적으로 솔직하지 못한 사람이었다. 나를 내보이는 것이 두려웠다. 어디부터 어디까지 나를 보여줘야 하는지도 몰랐다. 복잡한 내 사고를 납득시키기 위해 내 오래된 콤플렉스부터 설명해야 할까. 차라리 그녀들이 처음 본 피상을 유지하는 것이 편안했다. 내가 '나다울 수 있는' 연인을 원했지만, 그걸 포용할 사람이 있을 거라 믿지 않았다. 피곤한 일이었다.

"왜 나를 좋아해?"라는 말에는 할 말이 항상 군색했다. 그녀가 나를 좋아하는 이유를 추론할 수 있었던 것과 반대로, 내가 그녀를 좋아하는 것은 어쩌다 그렇게 된 것에 가까웠다. 아니면 정말로 고민해본 적이 없었던 걸까? "왜 좋아하냐니… 우린 사귀고 있잖아… 고백할 타이밍이었으니까 고백한 거구…." 이렇게 말할 수는 없었다. 그래서 나는 이런 말을 멋지게 지어냈다. "네가 왜 좋아졌는지는 모르겠지만, 내가 좋아하는 네 모습은 백 개도 넘게 얘기할 수 있어." 써놓고 보니 징그럽지만, 두 사람이 사랑에 빠져 있다면 대충 용납할 만한 수준이었다.

물론 주접에 가까운 말들로 연애를 이어나가는 것에는 한계가 있다. 그밖에도 "네 속을 잘 모르겠어", "내가 널 좋아하는 것만큼 나를 좋아해?" 같은 말을 듣는 것은 찔리는 일이었다. 그리고 그녀들이 지쳐가고 나에게 투사한 것이 바닥을 보이기 시작할 때쯤 이별을 고했다. 남들은 다 힘들다는 이별이 나는 전혀 힘들지 않았다. 편한 일이었다. 사실 연애에서조차도 감정을 소모하는 것이 여전히 두려웠다. 마음을 온전히 내주고 싶지 않았다. 그것은 연애라기보다는 불완전한 다른 무엇이었다. 애당초 이를 사랑이라고 말하는 것도 모순일 것이다. 사랑은 감정을 쫓는 과업이지 논리적 회로를 돌린다고 되는 일이 아닌 것 같다.

그리고 한번은 모든 것을 내보이고 싶은 사람을 찾았다고 생각했던 적이 있다. 연애에 대한 가치관이 뒤틀려 있다거나 내가 하던 '사랑'이 사랑이라기에는 민망한 형태의 사랑이었음을 채 깨닫지 못할 때였다. 일전의 친구들이 나에게 그랬던 거라면, 나도 그녀에게 어떤 기대를 마음껏 채웠던 것이다.

17. 함께 걸어도 홀로

"삼 년 동안 학교로, 광고학회로, 신도시와 주택가의 학원으로, 중산층 아파트의 과외교사로, 스타트업 사무실과 스타벅스와 파출부를 뛰던 백화점으로 향했던 것이 아니라 그저 배회했을 뿐이었다."

그날따라 숙대입구역에서 남영역으로 내려가는 길바닥이 한참 질었다. 그날만 그렇고 보통 날은 추웠는지, 아니면 대개 따뜻했는지는 모르겠다. 누구도 생각나지 않을 것이다. 그해 여름을 입에 올리면 모두가 지독했다고 고개를 주억거리지만, 겨울이 어땠는가를 아는 사람은 없다. 본래 겨울이 스스로의 자취에 미련스러운데도 그렇다. 눈 녹은 자리는 응달에 기대 삼사월 오래도록 질척이지 않던가. 도리어 눈 자국 꺼매지는 것이 볼썽사나워서일까. 우격다짐으로 흔적을 남기려는 겨울 끝자락의 습성이 지긋지긋해서라면 그 역시 고개를 끄덕일 만하다.

한 번도 해보지 않은 국어 '가정교사' 자리 면접을 보기로 되어 있었다. 어울리지 않게 따뜻하던 2018년 연말 남영동. 겨울이 된 것은 그해 여름이 정신없이 지난 다음이었다. 나는 2년 동안 주말을 바쳤던 학회를 나오게 되었다. 세미나보다 뒤풀이가 더 중요한 동아리의 생리에 줄기차게 반대하다가 학기 마지막 날 회장 선거에서 낙선했기 때문이다. 학교에서 겪은 실패에서 조금도 배우지 못한 것이다. 내가 학회에 남는 게 죽기보다 싫었던 간부들은 OB들을 끌어 모아 투표장으로 모셔왔다. 형들 내가 거물은 거물인가 봐, 그날 밤 나를 배웅하던 '지지자' 소수에게 너스레를 떨었던 기억이 난다. 다소간 연민하는 눈으로 따라오던 발걸음들도. 원래 빌런은 스스로가 빌런으로 기억되기를 바라지 않는 법이다.

스타트업을 나온 다음 휴학을 했다. 일단 돈을 버는 일이 급했다. 공덕동 스타벅스에서 일하게 되었지만 이내 그만두었다. 일도 못했거니와 상수동 집을 비워야 했기 때문이다. 형들은 그들 본가와 가까운 안양으로 이사한다고 했다. 나가라는 얘기였다.

수원에서 새로운 아르바이트를 찾을 때쯤 목동의 학원에서 강사 제의를 받았다. 고맙게도 홈페이지에 '대표 강사' 타이틀을 달아준 조그만 학원이었다. 사회탐구라면 어느 과목이든 닥치는 대로 맡다 보니 한 달에 꽤 많은 돈을 벌었다. 이날 보기로 했던 면접이 절실한 것은 아니었다. 여름보다 훨씬 사정이 나아졌고, 목동에서 하는 수업을 준비하려니 시간적 여유가 많지도 않았다. 하지만 뭔가 해야 했다.

나는 가을에 이별했다. 처음으로 의지에 반했던 아픈 상실이었다. 텅 빈 날들을 보냈다. 곧 잊히리라 생각했는데, 일 년에 한두 번씩 꼭 겪던 그때까지의 이별이 그랬기 때문이다. 그러나 시간이 지난다고 잊히지도 않았다. 한 달, 두 달이 지나도 눈을 감을 때마다 여름의 추억들이 떠올랐다. 무엇이든 해야 했다. 하루를 꽉 채워 보내고 쓰러져 잠들어야 했다. 그러지 않으면 감은 눈에 밀려드는 자괴감을 대면할 수 없었기 때문이다. 그렇다면 묻어버리는 것이 최선인 듯했다. 함께한 일이 있어서 기억을 불러일으키는 곳이라면 근처라도 가지 않았다. 어쩔 수 없이 그런 지하철역을 지나야 할 때도 많았다. 그러면 표지판이 사라질 때까지 눈을 감았다. 그리하여 나는 합정역도 상수동도 공덕동도 혜화동도 신촌 로터리도, 심지어 친구들과 모여들던 동네 카페도 갈 수 없었다.

내가 정말 무서워하던 것이 있다. 붐비는 길을 걷는 것이다. 수많은 사람 사이에서 더럭 그 친구가 떠오르곤 했다. 동그란 얼굴로 끝을 가볍게 말아 넣은 단발머리와 나보다 딱 한 뼘 작았던 키는 어딜 가도 있었다. 그런 외양은 모든 감각을 돋우는 기억을 끄집어냈다. 아침에 뻗친 머리를 부끄러워하며 웃던 얼굴, 와락 껴안으면 한 손에 가볍게 들어오던 부드러운 뒤통수 같은 것들. 우리가 그러던 순간 목덜미에서 배어 나오던 비누향이 그다음으로 와닿았다. 그러면 함께 있던 부드러운 날들이 떠올랐다. 그리고 마지막으로 가난하고 우울하고 미지근해서 더 떠올리기 비참한 여름날들이 다가와 나를 미치게 했다.

그리하여 그런 대증요법은 부질없었다. 스무 살 이후 만들어진 세상을 통째로 부정하는 것일 뿐이었다. 오히려 취한 날 청승맞게 훌쩍이며 집으로 돌아온 것은 비밀도 아니다. 이어폰에서 흘러나오는 노래에 꼭 어딘가가 무너진 상태였다. 사랑을 노래하지 않는 노래가 없다는 사실이 새삼 놀라웠다. 어떤 노래를 들으면 정말 내 얘기 같았고, 어떤 노래처럼 앞날을 빌어주지 못하는 스스로가 한심하기도 했다. 그러다 마음이 잦아들어야 현관문을 열곤 했다. 아직 잠들지 않은 엄마의 걱정을 사지 않도록. 그해 말까지 3개월 내내 그 꼴이었다. 무엇보다 피하고 싶었던 감정 소모였다.

그러던 날들이었다. 뭔가 해야 했다. 그렇게 딱한 '나'를 마음 속에 쑤셔놓고 남영역으로 '가정교사' 면접을 보러 간 것이다. 오 년차가 되어 가는 과외선생으로서 자의식에 지식노동자라는 허울을 욱여넣고 돈을 버는 것. 그것은 옛 동아리 친구들을 불러 모아 공모전에 도전하고, 시나리오를 쓰겠다고 밤새 노트북을 두드리고, 광고회사의 인턴 공고에 포트폴리오를 넣고. 열심히 사는 척 변죽을 두드리는 일들 가운데 하나였다.

면접이야 간단한 일이었다. 자기 PR에는 자신 있었다. 스스로를 포장하며 자존감을 가짜로 높여 놓고, 급여는 시간당 얼마일지를 가늠하며 다시 지하철에 오를 요량이었다. 또 그날은 다행히 술 약속이 없었다. 간만에 조금은 점잖게 귀가할 수 있으리라 생각했다. 그런데 일이 좀 다르게 흘러갔다.

'면접을 두 명이서 봐도 좋을까요?'

근처에 이르게 도착해 시간을 때우려니 면접관이 문자를 보냈다. 수업을 받을 고등학생의 누나라고 했다. 비교 대상이 생긴 것 같아 긴장했지만 아무려면 어떠랴. 면접장은 남영역 굴다리 옆 크리스피크림 도넛 2층이었다. 정말 면접관과 또 다른 면접 대상자가 나와 있었다.

그녀는 2018년 치고는 참으로 보기 드문 차림이었다. 옛날 성시경 뮤직비디오에 나왔던 산골 분교의 여선생 같았다고 할까. 회색 스웨터 카디건과 누런 목도리 차림, 머리를 거의 쪽진 얼굴에 화장기는 단 하나도 없었다. 나는 이별 후 룩북을 뒤져가며 옷을 사입었고, 그날도 포멀한 니트와 슬랙스 차림에 BB크림을 펴 바르고 입장 전 화장실에서 퍼프로 얼굴을 두드렸다. 어휴, 수수하고 순박

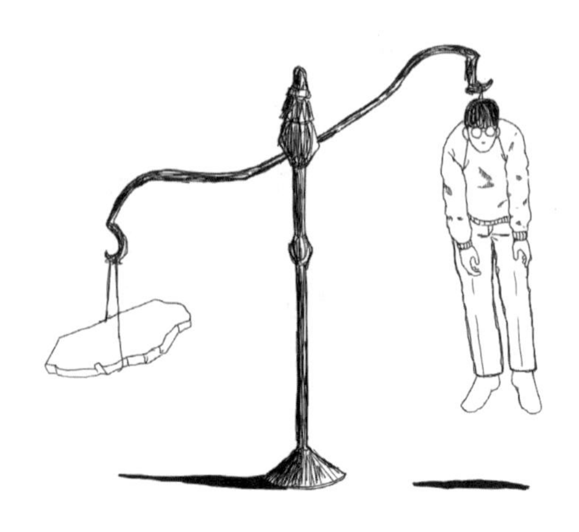

하시군요, 하지만 제가 벌써 이긴 것 같네요, 그런 생각을 했다. 만면에 웃음을 띠고 온 나는 자기소개에 이런저런 과외, 강사 경력과 이항대립이 어쩌구 비문학 트렌드가 어쩌구 하는 말들을 지껄였다. 물론 국어는 가르쳐본 적 없는 과목이다. 그럴 듯하지만 내용은 없는 말들이었다. 그리고 산골 선생님은… 사촌동생을 일 년간 가르쳐본 게 경력의 전부라고 했다.

도넛 가게 창밖에는 진눈깨비가 날리고 있었다. 면접관은 자기가 사서 준비해놓은 도넛 두 개에는 하나도 손을 안 대고 우리 이야기를 경청했다. '가정교사'를 구한다는 말답게 우리가 학생의 멘토가 될 사람이었으면 좋겠다고 했다. 우리의 어린 시절과 전공, 진로 계획, 가족사 등 인생 전반에 대해 말해 달라고 했다.

수십 번은 아니지만 십수 번은 되는 강사 면접 자리 경험에 따르면 이건 함정이었다. 여기서 쓸데없이 감상에 젖은 소리에 빠지면 이름에 가위표가 쳐진다. 학생의 공부와 관련이 있으면서도 본인을 꾸밀 수 있을 만한 말만 골라야 한다. 나는 그 조건에 충분하면서 일견 흥미로운(역시 별 내용은 없는), 이를테면 광고학회 간부, 스타트업 인턴, 광고매체 인턴, 학원 강사, 전공은 연극연출 따위의 경력을 꺼냈다. 면접관은 정말 흥미로운 표정으로 이런저런 질문을 되돌려줬다. 그런데 당황스럽게도 그 순진한 낯의 산골 선생이 그보다 더 흥미로운 표정으로 내 개소리에 호응하고 있었다.

"와, 진짜 다양한 경험 많이 하셨네요."

"아, 예, 그런가요, 하하. (제대로 된 건 하나도 없지만요.)"

"저는 다큐멘터리 연출을 공부하고 있어요, 대학원에서."

"오…."

그녀가 내 얘기에 집중할수록 불안해지기 시작했다. 연출 공부라니. 연출을 전공했다지만 학교에 다니는 내내 연극이고 영화고 도망 다닌 기억뿐이다. 깊은 얘기로 들어가면 밑천이 금방 드러날 것이다. 물론 모든 '경력'이랄 것이 그랬다. 또 한 가지는, 대화의 흐름상 "그럼 앞으로는 뭐 할 생각이세요?"가 나올 타이밍이었다는 것이다. 그 질문을 던진 건 면접관이었다.

"네…, 로빈 윌리엄스 아세요?"

어영부영 면접을 마치고 나왔다. 진눈깨비 흩어지는 문밖에서 노란 털목도리의 그녀가 나를 불러 세웠다. 가만 보니 위에 걸친 코트는 좀 트렌디하시네. 매장 출입구 위에 달린 노란 조명등 밑에 서니 얼굴이 좀 다르게 보였다.

"제가 캐릭터를 수집하고 있어서요."

"캐릭터요?"

“되게 재밌게 사신 분 같아서, 전화번호 한번 여쭤봐도 될까요? 연락드릴게요.”

대답은 당연히 “네”였다. 집으로 오는 내내 면접 합격 여부보다 종교단체 소속이 아닌 여성에게 전화번호를 준 기이한 일에 대해 생각했다. 트렌디한 코트 밑 다시 당황스러운 잿빛 통치마가 신경 쓰였지만 아무려면 어떠랴. 내가 번호를 물어본 적은 많은데, 이런 경험도 나쁘지 않은걸? 뇌에서 기도 안 차는 자존감 회복탄력 메커니즘을 돌리지 않았나 싶다.

그녀는 정말로 얼마 뒤 나에게 연락했다. 우리는 맑은 날 충정로 스타벅스에서 만났다. 서울역 근처에서 보기로 했는데, 서울스퀘어나 시청 앞은 작년 그 친구와 함께였던 곳이라 피했다. 그렇지만 마침 나는 그해 여름 마포 스타벅스에서 일하다 한 달 만에 녹색 에이프런을 벗어던진 근과거를 갖고 있었다. 지저분한 기억이란 피한다고 피해지지 않는다. 도착하니 그녀는 정말로 테이블에 질문지를 올려놓고 있었다. 며칠 전 남영동과 거의 비슷한 차림이었다.

“진짜로 연락하셨네요.”

“그럼요, 그런데 원래 이 근처를 좋아하세요?”

이렇게 물어오는 악의 없는, 호기심 가득한 눈동자였다. 그건 별로 솔직하거나 선하다고 할 수 없는 사람의 양심을 자극하는 데가 있었다.

“그런 건 아니고 그냥… (서울역 앞에서 다른 델 소거하고 남은 데가 여깁니다…) 근데 여기 되게 바쁘네요. 제가 여름에 스타벅스 파트너를 잠깐 했었거든요. 되게 힘들 텐데.”

“우와, 그런 것도 하셨어요? 지금은 안 하세요?”

"네."

"왜 그만두셨어요?"

"네··· (어디부터 얘기를 해야 하나? 그때는 학원도 과외 일도 없었고 스타트업 인턴을 했는데 그 회사가 망하기 직전까지 갔고요, 일도 못하고 월급도 못 받는 개 같은 상황에서 다른 곳에 취직해 여자 친구가 더 많이 내던 데이트 비용을 안전하게 조달하려고 했죠. 하지만 금방 헤어져 버렸고요, 딴 생각하느라 일도 실수 연발이었고, 걔가 앞에 찾아와 날 기다리곤 했던 데라 모든 게 꼴 보기 싫어져서 퇴직한 겁니다. 그래도 돈은 많이 받아서 역시 머슴을 해도 대감 집에서 머슴 하는 게 옳다는 걸 깨달았죠. 어찌 답변이 되셨는지?) 학원 일이 마침 생겼거든요."

이렇게 분명 사실이긴 하지만 진실은 아닌, 솔직하지 못한 얘기를 그날도 적당히 앞세우려던 참이었다.

그런데 나는 그날 모든 걸 털어놓았다. 왜였을까, 추측만 해 볼 뿐이다. 인터뷰를 하자고 그녀가 던지는 질문들만 놓고 보면 두루뭉술했다. 본인은 어떤 사람이라고 생각하느냐, 어떤 일을 할 때 즐거우냐, 미워하는 사람이 있느냐 따위의. 그녀는 질문을 던져놓고 자신의 경험부터 얘기했던 것 같은데 기억이 잘 나지 않는다. 지금 그녀에 대해 떠오르는 것은 그녀가 독실한 개신교 신자였다는 사실과 신 앞에 매우 겸허한 인물이었다는 것, 본인의 아픈 경험을 암시하며 그렁그렁해졌던 눈동자 같은 것들이다. 그게 내 어딘가를 허문 것 같다. 그녀 앞에서 솔직하지 않는다면 정말 나쁜 사람이 될 것만 같았다.

내가 머뭇거리며 입을 열었다. 저는 성격도 안 좋고···. 아뇨,

진짜입니다…. 남들 시선 되게 의식하고요. 이런 식의 객쩍은 자아 비판으로 흐르게 되었는데, 면접 때 그녀가 감탄했던 그 장황한 경력들이 사실은 그냥 다 텅 비어 있는 거라는 고백도 했다. 얼마 안 되어 나는 술술 과거를 쏟아내기 시작했다.

재수 생활 끝에 들어온 학교, 하지만 나는 절실하고 재능 있는 아이들 사이에서 책상물림일 뿐이었다고. 섣부르게 정의로운 척했으나 감정을 돕지 않는 식은 열정이 부끄러웠다고. 그래서 학교에서 도피했고, 돌아갈 수 있을까 기껏 밤새 키보드를 두드려 가져간 창작극은 연습에 들어갔지만 석연찮게 엎어졌다고. 그대로 도망친 곳이 광고였다고. 하지만 내 손으로 만든 광고기획서는 몇 편 되지도 않고 작은 공모전이나마 입상한 일이 없었다고. 구차스럽게 창작이란 막연한 꿈을 다 놓지는 못했다고. 구상만 수십 편을 했지만 하나도 완성하지 못했다고. 그나마 돈벌이를 한다던 강사 자리는 기껏해야 목동 시장통이나 신도시 구석에서 일이 년 동안 너댓 명짜리 몇 개 반을 맡았을 뿐이라고. 과외도 마찬가지라고, 수업에 쓴 시간보다 서울 이곳저곳을 뛰어다니며 왕복한 시간이 더 많을 거라고. 창업 팀 인턴은 고작 몇 달 뿐이었고 심지어 못 받은 월급 때문에 창업주들과 이젠 연락도 하지 않는다고…. 남김없이 스무 살에서 스물셋이 그렇게 갔다고….

이유야 어찌 됐건 속내 한구석에 밀어넣고 들추고 싶지 않았던 진실들이었다. 가끔 불쑥 자각의 형식으로 찾아와 나를 괴롭히곤 했던.

여자 친구 얘기는 한마디나 흘렸을 텐데, 이내 그녀에게서 이런 질문도 들을 수 있었다.

"왜 헤어지셨어요?"

당연한 듯 그 이야기를 해야 했다. 얼마 전 헤어진 친구는 웃음이 많은 아이였다고. 그리고 어떤 남자아이든 웃음 짓게 만들 수도 있었다고.

그 아이에게 반한 건 그해 사월이었다. 하얗고 동그란 얼굴과 웃을 때 남김없이 초승달이 되던 큰 눈에 항상 미소가 일렁였다. 이른 봄 신열을 못 버린 누구의 서툰 마음쯤은 얼마든지 찢어놓을 수 있는 얼굴이었다. 그 위로 토요일 낮 노란 봄볕이 시리게 부서지고는 했다. 해가 비추면 어쩐지 더욱 하얘지던 화장기 아래 흐르던 발그레한, 킬커버나 입생로랑 팩트로 숨길 수 없는 풋기가 그녀를 더욱 사랑스럽게 했다.

언젠가 자신을 소개하는 시간에 스스로를 열정적인 인물이라고 했다. 모든 일에 열정을 쏟아낸다며. 열정이면 안 되는 게 없다고 생각해요. 그 말을 듣고 나니 항상 생글거리던 시옷 자 입매에 숨겨지지 않는 그늘이 있는 것도 같았다. 그것이 나와 닮은 구석은 아닐까. 어른스럽기를 자처하던 나의 어린 호기심을 더욱 자극하는 데가 있었다. 나는 그녀의 모든 것이 궁금해졌고, 이내 좋아졌다.

그녀는 정말로 밝고 당차고 열정적이었다. 지방에서 홀로 올라와 오롯이 혼자 벌어 학교에 다니고 집세를 냈다. 학교에서 돌아와 과제를 마치면 카페에서 일했고, 주말에는 세미나를 한 뒤 다시 카페에서 야간 알바를 뛰었다. 비슷하게 바쁘고 비슷하게 피로했던 우리는 낮에 만나면 한숨 자고 저녁이 되어서야 데이트를 시작하는 날이 많았다. 스물두 살 여자애가 혼자 지기에는 무거운 듯한 일상이었다. 하지만 그녀는 버릇처럼 힘들다는 말을 꺼낼 만큼 어리지 않았고, 스트레스와 피곤을 짜증이나 넋두리로 쉬이 바꿔 남자 친구의 감정을 소모하지도 않았다.

사귀기 전 함께 술을 마신 날이 있었다. 그때 손을 잡고 있었던 것 같다. 손가락 밑에 작은 굳은살이 배겨 있었고 손톱은 바짝 깎여 있었다. 그녀에게도 돈을 버는 일이란 손에 옹이가 지도록 하는 일이었고, 분김에 주먹을 꽉 쥐어도 손바닥에 손톱자국이 나지 않을 터였다. 그렇게 아닌 척 그다음을 살아갈 수 있는 의지를 가지고 있었다. 취했던 나는 이렇게 물었다. 웃음이 많은데…, 그거 다 진짜니? 역시 취했던 그녀는 골몰하듯 내민 입술을 달싹이다 거두었었다. 그녀가 보여주고 싶지 않았던, 그때는 나에게 보여주지 않던 그늘. 우리가 한창 서로에게 빠져 있을 때 난 그걸 포착했다고 생각했다. 나는 그 아이가 나에게 의지하기를 바랐다. 네 피로한 그늘을 지우진 못하겠지만 내가 안락한 그늘이 되어주겠다고 다짐했었다. 그리고 이 사람에게라면 모든 걸 열어놓을 수 있다고도 생각했다. 하지만 어른인 척하기에 나는 너무 어렸다.

그녀에게 기댄 채 스물셋을 흘려보냈던 것은 나 자신이었다. 문제의 일단은 가난이었다. 봄과 여름 동안 스타트업에서 숱한 일을 겪으며 고전하는 동안 나는 사실상 무일푼에 가까웠다. 돈을 빌려 휴대폰 요금을 내고, 다음 달 납기일에 연체될 후불 교통카드로 간신히 통학하고, 선물받은 기프티콘을 팔아 밥을 사 먹던 시기였다. 기어이 휴대폰이 정지되면 학교와 집과 일터를 오가는 중에는 그녀와 연락할 방법이 없었다. 집에 돌아오자마자 모든 메시지를 몰아서 확인하던 날도 여럿이었다. 연체된 휴대폰은 수신만 가능했다. 그녀가 먼저 전화하기를 기다리며 왜 답장이 늦는지 물어볼 그녀에게 둘러댈 변명을 궁리하는 것은 곱씹을수록 비참했다. 오월부터 시월까지 거의 모든 데이트에서 나보다 그녀의 지출이 훨씬 많았다는 사실은 나를 정말 초라하게 만들었다.

그런 생각이 몰려올 때마다 상수동 앞 양화대교로 터벅터벅 걸어 나가는 수밖에 없었다. 전화가 끊기고 주머니는 텅 비었을 때 그나마 멀쩡한 것은 휴대폰 속 음원들과 이어폰뿐이었다. 일렁이는 한강 물을 멀거니 보면 콧등이 꼭 시큰해왔다. 나는 아무것도 아니었다. 지난 삼 년간 했던 모든 것에서 의미를 찾지 못했다. 돈도 여유도 없이 막연한 꿈에서 도망쳐 또다시 막연한 곳에서 시간만 팔았다. 그러나 사다 모은 건 열등감, 자기연민, 자괴감, 그리고 빌어먹을 궁핍뿐이었다.

피로한 것은 그녀도 매한가지였지만 우리는 어떻게든 시간을 쪼개서 만났다. 막판의 몇 번 데이트에서 선명한 것은 술을 마시다 졸곤 하던 그녀의 얼굴이다. 같은 처지란 걸 알면서도 그게 참 미욱했다. 날 만날 때마다 피곤해 하지 말고 일을 줄여라…. 전에는 하지 않던 타박과 얼빠진 충고를 했다. 내 열패감과 피로감이 그녀에게도 곧장 전해졌을 것이다. 새된 목소리로 그럴 때 그녀의 기분이 어땠는지 상상하고 싶지 않다. 처음 가졌던 설렘은 뒤로 물러나고, 그녀는 점차 사랑스러운 여자 친구가 아니라 내가 붙잡고 있던 마지막 무언가가 되었다. 이상한 건, 내가 힘들수록 그 힘듦을 그녀에게 모두 보여주고 싶었다는 것이다.

왜 그랬을까. 변명하고 싶었는지도 모른다. 그녀에게만은 그러고 싶었다. 지금까지도 그녀는 원치 않았겠지만, 내 오랜 콤플렉스의 근원을 다 들었던 몇 안 되는 인물이다. 우리 집, 우리 가족, 열한 살 때의 트라우마들, 어릴 때부터 보아왔던 얄궂은 장면들. 우스운 건 그런 말을 내뱉고 나서 꼭 그녀의 표정을 살피고 서운함을 느꼈다는 것이다. 그녀는 무거운 이야기에 섣부른 감정을 내지 않으려는 것이었지만, 나는 곧장 동정받지 못하는 것에 아이처럼 투정했다. 나는 그녀에게 의지하고 있었다.

내가 걷잡을 수 없이 그늘지고 예민해지던 어느 날, 나는 벌컥 화를 내고 말았다. 그녀의 친구와 셋이서 만난 자리가 발단이었다. 나는 여자 친구보다 그 친구에게 훨씬 더 집중했다. 대화도 농담도 그쪽을 향했다. 왜 그랬을까. 스스로 애처로운 광대쯤으로 여기는 버릇 때문이었다. 그녀의 친구이니 잘 보이고 싶기도 했지만, 농담으로 존재를 증명해온 근성은 아주 오래된 것이었다. 그녀는 자리가 파하고 서운해 했는데 여기에 화가 난 것이다. 나는 나다운 모습으로 노력했을 뿐이니까. 원래 그렇게 남들을 즐겁게 해온 사람인데, 어떻게 해야 했을까? 지금 적어놓고 보면 최악의 자기연민이지만, 그때 최선을 다해 짜낸 방어기제는 그랬다는 것을 인정해야겠다. 아마 면목동 아파트에서 연필깎이를 집어 던졌을 무렵이었을 것이다.

거기서 끝이었다. 그녀가 나에게 이별을 고할 때, 나는 우습게도 미안하다고 했다. 못 해준 게 너무 많아서 미안하다고. 나는 끝까지 무엇이 문제인지도 몰랐다. 그 아이는 그 말에 조금의 웃음도 남기지 않았다.

그랬다. 분명히, 나를 부정하는 것 같아, 라고 했었다. 하지만 그날로부터 오랫동안 마주하게 된 것은 그녀를 미치도록 그리워하는 한 번도 보지 못한 내 모습이었다. 그리고 결정적 순간에 화를 참지 못하는 모습이야말로 너무나 익숙하지만 피하고 싶었던, 진짜 나다운 모습이었다.

이렇게 산골 선생이 묻지도 않은 얘기를 술술 지껄였다. 늦여름의 미지근한 추억이 너무 괴롭다…. 울먹이기도 했고, 말하다 숨이 막혀오기도 했다. 대화를 시작할 때는 낮았던 목소리가 어느덧 콧소리가 섞이며 못나졌다. 말을 잇다 보니 더더욱 놀라울 뿐이었다. 다시 확인한 내 허물에 한 번, 그리고 희한한 후련함에 한 번. 그녀는 내 얘기를 다 듣더니 이렇게 말했다.

"그분이랑 헤어지면서 본인의 이십대가 다 밀려오셨을 것 같아요."

그랬다. 범박하고 비루한 스물하나, 스물둘, 스물셋이 그녀가 떠남으로써 완벽히 아무것도 아니게 된 것이었다. 정말 그랬다. 삼 년 동안 학교로, 광고학회로, 신도시와 주택가의 학원으로, 중산층 아파트의 과외교사로, 스타트업 사무실과 스타벅스와 파출부를 뛰던 백화점으로 향했던 것이 아니라 그저 배회했을 뿐이었다. 흐릿한 것을 쫓기만 했고, 그 가운데 운 좋게 만난 단 하나의 실재였던 그녀가 사라지자 나는 완전히 무너졌던 것이다.

"그리고…, 자신에 대해 되게 많이 생각하시네요."

"네?"

"내가 어떤 사람이 되어야 하는지를 많이 생각하시는 것 같아요."

무슨 얘기를 하려는 건지 모르겠다는 듯 미간을 좁힌 내게 그녀는 다시 말했다.

"자기성찰이요."

그녀의 순박한 눈은 고맙게도 칭찬의 뉘앙스가 담겨 있었지만, 그건 사실 나를 뼈아프게 뚫는 말이었다. 늘 그런 식이었다. 누군가에 대해 뭔가를 하긴 하는데, 결국은 그게 다 나를 위해서였는지도 모르는 일이었다.

서울역으로 가는 중림동 내리막길과 집으로 돌아가는 1호선에서 계속 생각했다. 이제는 자존감 회복이 아니라 다른 메커니즘이 작동하고 있었다.

그게 문제였구나.

나는 함께 있어도 홀로 생각하는 놈이구나.

그날 오랜만에 맨정신으로 돌아온 내게 엄마가 물었다.

"여자 친구 만나고 오니?"

"헤어진 지 좀 됐어."

"왜 헤어져?"

"성격이 안 맞아서…."

"걔가 성격이 좀 모났나 보지?"

"모나긴 내가 모났지."

"니가 뭐가 성질이 모가 나?"

"아버지 닮아서 그렇지, 뭐."

나도 모르게 이렇게 말하고 방에 들어와 울었던 기억이 난다.

그 산골 선생과 다시 만나는 일은 없었다. 하지만 며칠 동안 충정로 스타벅스에서 나눈 대화를 반추했다. 한참 뒤, 어느 날부터인가 어떤 단발머리와 소담한 키와 동그란 얼굴은 떠올라도 그 친구의 향기가 기억나지 않았다.

아무리 애써도 그녀의 잔향이 떠오르지 않던 날. 그날 이후 나는 다시 먼 기억부터 떠올리기 시작했다. 그제야 나는 그때까지의 나의 겨울을 돌아보게 된 것이다.

18. 학원으로 간 페이크 지식노동자

"그녀가 눈을 동그랗게 뜨고 거세게 얘기하면 그게 다 진짜처럼 들렸다. 자세히 듣다 보면 이상하게 들리는 내용도 있었지만, 의문을 제기하는 꼴을 본 적은 없다. 프랜차이즈 학원에 자녀들을 보내지 못했기 때문에 그것을 따지고 들 자격이 없는 것처럼 움츠러드는 것일까. 시장통의 다세대주택에 살던 엄마와 아빠들. 상담을 하는 자리에서는 항상 보이는 게 전부였고 말하는 건 모두 참 같았다."

스물넷이 됐다. 어느덧 목동에서 6개월 넘도록 '사탐 대표 강사'를 하고 있었다. 큰 기대 없이 시작한 일이었고 별로 행복하게 일했다고는 못하겠다. 어쩐지 권태로울 때 우연히 시작한 일들이라야 오래가나 보다. 과목 특성상 이전에 하던 과외나 파트 강사 일은 길어야 넉 달을 넘지 못했었다. 이것도 기껏해야 석 달이나 하겠거니 싶었는데 아니었다. 열망한 일들은 다 조지더니 이건 좀 오래가는구먼. 그래도 반년 전만 해도 상상도 못할 돈을 벌어주었다.

어느 정도 시간적 여유도 생겼다. 일정한 돈을 벌고 두 학기째 휴학 중이었으니, 시나리오나 희곡을 쓸 수도 있었다. 여전히 통근에 시간을 버리기는 했다. 학원 선생의 시간표란 보통 사회인과는 좀 달랐고 그렇지 않아도 본가에서 멀었으니까. 그러나 나는 단 한 글자도 쓰지 않았다. 시도를 아예 하지 않았던 것은 아니다. 두 시간짜리 강의를 맡으면 한 시간은 강의하고 한 시간은 기출문제를 풀게 했다. 아이들이 문제를 푸는 동안 노트북을 펴고 이런저런 시놉시스를 쓰려고 했다. 하지만 제대로 쓰이는 문장은 한 줄도 없었다. 스트레스를 못 견뎌 바로 앞 전통시장 분식집에서 오뎅 서너 개를 씹고 들어왔다. 나는 아주 고약한 선생이었다.

목동이라고 해봐야 우리가 익히 아는 목동(현대백화점, 방송국, 아파트 대단지, 초행길에는 도무지 적응하기 어려운 일방통행 차로)은 아니었다. 처음 나를 태워다준 택시 기사 아저씨는 "목동에도 이런 데가 있어요?"라고 했으니. 거기와 좀 동떨어진 올망졸망 주택가 시장통의 작은 학원이었다. 출강 오는 선생을 합해도 예닐곱이나 될까 했다. 일주일에 사흘 이상 출근하는 선생은 다섯이었다. 원장, 부원장, 수학쌤, 과탐쌤, 그리고 '사탐쌤'인 나였다. 과탐쌤은 과탐 대표 강사로 소개되었으나 수학쌤은 아니었다. 부원장이 수학을 가르쳤기 때문이다. 그리고 가끔 오는 국어쌤 둘이 있었다. 수학쌤은 스물여덟이었고 나머지는 모두 서른을 훌쩍 넘어 경력이 오래된 사람들이었다. 솔직히 '하빠리' 학원에 있는 그들을 조금 한심해 했다는 걸 인정해야겠다. 나는 조금 비켜선 입장이라고 여겼다. 스물넷인 나는 가장 어렸고(그러니까 가능성이 있고!) 학원과 과외를 잠깐의 돈벌이 이상으로 생각하고 있지 않았기 때문이다. 그리하여 거의 아무와도 교류하지 않았다.

처음에는 한국지리만 가르치기로 했는데 시간이 지날수록 맡는 과목이 늘어갔다. 한국사, 생활과윤리, 사회문화, 법과정치, 세계지리…, 정신을 차리고 보니 거의 모든 사회탐구 과목을 다루고 있었다. 잘 아는 과목도 있었지만 아닌 것도 많았다. 그럴 때는 수업 시간 전에 EBS 강의를 베끼거나 답지를 외워서 들어가거나 주워들은 지식을 끌어다 썼다. 맡은 아이들의 성적은 그럭저럭 오르는 편이었지만, 다시 말하는데 나는 아주 고약한 선생이었다.

그렇게 무리한 이유가 돈 욕심 때문이라는 걸 부정하진 않겠다. 40만 원짜리 단과로 시작했는데, 많을 때는 합해서 240만 원어치 정도 맡고 있었으니까. 그 나름대로 절박하기도 했다. 작은 학원이나 큰 학원이나 국영수도 아닌 과목에 강사 T/O를 낭비하고 싶지 않았다. 나의 대체자는 널려 있다는 걸 잘 알고 있었다. 영어도 수학도 신통치 못한 선생이라면, "세계사도 되시죠?"라는 원장의 물음에 따질 것 없이 "네!"라고 하지 않고 어찌 돈을 벌겠는가?

원장은 좋게 말하면 거침 없는 사람이었고 나쁘게 말하면 예의가 없었다. 주말이나 자정이 넘은 시간에도 전화를 걸어왔다. 안 받으면 계속 걸었다. 내용은 대개 이런 것이었다. '내일 오후에 학부모랑 상담을 좀 하셔야겠어요. 사회탐구 한다니까.' 출근하지도 않는 날에 별안간 나오라니 아주 짜증스럽고 피곤한 일이었다. 그러나 싫지만은 않았다. 원장은 유일한 사탐 선생인 내게 두말없이 상담을 붙였다. 상담이란 곧 고객 유치 쇼케이스였고, 성공적이라면 한 달에 적게는 27만 원에서 많게는 45만 원을 벌 수 있었다. 그 돈을 줄 학생의 가련한 학부모를 만나보는 데 나 역시 주저함이 없었다.

그렇게 잡힌 상담은 학생을 대동한 학부모, 그리고 원장과 함께한다. 나는 원장 옆에서 여러 가지 포장술을 배웠다. 소속 강사들의 학력이나 경력을 먼저 깔고 들어가는데 물론 이것도 대부분 부풀려 얘기한다. 대학 간판이나 경력 자체가 본질은 아니다. 그다음 있을 여러 가지 헛소리와 과장, 거짓말들(공부법, 합격시킨 대학 등)

에 부여되는 권위로서의 역할을 하는 것이다. 문서 따위로 증명할 필요도 없다. 이삼십 분 동안만 순진한 학생과 무구한 부모들을 현혹하면 되는 것이다. 원장은 거간꾼 역할이었지만 발화의 대부분은 그녀의 주도였다. 여기 계신 선생님이 어떤 분이고 왜 아이들이 좋아하는지…. 많은 말을 하지는 않았지만, 나도 소극적 사기꾼 역할에 주저함이 없었다.

"보이는 게 전부예요." 언젠가 원장이 해준 말이다. 정말 그랬다. 물론 과외 앱에 프로필을 등록할 때는 학생증, 재학증명서, 졸업증명서 따위를 인증해야 한다. 하지만 이런 조그만 곳에서라면, 누가 신경이나 쓰겠는가? 이상하게도 대형 학원보다 그렇게 만만해 보이는 곳이야말로 학부모를 주눅 들게 한다. 이를테면 M스터디나 C학원 같은 곳에서 선생의 이력을 물어보는 건 객쩍은 일이다. 물어보나마나 좋을 테니까. 그러나 소형 학원에서 학력과 이력을 묻는 것은 객쩍다기보다는…, 그런 학원의 원장들은 너무 억센 사람들이란 티가 나서 언제라도 이렇게 말할 것 같다는 거다. "그걸 따지시려면 큰 학원에 가셔야지." 그 원장도 마찬가지여서, 뭔가를 물을 틈을 주지 않고 학부모들을 몰아댔다. 그녀가 눈을 동그랗게 뜨고 거세게 얘기하면 그게 다 진짜처럼 들렸다. 자세히 듣다 보면 이상하게 들리는 내용도 있었지만, 의문을 제기하는 꼴을 본 적은 없다. 프랜차이즈 학원에 자녀들을 보내지 못했기 때문에 그것을 따지고 들 자격이 없는 것처럼 움츠러드는 것일까. 시장통의 다세대주택에 살던 엄마와 아빠들. 상담을 하는 자리에서는 항상 보이는 게 전부였고 말하는 건 모두 참 같았다.

그 학원엔 부원장도 있었다. 그녀의 공식 이력은 Y대 수학과 학사였지만 실제로는 그 학교를 중퇴했을 뿐이었다. 학력의 비밀을 일부러 알게 된 건 아니다. 원장은 시장에서 간식을 곧잘 사 와서 나눠 먹곤 했다. 언젠가 떡볶이인가를 씹으며 원장과 부원장과 셋이 교무실에 앉아 있었다. "사실 이 사람이 졸업을 못 했어요. 중퇴예요." 무슨 말을 하려는 건지 들어보니 부원장의 강의 실력이 좋다는 소리였다. "이 사람이 수업을 얼마나 잘하기로 소문이 났으면 대치동에서 전화 오고 난리가 나요, 오라고. 그런데도 여기서 나랑 제대로 한번 해보겠다고 온 거예요. 학교 졸업을 못했어도 그런 건 강의하는 데 아무 지장 없어."

원장은 부원장과 십 년 가까이 일했다. 망신을 주겠다거나 비밀을 알려주겠다는 저의는 조금도 없었다. 그녀의 실력을 칭찬하기 위한 근거라면 민망한 사실이라도, 아무렇지 않게 입 밖으로 낼 뿐이었다. 원장은 그런 사람이었다. 이런저런 기만이 그 세계의 보편이었다 해도 원장이 타인에게 무감했던 건 분명해 보인다. 나는 당황해서 부원장의 눈치를 살폈다. 그녀는 엷게 웃으며 눈을 오른쪽으로 내리깔고 있었다. 그날부터 부원장을 대하는 게 약간은 민망해졌다. 학력이 그렇다고 그녀를 경시한 건 아니고, 그 사실을 알게 된 새파랗게 어린 내가 불편하지 않을까 해서였다.

얼마 안 되어 부원장과 수업 일정으로 상의할 일이 있었다. 학생이 아파서 그 주 수업이 취소되었는데 다음 주 언제로 옮길 수 있느냐는 거였다. 나는 수업보다 삼십 분 일찍 도착했고, 우리는 가장 작은 교실에 마주 앉았다. 원장실은 있지만 부원장실은 없다. 그녀 앞에서 탁상 달력과 휴대폰의 일정을 번갈아 보며 날짜를 확인하는데, 그녀가 뜻밖의 말을 건넸다.

"사탐쌤이 올해 몇 살이세요?"

"네? 이제 스물넷이네요."

"빨리 군대 갔다 오셔야겠네요."

어디서 일을 구하든 병역 미필이란 말을 굳이 한 적이 없었다. 채용에 마이너스일 뿐이니까. 하지만 넘겨짚어서도 그래 보이는 모양이었다. 군대 얘기를 지겹게 듣던 시기였다. 거 참, 그 얘기 들을 때마다 100원씩 받았으면 밤마다 원장님 전화 받을 일도 없었겠네요, 라고 말하고 싶었다. 그러나 객관적으로 생각해보자면 최악은 아니었다. "천천히 가셔도 돼요"보다는 "빨리 다녀오세요"가 좀 더 도움이 되는 것이다.

그나저나 이 말에는 무슨 함의가 있을까. 언제 그만둘 거냐는 얘기일까.

"제가 당장 군대에 갈 생각이 아니어서요. 최소한 일 년은 여기 있을 겁니다."

거짓말이었다. 가능하다면 빨리 도망치고 싶었다. 이룬 것이 없다는 미련에 입대를 망설일 뿐이었다. 내 노파심을 꿰뚫은 것인지 내 거짓을 꿰뚫은 것인지 그녀는 엷게 웃으며 말했다.

"그건 걱정 안 하셔도 돼요. 어차피 선생님 말고 이렇게까지 수업 커버하는 분이 없으세요. 고급인력이셔요."

말씀이라도 감사하다고 말했던 것 같다. 그건 진심이었다.

"얼마나 더 하실 생각이세요?"

"네? 군대 가기 전까지는 해야죠?"

"그게 아니고, 그럼 제대하면 안 하실 거예요?"

"네?"

"올해 입대하셔도 제대하면 스물여섯이네요."

그녀는 부모님도 잘 언급하지 않던 입대 문제를 깊숙이 파고들었다. 그 앞에서 나는 '네무새'가 될 수밖에 없었다. 갑자기 아픈 델 건드리는 의도를 몰랐기 때문이다. 지금 같아선 실없는 소리라도 했을 텐데. 근데 제대는 예비군이 끝나야 제대고요, 현역 복무를 마치는 건 전역이랍니다. 몰랐죠? 하지만 나도 그때는 제대와 전역이 같은 말인 줄 알았다. 내가 미간을 찌푸리고 불쾌함을 티내는 사이, 그녀가 다그치듯 쏘아대기 시작했다.

"전공이 연극이시잖아요."

부원장은 내가 입고 있던 외투를 향해 턱짓했다.

턱짓을 받은 왼쪽 가슴에는 학교 이름이 적혀 있었다. 등판에 학과 이름이 크게 적힌 학교 돕바였다. 겨울옷을 사는 대신 술값을 냈기 때문이라고 변명하고 싶었다. 그러나 내가 학력에 거리낄 것 없이 여긴다는 것 또한 틀린 건 아니었다. 턱짓의 목표를 알자마자 부끄러움이 일어났고, 반발심은 그보다 더 크게 일어났다.

"전공이 그래서 그런가, 목소리가 우렁차셔서 뒤 강의실까지 다 들려요."

"네…."

"수업할 때 다른 얘기로 많이 빠지나 봐요? 애들이 재밌다고 좋아하더라고요."

비꼬는 것이었다. 무엇 때문에?

"아, 그런가요, 지루해할 때 가끔 한다고 생각했는데…."

"그리고 수업 시간에 문제 풀게 해놓고 나갔다 들어오시는 것 같은데…."

내 근무 태만이야 내가 더 잘 알았으므로 할 말이 없었다. 하지만 그럴수록 선선히 대답하기보다는 다음 말을 기다리는 편이 나을 것 같았다. 침묵이 꼭 인정은 아니지 않은가, 이렇게 아주 정반대로 생각했다(바로 이 무렵 심리테스트 사이트에서 측정한 나의 객관성 지수는 94.3점, 사고력 지수는 75.8점이었다). 나는 말꼬리를 흐리는 대신 눈을 똑바로 쳐다보았다.

"언제까지 하실 거예요, 처음부터 학원 강사 하는 게 꿈이셨어요?"

"무슨 그런 사람이 어딨습니까?"

방어를 준비하다 보니 본심이 삐져나왔다. 나도 내 말에 놀랐다. 부원장은 동요하지 않았는데 이때부터는 힘없이 말을 이어갔다.

"열심히 하시라고 이런 말 하는 건 아닌데요. 여기 선생님들, 다 십 년 가까이 여기 출근하시는 분들이에요. 그분들 다 그랬어요. 월요일마다 오는 국어쌤은 사시 2차가 안 됐고, 수학쌤은 연습생이었대요. 나도 학교 그만두고 아버지가 소개해서 겨우 원장님을 알게 된 거예요."

나는 눈을 내리깔고 침묵으로 동의했다.

"그렇다고 끝까지 해본 사람도 없는 것 같기는 해요."

그녀의 말투는 여전히 한숨 같기만 했다. 하지만 자신이 하는 말의 무게만은 확신하고 있었다.

"죽도록 노력해본 사람은 없어요. 그냥 눌러앉은 거예요. 바쁘고 메뚜기 뛰어도 돈은 많이 들어오니까. 젊을 때부터 그렇게 벌

수 있으니까. 적어도 나는 그랬던 것 같고요."

그렇게 말하는 부원장은 다시 나를 바라보고 있었다. 그 말을 끝으로 적막이 이어졌다. 둘 다 바닥이나 쳐다보고 있었던 것 같다.

"쓸데없는 소리를 너무 많이 했네요. 수업 도중에 적당히 나갔다 오세요. 애들이 다 알아요."

정적은 부원장이 깼다.

"…그럼 어떻게 하실 거예요?"

"글쎄요, 연극을 해야 하나…."

"아뇨. 화요일 수업이요, 언제로 옮기실 거예요?"

나는 부원장이 한 말을 대강 알아들었다. 그녀는 갑자기 고민거리 같은 것을 넘겨준 것이다. 그러나 당시에는 그 의미를 제대로 곱씹지 못했다. 듣기보다 들은 뒤 내놓을 대답이 더 중요한 게 나의 모든 대화였기 때문이다. 그러나 머릿속이 구름처럼 흐려지는 건 느낄 수 있었다. 부원장의 말을 온전히 이해하기까지는 특정한 경험이 더 필요했다.

19. 전환

"축구장의 함성을 등졌던 기억은 연극 선생님의 전화를 받았을 때나 지금이나, 이러한 숱한 정신적 외상과 같은 자리에 있다. 어디에서도 적응하지 못하고, 기회를 놓쳐버리고, 실패에 실패를 거듭하고, 한가운데에서 겪지 못하고 가장자리로 물러나 애매한 주변에 머물러서 무엇이든 오롯이 즐기지 못하는 나 자신의 모습."

입대하던 해 봄, 연극 한 편을 올리게 됐다. 전혀 뜻밖의 일이었다. 연출 입시를 배웠던 선생님이 전화를 걸어오기 전까지는. 너 연극 배우러 학교 간다더니 왜 안 하냐, 대체 뭐 하냐? 아, 지금요. 학원에서 돈 법니다…. 2019년 2월, 그게 전부였다.

학교에 들어간 지는 3년, 학교에서 도망친 지도 거의 3년이었다. 기껏 대학에 갔더니 광고 공부를 한다는 소식만 들려오더니 창작극이 엎어지고는 아예 학교와 연을 끊었다는 근황만 전해 들었던 선생님은 그 이유를 알고 싶어 했다. 선생님은 겨우 한 달 공부해서 입시를 '뚫은' 나를 특별하게 생각했었다. 나는 그 실체를 스스로 대단히 의심스러워했고 내가 알맞은 전형을 만난 덕이란 걸 알게 되었다.

그가 운영하는 학원에서 매년 하던 워크숍이었다. 예년과 다르게 사회성이 있는 작품을 한다고 했다. 분석부터 어려울 것 같다는 얘기였다. 1940년대 만주를 배경으로 하는데 남자 주인공의 모델이 박정희였다. 정권이 바뀌기 전 초연한 작품이었고, 연극계에서 가장 유명한 연출가를 블랙리스트에 오르게 한 연극이었다. 선생님은 입시 시절 지원 동기를 그럴듯하게 포장하던 나를 기억하고 있었다. 사회과학이 어쩌구 사회성이 어쩌구. 소재가 박정희, 친일, 혈통, 만주국 따위가 아니라 평범한 로맨스였다면 나는 이 연극에 참여하지 못했을 것이다. 하지만 선생님이 잘 아는 대로, 나의 연극 경력은 일천했다. 1학년 때 무대 작업 일주일, 2학년 때 엎어진 창작극 작가…, 그게 끝이었다.

"뭐 드라마터그도 있고…." 드라마터그란 자문역이다. 그 사실을 알면서도 내심 연출을 권할 거라고 기대했지만, 전화 너머로 선생님은 이렇게 말하셨다.

연기학원에서 입시생이나 출신 재학생, 졸업생을 불러다 만드는 연극은 흔했고, 기껏해야 지인이나 초대하는 것이었다(정직하게 말하면 유명하지 못한 상업극단의 공연도 마찬가지다). 하지만 거기 쏟아지는 열정은 덜 세련되었을지언정 상업연극 못지않다. 그러니까 장난도 아니고, 아무리 학생들이 오르는 작품이라지만, 학교에서 조연출 한 번 못 하고 나이만 찬 내가 연출을 하는 건 무리였다. 연극을 만들고 그걸 다 책임지는 것은 보통 일이 아니라는 것을 잘 알고 있었다. 그렇지 않아도 학원과 과외만으로도 한 달에 사나흘이나 쉴까 하던 시기였다. 하지만 나는 덜컥 연출을 맡고 싶다고 했다.

그것은 물론 명색이 연출 전공이라 자존심이 상했기 때문이었다. 자격지심에 후배에게 연출을 맡겨놓고 내가 쓴 작품이 사라지는 경험이 쓰라렸기 때문이기도 했다. 그렇지만 쥐뿔도 경험이 없으면서, 조금도 망설이지 않고, 연출을 시켜 달라고 조른 것은, 이제는 무언가를 극복할 때라는 본능이 시킨 것이었다.

열서너 살 무렵 주말마다 시즌 티켓을 끊어 혼자 축구장에 출석했던 적이 있다. 어지간하면 경기가 끝나고 조명이 꺼지도록 남아 있는 게 버릇이었다. 한번은 감기가 너무 심했다. 2008년 언젠가, 수원 삼성과 울산 현대의 토요일 낮 경기였다. 챙겨온 두루마리 휴지를 전반전 동안 절반은 썼다. 몸도 으슬으슬한데 옆 관중들에게 민폐까지 끼치다 보니 삼십 분도 앉아 있지 못하고 나왔다. 그런데 코를 훌쩍이며 출구를 통과하는 순간 등 뒤에서 함성이 터져 나왔다. 화창한 오후 하늘을 가르는 관중들의 그 울림. 이어지는 파동이 길지 않았으니 골은 아니었다. 90분 동안 몇 번이고 나오는 아쉬운 슛이었을 것이다. 그런데 그 순간, 나는 그토록 쉽게 이 경기를 포기한 걸 후회했다.

눈을 질끈 감았던 기억이다. 친구들과의 자전거 여행에 끼지 못했던 일곱 살, 친구들과 취향을 나눌 수 없었던 열 살, 좋아하는 축구팀을 당당하게 내보이지 못했던 열일곱 살, 사랑하는 가수를 티 내지 못했던 열아홉 살, 울면서 대학로를 걸어 내려온 스물한 살, 쫓겨나듯 동아리에서 물러난 스물세 살, 그리고 친척들 앞에서 물러앉아 배추전이나 씹으며 엄마 얘기가 제발 화제에 오르지 않기만을 바라던 날들. 축구장의 함성을 등졌던 기억은 연극 선생님의 전화를 받았을 때나 지금이나, 이러한 숱한 정신적 외상과 같은 자리에 있다. 어디에서도 적응하지 못하고, 기회를 놓쳐버리고, 실패에 실패를 거듭하고, 한가운데에서 겪지 못하고 가장자리로 물러나 애매한 주변에 머물면서 무엇이든 오롯이 즐기지 못하는 나 자신의 모습.

뭐가 어쨌든 주인공을 해야겠다. 전화를 끊고 든 생각은 그랬다. 이제는 주변을 맴돌 때가 아니었다는 말이다. 마음이 급한 시기였다. 스물넷에 앞으로 뭘 할지 확신하지 못하고 남은 건 입대밖에 없을 때. 그 시절 꼭 그 작품이 아니었어도, 연출이 아니라 배우였더라도, 다른 누군가 전화를 걸어와서 무슨 창업이나 공모전처럼 다른 일을 제안했어도 나는 했을 것이다. 그런데 거짓말처럼, 누가 하지 말라고 협박이라도 한 듯 3년을 허송세월했으면서도 하게 된 그것은 연극이었다.

20. 언더독 콤플렉스

"좀처럼 드러나지 않는 구질구질한 청춘의 단면, 그걸 말하는 것은 우리 같은 콤플렉스 덩어리들의 몫이다. 한때 '도둑맞은 가난', '도둑맞은 아싸' 같은 구(句)가 유행한 적이 있다. 이제 건방진 중산층, 같은 단어로 누구를 빈정대고 싶지는 않다. 다만 우리를 설명하는 데 있어 빼놓을 수 없는 단어들을 소중히 다뤘다고는 말할 수 있다."

연극은 두 달 동안 준비했고 나흘 동안 공연했다. 예상대로 버거운 일이었다. 워크숍은 금전적으로 넉넉한 환경이 아니었고, 나는 열 명이 넘는 배우와 스태프와 소통하는 것에 서툴렀다. 극의 배경, 대본, 소품, 음향, 극장 대관, 연기까지 모든 걸 꿰고 있어야 하는 내 위치가 대단히 부담스러웠다. 장면(Scene)이 뭔가 이상한데 해결할 능력이 없었고, 한계를 느끼는 배우에게 어떻게 조언해야 할지 몰랐다. 조연출이라도 해봤으면 좀 달랐을 것이다. 학교를 떠난 것을 그때만큼 후회한 적이 없었다.

그러나 결론은 즐거웠다고 하는 편이 정직할 것이다. 책상에 앉아 작품을 분석하는 첫 단계는 유쾌했다. 대사를 뜯어보며 감정을 끄집어내고 글자 너머 몰랐던 행동을 알아보는 일은 골치 아프지만 공부하는 성취감을 줬다. 책상을 치우고 연기와 움직임을 지켜보는 것도 나날이 행복했다. 두루뭉술한 나의 연출을 기막히게 흡수하는 것이 다행이었고, 재능 있는 동료들과 함께한다는 것이 감사했다.

공연 일주일 전, 무대가 만들어지자마자 리허설을 했다. 끝나고 보니 새벽 한 시였다. 극장이 있는 혜화동에서 집에 가려면 두 시간은 족히 필요했다. 다음 날도 아침부터 예정된 연습 생각을 하려니 더욱 피곤했다. 그런데 먼지투성이 반지하 극장을 빠져나와 기지개를 켰을 때 가슴 속으로 아주 반가운 포근함이 밀려왔다. 아주 오랜만에 맡아보는 봄밤 대학로의 공기였다. 나는 이 향기의 출처를 알고 있었다.

팔을 걷어붙였던 스웨트셔츠 밑으로 서늘한 공기가 들어왔다. 사위가 어둑하면서도 아침에 안개가 필 것처럼 은근하게 하얘졌다. 그 사이로 드문드문 지나가는 로터리의 자동차들, 빨간 벽돌의 극장과 오래된 가로수들, 지하에 숨어 있는 작은 극장들, 사거리 횡단보도에 선 검은 돕바 같은 것들. 그것은 3년 전 걸어 내려오며 외면하던 풍경이었다. 몇 년 동안 고개를 수그린 채 이어폰으로 무장하고, 가능한 응시하지 않으려고 했던 익숙한 대학로였다. 좋은 기억도 나쁜 기억도 여전했지만, 굳이 피하고 싶지는 않았다. 아주 천천히 그 거리를 내려와 4번 출구 앞에서 택시를 기다렸다. 모든 것이 어색하지 않았다.

사당역으로 가는 택시에서 한강을 건널 때, 할증 걱정이 아닌 내일 해결할 장면을 걱정했다. 나는 거의 처음으로, 하고 싶은 일에 시간과 돈과 정열을 쏟고 있었다. 그리고 아주 오랜만에 서울을 오가는 것이 즐거웠다.

마지막 공연 날 학교 동기 한 명이 찾아와 공연을 보고 꽃다발을 전해줬다. 평소 연락도 잘 없었는데 고마운 일이었다. 배우도 아닌 스태프가 꽃을 받는 게 민망했지만, 야릇하게 기분이 좋았다. 앞으로 받을 일이 또 있을지 몰랐다. 하지만 그럴 일이 있다면 좋을 것도 같았다. 포장 종이가 바삭거리는 꽃다발을 술집 구석 어디엔가 놓고 기나긴 뒤풀이를 했다. 해가 뜨도록 술을 마셨다. 화장실에서 바지 지퍼 잠그는 것도 버벅일 정도로 취했었지만, 꽃다발만은 챙겨서 나왔다. 들여다보니 꽃이 샛노란 게 더워지는 이맘때 철이 맞는가 싶었다. 물론 무슨 꽃인지 이름도 몰랐다.

서울역에서 기차에 올랐다. 자리에 털썩 앉자마자 눈이 감겼다. 얼마나 잤을까, 너무 오래 잤다는 느낌에 소스라치듯 깼다. 열차는 전혀 낯선 곳을 달리고 있었다. 바다 냄새가 나는 것 같더니, 곧 대천역이었다. 어찌어찌 표를 다시 끊고 상행선을 탔는데 이번에도 졸았다. 깨어보니 내릴 역에서 막 지난 참이었다. 거기서부터는 내 자리에 주인이 따로 있었다. 자리를 비켜줄 때까지도 쥐고 있던 노란 꽃다발이 참으로 민망하게 바스락거렸다. 무궁화호 4호차 입석 칸에 걸터앉았다. 해장할 물 한 모금이 간절했지만, 자판기는 고장이었다. 잠은 완전히 달아나 있었다. 손바닥으로 얼굴을 한 번 세수한 뒤 창밖만 봤다. 숙취가 들러붙어 부은 얼굴이 희미하게 비치는 게 가관이었다. PDA를 든 여객전무가 검표를 했다. 수원에서 내리려고 했는데 졸았네요…. 모바일 티켓을 보여주며 머쓱해 하는데, 그녀의 시선이 휴대폰 화면보다 좀 더 아래로 갔다. “어, 프리지아네요?” 이게 프리지아였구나. 사실은 기차에 놓고 내릴까도 생각했었다. 꽃에는 본래 관심도 없고 내 고질적 비염 탓에 향기에서도 별 매력을 못 느꼈다. 하지만 이름을 안 이상 버릴 수는 없었다.

기차가 어느새 한강을 건너고 있었다. 바라보는 창문은 달리는 방향 왼쪽이었다. 철교의 녹색 구조물이 스치는 뒤편으로 익숙하고도 낯선 풍경이 지나갔다. 여의도와 그 뒤편 합정역. 붙잡을 것 없이 우울했던 시절 멀거니 바라본 야경이었고, 미지근하게 좋았던 기억으로든 찌를 듯이 아팠던 마음으로든 활보했던 곳들이었다. 63빌딩, 또 무슨 빌딩들, 그 뒤로 메세나폴리스, 세아타워. 비슷해 보이지만 윤곽을 선명히 분간할 수 있었다. 아주 맑은 날이었다. 하늘빛을 닮은 강물이 그 밑으로 파랗게 흐르고 있었다.

그것이 스물넷의 5월이었다.

독일 사람은 걷기 전에 생각한다. 낭떠러지가 있으니 이 길로 가지 말아야지.

프랑스인은 걸으면서 생각한다. 낭떠러지가 있으면 피해서

가면 되겠지.

그런데 영국인은 걷고 나서 생각한다…. 이미 절벽 밑으로 떨어진 다음에야.

아주 오래전 들었던 비유다. 출처가 불분명하지만 언젠가 긴요히 써먹을 작정으로 적어뒀었다. 이게 머리에 유독 오래 남은 건, 내가 다른 무엇도 아닌 걷고 나서 생각하는 부류의 인간이기 때문이다.

냉정한 독일인이 되려고 했다. 최소한 낭만적인 프렌치라도 되려고 노력했다. 하지만 앞서 머리 굴린 궁리들은 치밀하지도 않았고 운 좋게 들어맞는 것 없이 모조리 빗나갔다. 임기응변의 성공률마저 그다지 높다고 볼 수 없었다. 나는 영국인에 가까운, 스킨헤드 훌리건 막무가내 인간형이었다. 물론 지금은 사라진 강남구 개포동 주공아파트 출신이지만, 아무튼 이미 조져놓은 일들을 수습하는 게 해야 할 일의 대부분이었던 것 같다. 하여 나에게는 걸으면서 얻은 깨달음보다 여정을 돌아보며 얻은 상량이 더 많았다. 돌아봐야만 의미를 알 수 있는 부침으로 가득했던 것이다. 나의 어린 시절은 그러했다.

몇 년간 무엇이든 하려고 했고 무언가를 이루고 싶었다. 그러나 나는 아무것도 해내지 못했고, 아무것도 만들어내지 못했다. 꿈은 잡히지 않았고 실패가 일상이 되었다. 항상 있던 괴로움은 익숙해지지 않았다. 거의 모든 것에 주저했고 자신을 잃어버렸다. 잘난 아이들을 질투했으며 그들에 반대되는 무언가를 찾아내 자부심으로 삼았지만, 그것을 장담하지도 못하는 스스로가 징그러웠다.

콤플렉스 투성이가 되었다. 가난이란 콤플렉스, 가족이란 콤플렉스, 외톨이라는 콤플렉스, 비주류라는 콤플렉스. 어디서든 무엇에든 당당할 수 없도록 만든 콤플렉스. 밑에 깔려서 버둥대는 투견처럼 어딘가에서 싸우고 떠나가 어디에도 속하지 못하는 아주 오래된 콤플렉스. 언제 다가올지 모를 역전의 기회를 꿈꾸기만 했던 지독한 콤플렉스. 근성과 혈기로 솟아나기보다는 자기연민과 열등감과 열패감의 발로로서 터져 나와 그것이 원인인지 결과인지도 이제는 알 수 없게 되어버린 그런 언더독 콤플렉스.

그 결과, 나는 취한 얼굴로 어울리지 않는 꽃다발을 쥔 취객이었다. 그뿐 아무것도 아니었다. 그 꽃 이름이나마 누가 지적해서야 알 정도로, 기차 안에서 제 몸 하나 못 가누는 한심한 20대였다.

다만 이렇게도 말할 수 있다.

여전히 나의 많은 것이 부끄럽다. 가벼운 질문에 한참을 고민한다. 함께 있어도 혼자 생각한다. 좋지 않은 추억을 종종 회상하고 스스로를 질책하는 편이다. 나는 여전히 강박증에 시달린다. 내 음악 플레이리스트를 쉽게 공유하지 않는다. 형제가 있느냐는 질문이 두렵다. 여전히 강등권을 오가는 축구팀 뉴캐슬을 좋아한다. 하지만 이제 과거와는 달리 그 사실이 밉지 않다.

그 역시 내 모습이라는 것을 인정한다. 프리지아는 어울리지 않더라도 나에게 건네진 꽃이었다. 사마귀처럼 올라앉은 콤플렉스 역시 가지고 살 운명인 것이다.

나는 이를 악무는 내 모습이 좋다. 내가 믿지 않는 것을 대표해 가장 높이 가는 것보다는 내가 믿는 것으로 어디까지 갈 수 있는지 시험하고 싶다. 이제 오늘의 나를 직시할 수 있다. 흐리게 선망하던 미래를 재정립하고, 너저분한 실패로 점철된 과거를 돌아보되 후회하지 않는다. 어려울 때 의지할 어제의 우상들은 마음에 깊이 남겨두겠지만, 그리워하지는 않을 것이다.

혹여 이 지지부진한 이야기와 본인의 삶을 비교해보고 기시감을 느낀 동료들이 있다면 깊은 위로를 드린다. 삶이란 결국 클리셰로 채워지기 마련이다. 그럼에도 삶이란 누군가의 지지부진한 넋두리로 면면히 이어진다. 좀처럼 드러나지 않는 구질구질한 청춘의 단면, 그걸 말하는 것은 우리 같은 콤플렉스 덩어리들의 몫이다.

한때 '도둑맞은 가난', '도둑맞은 아싸' 같은 구(句)가 유행한 적이 있다. 이제 건방진 중산층, 같은 단어로 누구를 빈정대고 싶지는 않다. 다만 우리를 설명하는 데 있어 빼놓을 수 없는 단어들을 소중히 다뤘다고는 말할 수 있다. 그리고 그 말들의 진짜 의미는 겪어본 이들만 아는 것이다.

나는 여전히 배우 지망생이며 코미디언을 꿈꾸고 멋진 극본을 쓰기를 희망한다. 나는 이 나라 배우를 대표할 만한 얼굴을 갖고 있지는 못하다. 기수마다 잘생긴 선후배들을 보며 얼마나 시무룩했던가. 이 나라 코미디언을 대표할 만큼 말발을 타고나지도 못했다. 의도적 농담의 타율이 그렇게 높지 않다. 그렇다고 매년 쏟아지는 대단한 작가들의 글솜씨도 갖지 못했다. 이 장황한 글이 그것을 그대로 증명한다.

그러나 여기까지 읽은 그대가 조금이라도 공감했다면 나는 당신의 삶을, 오늘 우리의 모습을 조금은 알고 있는 것 같다. 정말 그런 거라면, 그게 자랑스럽다.

그날 집으로 돌아온 건 정오가 다 되어서였다. 길쭉한 물컵을 찾아 프리지아를 꽂아두었다. 시들기 전까지는 살려서 키워볼 작정이었다.

21. 불확실한 것만이 확실한 시대의 가족

> "세상에는 그런 가족도 있다. 소소한 근황을 나눌 수 있는 카톡방이 있고, 멀리 살아도 자주 통화하고, 싸웠다가도 누군가 화해할 수 있는 수단을 제시할 수 있는 가족이 말이다. 헤어질 수 없는 사람들로 연결된 가족. 오랫동안 그런 가족을 갖지 못했다는 사실이 아무것도 아니라고 생각했었다."

우리 집은 식구들끼리 생일을 챙기지 않는다. 가풍이 그렇다. 정확히는 아버지와 나, 둘이서만 그렇다.

어지간한 집에선 믿지 못할 테니 예를 들겠다. 2018년 12월 11일은 내 생일이었다. 그리고 지금은 돌아가신 할아버지의 양력 생신이자 공식 생신이었다. 할아버지는 1919년생이다. 그가 살아계실 때 그해가 백 세네, 음력 생일은 그때가 아니니까 내년이 진짜 백 세가 맞네, 하는 논쟁이 생신을 앞두고 치열했었다. 옛날에 만연했던 음양력 혼용과, 주민등록상 생일은 양력인가 음력인가 하는 의문이 뒤섞여 혼란을 더했다. 그 가운데 '과연 할아버지의 실제 생일은 1919년 11월인가, 12월인가, 1920년 1월인가?' 하는 수많은 경우의 수가 난립했다. 쫓아가 보려다 단념했던 어른들의 토론 끝에 12월 11일이 기념일로 정해졌다. 공식 생신이란 이를 두고 하는 말이다.

이날 나는 시골로 내려가면서도 내 생일을 축하받는 걸 기대하지 않았다. 역시 누구도 내 생일이란 사실을 몰랐다. 할아버지가 계신 요양원에서도, 시골집으로 옮긴 저녁 자리에서도 마찬가지였다. 술을 홀짝이다가 카톡과 인스타그램으로 오는 축하에 틈틈이 답장했을 뿐이다. 실은 조금 기대도 했다. 밥상에 갑자기 할아버지 몫이 아닌 케이크가 올라왔기 때문이다. 알고 보니 생일이 2주 남은 작은아버지의 생일 케이크였다. 그럼 그렇지. 매년 이랬다.

이 글을 본다면 미안해들 하시겠지만, 우리 고모와 삼촌들은 정말 좋은 분들이다. 내 친구들처럼 카카오톡이나 페이스북의 생일 알림을 꼬박꼬박 챙겨보는 분들이 아닐 뿐이다. 그냥 다들 모르신 거다. 따지고 보면 내가 그분들 생신에 살갑게 전화하는 것도 아니다. 서운해 할 자격도 없다.

그런데 아버지는… 내 생일을 모르고 지나치신 것 같지만, 알더라도 별말씀 없으셨을 것이다. 실은 나도 그의 생신에 무덤덤하기는 마찬가지다. 아버지의 주민등록상 생일은 8월 25일인데, 이날 챙겨드려야 하는지 지금도 혼란스럽다. 9월 언제쯤 케이크를 샀던 기억이 있는데 엄마 얘기는 또 다르고, 그렇다고 지금 와서 직접 생일을 여쭙기도 민망하고 그렇다. 대충 8월 무렵이 되면 나가서 고량주나 마시자고 할 생각이다. 민망하게 말하지 않고도 '생일 기념 비슷한 무언가'로 아버지가 이 제의를 받아들이기를 바라면서. 아주 갑갑한 부자지간이다.

물론 엄마가 매년 내 생일을 잊지 않는다. 나도 엄마의 생신을 꼭 챙긴다. 아버지의 생일상이 풍성했던 해도 더러 있긴 했다. 우리 '가족'이 해체된 지 거의 몇 년이 지난 지금도 그렇지만, 어릴 때도 생일이 아주 대단한 의미가 있지는 않았다. 초등학교 때를 돌이켜보면 롯데리아나 무슨 '~랜드' 같은 실내 놀이공원에서 생일파티를 하는 친구들도 있었다. 그때도 '뭘 이렇게까지 해?'라고 생각했었다. 그러거나 말거나 공짜 밥은 좋았다. 따지고 보면 남들과 조금 어긋나는 나의 취향과 공감 능력은 열한 살이니 2010년이니 따지기 전인 아주 어릴 때부터 예견된 일이었다.

그보다 몇 년 전의 일이다. 아버지의 오랜 친구에게서 청첩장이 왔다. 어릴 적부터 우리 집을 자주 찾곤 해서 아저씨라 부르던 분이었는데, 아드님이 결혼한다고 했다. 수원으로 내려간 후 아저씨를 거의 만나지 못해서, 나도 인사를 드리고 싶었다.

아버지는 뭐라고 할까, 신나셨던 것 같다. 명동에 있는 호텔로 가면서 옛날 명동성당 외벽 개수를 맡았던 이야기, 종각역 계단이 옛날에는 어땠었다 하는 이야기 따위를 늘어놓으셨다. 원래 그는 옛날과 달라진 서울을 달가워하지 않는다. 그것을 알고 있어서 그런 모습이 신기하기도 재밌기도 했다.

식장에 도착했는데 아저씨는 없고 신랑과 사모님만 있었다. 아버지는 아드님과 악수를 하는 둥 마는 둥 식장 너머를 계속 두리번거리셨다. 안 사장은? 아버지가 물으셨다. 아저씨는 몇 달 전에 운명하셨다고 했다.

동시 예식이었고, 조금 늦은 우리는 예식을 화면으로 봤다. 사람이 아주 많지는 않았다. 여섯 명짜리 테이블에 아버지와 나만 있었다. 우리는 테이블에 놓인 술을 다 마셨다. 그리고 곧바로 자리에서 일어났다. 결혼식의 어느 대목에서 우리가 일어났는지는 모르겠다. 종로로 나가서 술을 한잔 더 마셨다. 그러는 동안 아버지는 어떤 감정도 내비치지 않았다. 한숨 한 번 쉬지 않았다는 걸 선명히 기억할 수 있다.

그날부터 아버지는 안 사장 아저씨 얘기를 다시는 하지 않았다.

좋은 일에 담담하면 나쁜 일에도 담담할 수 있다. 이것이 그동안 그가 견지한 삶의 자세였다.

그래서 아버지에게는 즐기는 유전자가 없다. 술이나 좀 들어가면 모를까. 요즘의 세련된 부모들과는 달리, 부모님과 내가 공유하는 '추억'이란 별로 거창하지 않다. 마음먹고 놀 줄 아는 분들이 아니었다. 어릴 때 기억은 기껏해야 미지근한 당일치기 여행이나 사찰 탐방, 또는 나만 두 걸음쯤 앞서 신나 하다가 뒤떨어진 아버지나 엄마를 보고 걸음을 늦추던 것뿐이다(이런 노잼 본능은 내가 충실하게 물려받았다. 나는 놀이공원을 즐기지 못한다. 여자 친구와 스케이트장에서 데이트를 할 수 없다. 스케이트를 못 타니까. 카페, 식사, 영화와 연극 따위의 코스를 변용하다 보면 어느새 헤어져 있었다).

아버지와의 어떤 추억은(최소한 미소를 띠며 그릴 수 있는 옛날의 장면이라고 정의한다면) 어릴 때는 일상에 있었다. 그의 갈색 무스탕에 묻혀서 겨울 아파트 단지 부근을 산책하거나, 새하얀 머리를 빗어 넘기고 출근할 때 입을 맞춰주던 장면 따위가 네다섯 살쯤의 편린으로 남아 있다. 그다음으로는 스무 살 너머로 건너뛴다. 마주 앉아 반주하는 시간들. 그의 용건에 따라 장소는 종로이기도 했고 서대문이나 서초동이기도 했고, 안주는 순대국, 깐풍기, 팔보채 등 다양한 듯하지만 잘 따져보면 그냥 동네마다 있는 적당한 국밥집과 중국집을 찾아갔을 뿐이었다. 유쾌한 얘기로 우리의 비슷한 눈이 동시에 찢어지는 일이 흔하지는 않았다. 그렇다고 영 없지도 않았지만.

서울에서 그랬을 때는 사위가 어둑어둑해질 때쯤 헤어졌다. 그 시간쯤에 술상을 물리자면 알딸딸하기보다는 더하고 거나하다 하기에는 모자랐다. 언젠가부터 아버지의 잔에 반의반만 채우는 게 습관이 되었고, 반대로 내 것에는 잔 끝까지 가득 채웠다. 소주병을 식탁 가장자리에 늘어놓으면 놓을수록 술을 '좀 했다'는 기분이 난다. 왕년보단 훨씬 덜 마신 아버지도 그런 기분을 느끼기를 바랐다. 정말로 효과가 있는지는 잘 모르겠고, 내가 그보다 더 취하는 건 확실하다.

늦은 시간 서울의 큰길은 어딜 가나 부산해서 묘한 동떨어짐을 느끼게 한다. 특히 취해 있을 때라면 서러움도 밀려온다. 피해의식을 숨기고 사는 사람들은 그것을 씹으며 걷는 것을 즐거워하기도 한다(술로 마음을 달랜다는 말은 이럴 때 유효한 것이다. 가끔은 상해 있는 속을 꺼내 어루만져줄 필요가 있다). 그런 기분으로 전철역이나 버스터미널을 향하는 아버지의 옆모습을 보면 유독 어떤 회한이 느껴진다. 우리의 눈매만큼이나 닮은 팔자걸음으로 휘적휘적 걸을 때, 고개를 반쯤 들고 두리번거리는 모습에서 요즘의 나를 발견하는 것은 물론이다. 가끔 내 입에서 튀어나오는 투의 혼잣말도. 저 건물은 완전 파이로(잘못) 지어놓은 거야, 아니, 이게 언제 없어졌지, 여기는 길이 이리 복잡해졌나…. 유독 높은 건물이나 새로 난 길 앞에서 늘 그러신다. 그는 이방인이 되었고 너무 많은 것에 어리둥절하다. 여기 뭐가 있었어요? 그가 답하지 않으며 짓는 표정을 글로 담기가 어렵다. 아버지는 1961년 상경하셨고 2006년 서울에서 밀려나셨다. 아버지의 시절은 오래전에 지났고 서울에 남긴 유적도 말끔히 사라졌다. 술김인지 그리움인지, 오래도록 익힌 서울말에 묽어졌던 남해

사투리가 진해졌다.

아버지의 담담함이 체득된 삶의 지혜인지, 그래서 모든 일에 초연할 수 있는 것인지, 아니면 모든 면에서 정을 맞듯 동그래진 강 하류의 자갈처럼 된 것인지는 알지 못한다. 물어보지 못했으니까. 다만 서울 도처의 아파트에서 한국지리를 가르치는 선생으로서 내가 설명할 수 있는 건, 겉으로 매끈한 둥근 자갈은 수많은 침식의 과정을 견뎌야 했던 상류의 날카로운 바위였다는 사실뿐이다.

실은 생일을 챙겨주지 않는 게 오랫동안 불만이었다. 시원스럽지 않아서, 남들 같지 않아서, 남들이 즐기는 것을 우리만 즐기지 못해서. 그건 즐거움을 자제하면서 나중에 있을 슬픈 일을 덤덤하게 만드는 것이었다. 슬프거나 나쁜 일을 겪고 난 다음에 알게 된 사실이다. 그건 다행일까 불행일까. 그러거나 말거나, 지금은 아버지 특유의 무심함을 이해한다.

2018년 여름 쓰리룸 골방에 있을 때의 일이다. 아버지가 검진을 받으러 서울에 올라오시는 날이었다. 병원 일이 끝나면 만나서 점심을 먹기로 했었다. 나는 그날 새벽까지 혼자 강바람을 맞다가 하늘이 파래질 때쯤 돌아와 잠들었다. 그 여름에는 매일 그랬듯 그날 밤도 참 더웠고, 또한 상수동의 여느 날처럼 답답했던 것 같다. 깨어난 것은 아버지에게서 예닐곱 통의 부재중 전화가 오고 나서였다. 요금을 못 내 휴대폰 발신이 정지되어 있을 때였다. 다시 전화를 걸 수 없었다. 눈이 너무 뻑뻑했다. 인공눈물에 의존해 데일리 렌즈를 이틀씩 쓰고 있었다. 마침 렌즈가 다 떨어졌고 안경은 본가에 있었다. 십 분인가 더 기다리자 다시 전화가 왔다. 내가 상수동에 사는 건 (엄마를 잃은 서울 이사 얘기를 듣고 싶지 않았기 때문에) 비밀이라서 합정에 있는 친구 집에서 잤다고 했다. 우리는 어찌어찌 만나서 중국집으로 갔다.

아버지와 나는 몇 달 만에 만난 것이었다. 대낮부터 술을 마셨는데, 어쩌다 '가족 얘기'가 나왔다. 왜인지는 모르겠고 구체적으로 무슨 이야기를 했는지도 모르겠다. 그렇지만 '가족' 얘기란 우리 집에서 조금도 유쾌한 구석이 없으니 그날 대화도 유쾌할 수는 없었다.

세상에는 그런 가족도 있다. 소소한 근황을 나눌 수 있는 카톡방이 있고, 멀리 살아도 자주 통화하고, 싸웠다가도 누군가 화해할 수 있는 수단(이를테면 여행이나 외식)을 제시할 수 있는 가족이 말이다. 헤어질 수 없는 사람들로 연결된 가족. 오랫동안 그런 가족을 갖지 못했다는 사실이 아무것도 아니라고 생각했었다. 시간이 지나 그게 오랜 콤플렉스의 근원이라는 것을 깨닫고도 애써 대수롭지 않게 생각했었다. 그러나 어디에서도 배출구를 찾지 못했던 시절이었다. 나는 내 감정에 홀려 고량주를 아주 많이 마셨다. 그리고 아버지 앞에서 아이처럼 엉엉 울었다. 처음 있는 일이었다.

사실 아버지는 할 만큼 하셨다. 엄마에게는 아니지만, 적어도 나에게는 말이다. 나는 아버지에게 사과를 원한 적도 일말의 죄책감을 안겨주려고 한 적도 없다. 다만 알아주셨으면 한다는 생각은 하고 있었다. 다른 누구도 아닌 부모님 앞에서까지 진심을 묵혀두고 있어야 하는 건 내가 아니라 그들 입장에서 더욱 슬플 거라고 여겼으니까. 하지만 아버지가 그런 내 앞에서 반응을 보여야 한다는 건 미처 생각하지 못했다. 아버지는 나에게 처음으로 미안하다는 말씀을 하셨다. 나는 알아주셔서 감사하다는 말을 할 수 없었다. 나는 내가 입은 상처가 무엇이라고 분명히 설명할 수 없었기 때문이다. 내가 상처를 입긴 했나? 시대와 어울리지 않는 비극 속에서 확실하게 상처 입은 편은 누나와 그녀의 어머니와 우리 엄마였지 나는 아니었던 거다. 다만 나는 그때 제대로 살고 있지 못했다. 마음 깊은 곳에는 나를 무너뜨릴 버튼이 있었고, 무언가에 의해 눌리는 것에는 안전장치가 남아 있지 않았다.

아버지와 나를 둘러싼 비극적인 상황은 자기연민으로 가득 찬 이 빌어먹을 콤플렉스가 발현하게 된 수많은 독립변수 중 하나였다. 그것이 최대한 객관적으로 내놓을 수 있는 답이었다.

상처를 주고받으며 사랑하는 방법도 있을 것이다. 하지만 나도 아버지도 그 방법을 잘 모른다. 내가 딸이었다면 아버지를 변호하지 못했겠지만, 아들이라서 더 그럴 수 없다. 때로는 이것이 가부장적인 세상에서 남성이 지닌 원죄라는 생각이 들기도 한다. 그러나 정말 솔직히, 정치적 올바름을 포기하는 대가로 세상에서 고립된 채 중국집 골방에서 아버지와 둘이서만 술을 마시고, 집에 돌아와 엄마에게 푸념하며 청도산 미나리를 함께 다듬고, 그들과 평화롭게 따로따로 사는 것만을 삶의 가장 중요한 목표로 삼아야 한다면, 나는 그렇게 하련다. 내가 오스카를 타고, 그럴 만큼 유명한 배우가 된다면 엄마에게는 모든 것을 줄 생각이다. 하지만 트로피는 아버지에게 드려야 한다. 오늘날 남성이 가진 죄책감의 출처는 어머니이며, 인정욕의 궁극적 방향은 아버지임을 알고 있다.

불확실하다는 것만이 확실한 시대. 가족이라는 것은 이성의 영역도 감정의 영역도 아니다. 그냥 그렇게 존재하고 누구도 부정할 수 없는 것이다. 엄마, 아버지, 나. 이렇게 세 명을 뭉뚱그려 가족이라고 할 수는 없다는 걸 안다. 하지만 엄마와 나는 가족이고, 아버지와 나도 가족이다. 나는 이성적 가치판단을 하는 지식인이 아니다. 궤도에 오른 현실을 영위하는 사회인도 아니다. 둘 다 될 수 있기를 간절히 바라지만, 그렇게 된다고 해도 그 이전에 우리 엄마와 아버지의 아들이다. 그 사실 때문에 지식인이나 사회인 노릇을 하는 게 방해된다면, 그것이야말로 어쩔 수 없는 일인 것이다. 그저 담담하게 받아들일 일이다.

〈에필로그〉

좀 더 잘 쓸 걸 그랬다

어쨌든 책을 낸다. 원래 모든 일은 저지르는 동안에는 그 의미를 알 수 없다. 한참 나중에야 책을 냈다는 것의 진짜 의미에 대해 알 수 있을 것이다. 내 고향 친구들, 젊은 남성들, 불안정한 하층계급, 우리 세대, 그리고 나. 내 짧은 고민에서 나온 DZ라는 이름. 나는 나대로 이야기했다. 그들이 나에게 고개를 끄덕여줄까? 우리에게 정말 설득력 있는 결핍이 있을까? 그 답은 이 책이 나온 다음에나 알 수 있을 것이다. 내가 새인지 벌레인지 알려면, 우선 일찍 일어나봐야 한다.

거친 생각(나는 감히 내 생각에 '사유'라는 말을 쓸 수 없다)을 더 다듬어야 한다는 것은 알고 있었다. 별 거 없는 내 삶을 날것 그대로 푼다는 두려움도 있었다. 그러나 마음이 급했다. 평생 나는 혼자가 편했지만, 남들은 내가 외로울 것이라 오해했다. 충분히 그럴 만한 조건에 있었고, 사실 정말 가끔은 외로웠다. 그러나 어느 순간부터, 언젠가는 어딘가에 속해 있거나 누군가의 눈치를 보며 글쓰기를 저어할 때가 올 거란 예감이 들었다. 그래서 지금 적는다. 진심이 아직 날것이고 아무것도 잃을 것이 없을 때. 그래야만 역설적이게도 내가 속한 내 세대를 위해 적을 수 있다.

이 소설, 같은 참회록, 같은 에세이, 같은 르포르타주를 읽다보면 '물론'과 '그러나'가 엄청나게 많이 등장하는 걸 느낄 수 있다. 세상에서 어떤 것이 좋은 대접을 받고 무엇이 보편으로 여겨지는지 잘 알고 있다. 그러나 나는 그런 사람이 못 되기에, 그렇게 된 곡절을 핑계와 궤변조로 설명해야 했기 때문이다. 무겁게 인정한다. 하지만 후련한 마음이다. 더 나이를 먹고 나면 주로 올려다보는 삶을 살지 누군가를 내려다보고 그와 선을 긋는 것만으로 편안한 인생을 살게 될지는 모르겠다. 어쨌든 이제 다시 내가 이런 이야기를 써낼 수는 없을 것이다.

그렇게 생각하니, 좀 더 잘 쓸 걸 그랬다.

감사

어쨌든 책을 낸다. 책을 내게 되서 가장 짜릿한 건 지면을 빌려 고마운 이들에게 헌사를 전할 수 있는 일 같다. 그리하여 나열해본다.

먼저 출판사 좁쌀한알의 최종기 대표, 정호영 편집주간에게 감사한다. 나에게는 창조주와 같다. 나를 믿고 책이 세상에 나오도록, 신세한탄만 가득했던 초고를 세련되게 다듬어질 수 있도록 영감을 준 이들이다. 정치문화웹진 이음의 최운 에디터, 나도원 대표에게 감사한다. 여기에 4년간 매주 글을 쓰지 않았더라면 지금 책이 나올 수 없었을 것이고, 내 지난한 지난 세월 역시 정리되지 않은 채로 남아 있었을 것이다.

몰래 사사한 스승들 - 조지 오웰, 아서 밀러, 닉 혼비, 이문열에게 감사한다. 나는 유년에 이 삐딱한 천재들의 글을 읽고 자랐다. 그리고 내 글은 모두 이들을 베껴 쓴 누더기이다. 너무 일찍 세상을 떠난 나의 우상들 - 달빛요정역전만루홈런과 로빈 윌리엄스에게 감사한다. 이들이 내 삐딱한 유년을 위로해주었다. 세계 최고의 코미디언들 - 몬티 파이선, 리키 저바이스, 루이스 C.K., 박명수, 문상훈에게 감사한다. 유년부터 나를 웃게 한 영웅들이다. 내 모든 친구들에게도 감사한다. 나란 인간을 감내할 만큼 도량이 넓은 이들이라는 걸 그들이 알았으면 한다.

김동기, 김진수, 김지환. 수원의 오랜 1996년생 동료들에게 감사한다. 이들은 오랫동안 내 유년을 지켜보고 함께해준 이들이다. 우리는 스물한 살 때 함께 겨울 시베리아를 횡단했다. 남들이 보기에 대단한 여행은 아니었다. 눈보라 속에 벌벌 떨었고 점심값을 아끼며 싸구려 위스키를 매일 마셨을 뿐이다. 다만 시간이 갈수록 넋두리만 늘어가는 우리의 무릎맞춤에서, 무엇이든 겨울 시베리아보다 더하겠냐며 크게 웃을 수는 있다. 그해 영하 40도를 견뎠음에도 오늘 서울의 영하 5도에 움츠리는 것이 우리지만, 그래도 그 웃음의 의미는 우리밖에 모르는 것이니까.

그리고 내 아버지와 어머니에게 감사한다. 부모님은 나에게 땅이나 집을 물려주지는 못할 것이다. 그러나 내가 가진 좋은 단면은 모두 그들에게서 왔다. 아버지는 다섯 살 때부터 나를 개포동의 헌책방에 데리고 갔다. 내 어릴 적 최초의 기억은 주공아파트 마당 아스팔트에서 아버지 무스탕에 묻혀 어딘가로 걸어가던 겨울날이다. 그날도 우리는 길 건너 헌책방에서 책을 구경했을 것이다. 나는 오늘까지도 손때 묻은 책을 버리지 못한다. 그래야 할 것 같아서다. 수원역 6층 식당가에서 내 어머니의 이름을 모르는 사람은 없다. 어머니는 그 층의 주방에서 전부 일해봤고, 어디서나 야무지고 친절한 이모님으로 알려져 있다. 어린 시절 마트나 미장원의 노동자들에게 버릇없이 굴 때마다 호되게 혼을 내던 어머니는, 요즘도 식당에서 일어서기 전 항상 그릇을 포개어 정리한다. 나도 그렇게 한다. 그렇게 살아야 할 것 같아서다. 살면서 마음까지 가난하였던 시기가 종종 있었다. 그러나 부모님은 나를 그런 사람으로 놓아두지 않았다. 남루한 가계일지언정 그렇게 긍지를 지킬 수도 있다. 나는 이를 자부심이라고 부르길 좋아하며, 그걸 물려받은 것에 더없이 감사한다.

박복한 집에서는 사는 얘기가 재미없었다

우울하니까.

엄마나 나나 한 달에 사나흘 쉬는 게 일반이었다. 겹치는 날은 적었다. 열 시부터 열 시, 엄마의 식당 일이란 하루의 절반을 요구했다. 순수하게 노동에 들이는 시간은 내가 좀 더 짧았다. 그러나 긴 통학과 통근 때문에 엄마보다 늦게 들어오는 일이 많았다. 거기다 나는 없는 짬에도 새벽까지 술 마시는 일이 많았으니 좀처럼 함께 집에 있지 못했다.

어쩌다 둘이 있으면 대개 텔레비전을 봤다. 야식을 간단히 해놓은 심야에는 요리하는 방송이 많았다. 요리사가 찌개에 미나리를 쓰면 우리는 미나리에 대한 이야기를 한 시간씩 했다. 청도산 미나리가 좋다, 미나리를 사면 거머리가 있나 조심해라, 이런 이야기로 시작해 포항 섬초 같은 비슷한 채소나 삼각지 어느 골목의 대구탕집 같은 이야기를 줄줄 이어갔다. 그러다 보면 잠이 왔다.

언뜻 평화로운 밤이었으나 나는 알고 있었다. 빤히 곤궁하기만 한 사는 얘기를 우리가 애써 피하고 있다는 것을. 오늘도 빨간 버스에 실려 온 나의 하루는 피로하였다. 가스불 앞에 한참을 서 있다

온 엄마의 관절은 퇴행하였다. 누구의 탓이건 텅 빈 우편함마냥 잡히는 것 없는 집이었다. 그런 집에서 살아가는 얘기란 재미없는 것이니까.

그리 평안하지만 궁벽한 나날들이 나와 우리 엄마의 어제였으며 또 오늘이다. 이마저도, 그리울 날이 올 것이다. 그런 날들은 얄궂게도 빨리 온다. 타고난 성정 때문이든 박복한 생애가 그래서든 삶에서 아름다운 구석을 찾기 어색한 사람들이 있다. 그럴지언정 삶을 대면하지 않을 수는 없는 것일까. 그렇다면 게으른 아들은 이보다 나은 방식을 찾지 못하였다.

너무 늦기 전에 우리 엄마, 내 어머니에게 그동안의 '사는 얘기'를 드린다.

〈인용 및 참고문헌〉

프롤로그와 1부는 다음 서적을 참고, 또는 인용했다.

김규항, 『혁명노트』, 알마, 2020
김난도 외, 『트렌드코리아 2021』, 미래의창, 2020
김난도 외, 『트렌드코리아 2022』, 미래의창, 2021
대런 맥가비, 김영선 옮김, 『가난 사파리』, 돌베개, 2020
대학내일20대연구소, 『밀레니얼-Z세대 트렌드 리포트 2021』, 위즈덤하우스, 2020
대학내일20대연구소, 『밀레니얼-Z세대 트렌드 리포트 2022』, 위즈덤하우스, 2021
박상영, 『알려지지 않은 예술가의 눈물과 자이툰 파스타』, 문학동네, 2018
박원익/조윤호, 『공정하지 않다』, 지와인, 2019
사쿠타 케이이치, 김석근 옮김, 『한 단어 사전, 개인』, 푸른역사, 2012
이종철, 『까대기』, 보리, 2019
이철승, 『불평등의 세대』, 문학과지성사, 2019
임명묵, 『K를 생각한다』 사이드웨이, 2021
전혜원, 『노동에 대해 말하지 않는 것들』, 서해문집, 2021
조지 오웰, 이한중 옮김, 『나는 왜 쓰는가』, 한겨레출판, 2010
지그문트 바우만, 홍지수 옮김, 『방황하는 개인들의 사회』, 봄아필, 2013

2부의 서술 방식은 다음과 같은 서적을 참고, 또는 내용을 인용했다.

닉 혼비, 이나경 옮김, 『피버 피치』, 문학사상사, 2005
이문열, 『젊은 날의 초상』, 민음사, 1996
조지 오웰, 김설자 옮김, 『위건 부두로 가는 길』, 부북스, 2013
조지 오웰, 이한중 옮김, 『나는 왜 쓰는가』, 한겨레출판, 2010

미주

01 https://youtu.be/Xpc933OYhK4 〈민지(MZ)야 부탁해!〉 2021.8.21. 2021년 8월 국민의힘 대통령 후보 윤석열은 MZ세대를 '민지'라 이르는 유튜브 콘텐츠를 제작한 바 있다.

02 임명묵의 『K를 생각한다』에서 인용.

03 레오 톨스토이의 『안나 카레니나』의 유명한 대목을 인용하였다.

04 박상영의 소설 『알려지지 않은 예술가의 눈물과 자이툰 파스타』의 마지막 부분을 인용하였다.

05 백승화 감독의 다큐멘터리 〈반드시 크게 들을 것〉(2009)의 제목을 인용하였다.
프롤로그와 1부의 몇몇 부분은 본인이 2021년 9월 〈에스콰이어〉에 기고한 "뚝배기를 닦다 아작 난 내 손목은 Z세대의 이야기가 되지 못할 거야"를 수정 및 보완한 것이다.

06 대학내일20대연구소, 『밀레니얼-Z세대 트렌드 리포트 2022』에서 인용.

07 https://www.hani.co.kr/arti/PRINT/910948.html
최원형, "서울 주요 대학, 고소득층 학생 '쏠림'", 한겨레, 2019.09.25.

08 https://m.mt.co.kr/renew/view.html?no=2021020514461857531&type=outlink&ref=https%3A%2F%2Fwww.google.com
최민지, "내년부터 셋째 등록금 지원, 부부 월소득 980만원 넘으면 못받는다", 머니투데이, 2021.02.06.

09 위근우, 『다른 게 아니라 틀린 겁니다』, 시대의창, 2019, 104쪽.

10 https://www.hani.co.kr/arti/society/women/883750.html
박다해, "'페미니즘 무장한 20대 여성은 집단이기주의'라는 대통령 직속 정책기획위", 한겨레, 2019.02.27.

11 브로콜리너마저, 〈마음의 문제〉, 2010.

12 박노자, 『나를 배반한 역사』, 인물과사상사, 2003, 74쪽.

13 https://www.20slab.org/Archives/38081
"2022년을 주도할 밀레니얼-Z세대 트렌드 이슈", 대학내일20대연구소, 2021.11.25.

14 https://www.yna.co.kr/view/AKR20150721114300004
안승섭, "한국 고용불안 OECD 최고 수준… 평균 근속연수 5.6년", 연합뉴스, 2015.07.21.

15 https://post.naver.com/viewer/postView.nhn?volumeNo=21114331&memberNo=6132524 "'카카오톡 선물하기' 기프티콘 판매 1위 상품은?", 이투데이, 2019.06.12.

16 눈뜨고코베인, 〈포스트맨은 벨을 두세 번 울린다〉, 2014

17 홍대 1세대 밴드 마이 앤트 메리(My Aunt Mary)의 노래 〈내 맘 같지 않던 그 시

절〉(2008)에서 인용했다.

18 〈스끼다시 내 인생〉(2003)

19 〈스무 살의 나에게〉(2008)

20 〈치킨런〉(2008)

21 〈도토리〉(2008)

22 〈행운아〉(2003)

23 이문열의 소설 「기쁜 우리 젊은 날」(『젊은 날의 초상』, 1995)에서 인용했다.

뚝배기를 닦아
뿌링클을 사다

초판 인쇄 | 2022년 02월 07일
초판 발행 | 2022년 02월 25일

지은이 이용규

펴낸이 최종기
기획 정호영
디자인 제이알컴
펴낸곳 좁쌀한알
신고번호 제2015-000058호
주소 경기도 고양시 일산동구 장항로 139-19
전화 070-7794-4872
E-mail dunamu1@gmail.com

ISBN 979-11-89459-14-7 03330

판매·공급 | 푸른나무출판㈜
전화 | 031-927-9279
팩스 | 02-2179-8103